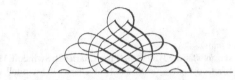

Sabiduría
para el camino

*Palabras sabias para
personas ocupadas*

Charles R. Swindoll

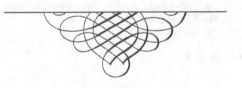

Enseñanza Bíblica Práctica

Sabiduría para el camino
Título en inglés: *Wisdom for the Way* © 2021 por Charles R. Swindoll. Publicado por
Thomas Nelson, Inc. Copyright © 2008, 2022 por Charles R. Swindoll, Inc. Publicado por:
IFL Publishing House, una división de Insight for Living Ministries, Post Office Box 5000,
Frisco, Texas 75034-0055.

A menos que se indique lo contrario, las citas bíblicas se toman de la *Santa Biblia*, Nueva
Traducción Viviente, © Tyndale House Foundation, 2010. Todos los derechos reservados.

Las citas bíblicas marcadas RV60 fueron tomadas de la Reina-Valera 1960 ® © Sociedades
Bíblicas en América Latina, 1960. Renovado © Sociedades Bíblicas Unidas, 1988. Usadas con
permiso.

Las citas bíblicas marcadas LBLA fueron tomadas de La Biblia de las Américas Copyright © 1986,
1995, 1997 por The Lockman Foundation.

Las citas bíblicas marcadas DHH fueron tomadas de *Dios habla hoy* ®, © Sociedades Bíblicas
Unidas, 1966, 1970, 1979, 1983, 1996.

Las citas bíblicas marcadas NVI fueron tomadas de la Santa Biblia, NUEVA VERSIÓN
INTERNACIONAL® NVI® © 1999, 2015 por Biblica, Inc.®, Inc.® Usado con permiso de Biblica,
Inc.® Reservados todos los derechos en todo el mundo.

Las citas bíblicas marcadas PDT fueron tomadas de la Palabra de Dios para todos © 2005, 2008,
2012, 2015 Centro Mundial de Traducción de La Biblia © 2005, 2008, 2012, 2015 Bible League
International.

Traducción: Miguel Mesías
Editores de texto: Lina Cortés Parks, Jorge A. Ponce, Carmen Zavala Montgomery
Adaptación del diseño al español: Laura Dubroc
Artista de producción: Nancy Gustine

ISBN: 978-1-400-24638-0

DEDICATORIA

Fue un gran honor y gozo para mí servir como presidente del Seminario Teológico de Dallas de 1994 a 2001. Una de las principales razones por las que la aventura fue tan placentera se debe, en parte, a la agradable relación que sostuve con los miembros de la junta directiva de la escuela.

Dedico este volumen a ese grupo de hombres y mujeres fieles que tan sabiamente supervisaron esa destacada institución. El título y el contenido de este libro describen el tipo de liderazgo que encarnaron. Mi vida es más profunda debido a mi tiempo con ellos. Que nuestro Señor les recompense abundantemente por su integridad desinteresada e intransigente. Mi amor y aprecio por cada uno de ellos no conoce límites.

Introducción

No hemos comenzado a vivir si nos falta la sabiduría que Dios quiere darnos. ¡Esa sabiduría es nuestra, simplemente con pedirla, y nos lleva a un mundo completamente nuevo y emocionante! Al igual que el nacimiento, lleva tiempo y puede ser un proceso doloroso. Pero cuando llega, le sorprenderá la claridad con la que las cosas se enfocarán. Comenzará a sentirse como una nueva criatura. Con razón Jesús se refirió a ello como «nacer de nuevo».

Cuando operamos en la esfera de la sabiduría de Dios, cuando obra en nuestra mente y en nuestra vida, miramos la vida a través de los lentes de la percepción y respondemos a ella con serena confianza. Hay una notable ausencia de miedo. No nos asalta el pánico. Podemos perder nuestros trabajos o podemos ser promovidos en nuestro trabajo, y ninguno de los dos nos descarrilará.

¿Por qué? Porque lo vemos con la objetividad dada por Dios. Y lo manejamos en Su sabiduría. Podemos sumergirnos en un valle inesperado o podemos elevarnos hasta el pináculo de la prosperidad, y podemos hacer frente a ambos extremos. Su sabiduría nos proporciona la objetividad y la estabilidad necesarias. Esto no es una fantasía de ensueño. Es la realidad. Es la capacidad de vivir por encima del fastidio de la opinión humana y la perspectiva horizontal. Es lo que sucede dentro de nosotros cuando la sabiduría se pone a trabajar.

La sabiduría de Dios nos da *equilibrio, fuerza* y *entendimiento*. Ninguno de estos es un rasgo natural; cada uno es un subproducto de la sabiduría. No obtenemos estas cosas solo porque somos seres humanos. Deben venir de Dios.

Pero cuanto más deducimos de la sabiduría de Dios, más fuerza ganamos para vivir con preguntas y tensión. Él no emite reglas y regulaciones para cada momento. Él proporciona algunas pautas y principios generales, y luego nos permite tomar las decisiones. ¿Por qué? Al hacer esto, la sabiduría de Dios se pone en acción y comenzamos a aprender cómo caminar por la vida, que a menudo está llena de «minas terrestres» sutiles e invisibles. Su sabiduría proporciona el sexto sentido que necesitamos. Nos hace madurar para que podamos seguir adelante a pesar de las preguntas sin respuesta.

La buena noticia es que podemos reclamar tal sabiduría a través de una relación íntima con el Hijo de Dios, Jesús. Él es el canal a través del cual nos llega la sabiduría. Al venir por fe al Señor Jesucristo, se nos da acceso abierto a la sabiduría de Dios. Con el Hijo de Dios viene la sabiduría de Dios. Todo es parte del paquete.

Pastor Charles R. Swindoll

ENERO

NO HAY ÉXITO SIN SABIDURÍA

Ahí está el valor de la sabiduría: ayuda a tener éxito.

ECLESIASTÉS 10:10

No sé de ningún otro tema más candente hoy que el éxito. Artículos de revistas, libros, conferencias y sermones lo promueven. Pero rara vez se relaciona el éxito con la sabiduría. Lo más probable es que si leyéramos las noticias del domingo pasado, encontraríamos veinte o más referencias al éxito, y sin embargo nada respecto a la sabiduría. En la novedad actual en cuanto al éxito, la sabiduría es famosa por su ausencia. Fuera de la literatura bíblica y libros basados en la Biblia casi nunca nos cruzamos con esa palabra.

La sabiduría tal vez no nos dé gran popularidad ni riqueza, y tal vez quiera decir que no seremos la persona más respetada en nuestro campo, o que tendremos la voz más significativa en la compañía donde trabajamos, pero en última instancia, según como Dios lo mira, tendremos éxito.

Diario de un viajero desesperado

En su vida, ¿cuándo ha triunfado gracias a la sabiduría?

_____

_____

_____

_____

_____

_____

LOS PRINCIPIOS BÁSICOS DEL AMOR

El odio provoca peleas, pero el amor cubre todas las ofensas.
PROVERBIOS 10:12

Te acepto tal como eres».
«Pienso que eres valioso».
«A mí me duele cuando tú sufres».
«Deseo solo lo mejor para ti».
«Borro todas las ofensas».
Llamaríamos a eso los principios básicos del amor. No conozco a nadie que le daría la espalda a tales afirmaciones magnéticas y estimulantes.

No hay nada superficial en el amor auténtico. Tampoco es una varita mágica para agitar y mover sobre un problema, esperando que el dolor desaparezca. El amor auténtico tiene el poder de quedarse. El amor auténtico es amor perseverante. Rehúsa buscar caminos para huir. Siempre opta por resolver el asunto. No se fuga debido a que el mar se pone tormentoso y encrespado. Es fuerte y resiliente. . . . Mientras que el mundo a nuestro alrededor da el consejo opuesto, el amor permanece firme.

¡Baje la guardia!

¿Cuándo se le ha mostrado amor auténtico?

_____

_____

_____

RIQUEZAS AUTÉNTICAS

En [Cristo] están escondidos todos los tesoros
de la sabiduría y del conocimiento.

COLOSENSES 2:3

S egún se ven las cosas, usted lleva una vida muy impresionante. Tiene una linda casa. Supongo que sus vecinos estarían de acuerdo en que usted trabaja duro. . . trepando por la escalera hacia el éxito ¿verdad?

Usted gana un buen salario y sus posesiones materiales están creciendo en número, pero. . . la verdad es que se siente vacío por dentro y por fuera está fingiendo. Ninguna cosa de su propio «reino» le ha dado la felicidad que esperaba. Así que está pensando: «Tal vez si consiguiera un trabajo mejor», o «consiguiera una casa más grande», o. . . o. . .

Pero no permita que la cortina de humo de más dinero le ciegue los ojos a la verdad. Hay mucho más en ser rico que ganar más dinero. Séneca, el romano, tenía razón: «El dinero nunca ha hecho a nadie rico». ¿Quiere riquezas? Entonces escuche a Jesús: «Más bien, busquen primeramente el reino de Dios y su justicia, y todas estas cosas les serán añadidas» (Mateo 6:33 LBLA).

Para hallar las riquezas auténticas, trate de cambiar de reinos.

Diario de un viajero desesperado

¿Qué cree usted que le hace rico? ¿Ha cambiado su creencia a través de los años?

_____

_____

Poder para vencer

Entrégate a la instrucción; presta suma atención
a las palabras de conocimiento.
Proverbios 23:12

No puedo y no quiero. Los creyentes deben tener mucho cuidado con cuál escogen.

Parece que preferimos usar «no puedo».

«No puedo llevarme bien con mi esposa».

«Mi esposo y yo no podemos comunicarnos».

«Simplemente no puedo disciplinar a mis hijos como debería».

«Simplemente no puedo abandonar el amorío que tengo».

«No puedo dejar de comer demasiado».

«No puedo hallar tiempo para orar».

Cualquier creyente que toma la Biblia en serio tendrá que convenir que la expresión aquí debería ser «no quiero». ¿Por qué? Porque se nos ha dado el poder, la capacidad para vencer.

En realidad estamos diciendo «no quiero», porque escogemos no decir: «Con la ayuda de Dios, ¡lo haré!».

Day by Day with Charles Swindoll (Día a día con Charles Swindoll)

¿En cuáles áreas de su vida puede cambiar su diálogo de **no quiero** a **lo haré con la ayuda de Dios**?

_____

_____

_____

_____

EL PLAN DE DIOS PARA LA ESPERANZA

Pues yo sé los planes que tengo para ustedes—dice
el Señor—. Son planes para lo bueno y no para lo
malo, para darles un futuro y una esperanza.

JEREMÍAS 29:11

Dios sabe, hasta el último mínimo detalle, exactamente dónde usted está en su vida. Él ve. Se interesa. Lo sabe. Y, lo mejor de todo, se conmueve.

El enemigo de nuestras almas quiere que usted piense algo diferente. *A Dios no le importa. Él le ha dejado en este caos por tantos meses. ¡Es injusto! Los que le rodean, en su trabajo, sus vecinos, viven como el diablo, y les va bien. Y aquí está usted, que ni siquiera tiene trabajo. Ni siquiera tiene lo suficiente para cubrir sus deudas. ¿Qué clase de Dios es ese?*

O tal vez alguna joven encinta, con exigencias hasta el límite ya con otros hijos menores y responsabilidades abrumadoras, clama en su corazón: «¡Mi situación es más de lo que puedo soportar!» Y Dios responde: «Hija mía: Yo sé lo que estoy haciendo. Sé el dolor que sientes en tu corazón en este momento. Sé que te sientes abrumada, sobrecargada, oprimida. Pero, créeme. Me conmueve tu situación. ¡Yo tengo un plan! Estoy obrando en los detalles para tu liberación ahora mismo. ¡Confía en mí!»

Moisés: un hombre de dedicación total

¿Cuándo se ha manifestado Dios en su vida durante una situación difícil? ¿Cuándo se ha manifestado Él en las vidas de otros?

Cinco hurras por mamá

Está atenta a todo lo que ocurre en su hogar, ... Sus
hijos se levantan y la bendicen. Su marido la alaba.
Proverbios 31:27–28

Qué exige la maternidad? Ternura transparente, espiritualidad auténtica, confianza interior, amor desprendido y dominio propio. Toda una lista, ¿verdad? Casi más de lo que esperaríamos. Tal vez eso explica por qué Erma Bombeck, una cómica norteamericana, solía decir que la maternidad exige 180 partes movibles y tres pares de manos y tres pares de ojos. . . y yo añadiría, la gracia de Dios. Si resulta que usted es madre, aquí hay uno que aplaude todos sus esfuerzos. ¡Cinco hurras por todo lo que usted hace!

¿Conoce el caballo de piel en el libro de niños *El conejo de terciopelo*? Todo su relleno estaba empezando a salirse, casi ni tenía pelo por el «cariño» que recibió, pero ¡qué valioso que era! Madres que se cuidan con prolijidad no tienen hijos seguros. Madres prolijamente cuidadas, intocables, «de terciopelo» producen hijos frágiles, egoístas, intocables. Pero las mamás desprendidas, generosas y seguras de alguna manera se las arreglan para depositar hijos saludables e íntegros en nuestra sociedad solitaria y asustada.

Growing Wise in Family Life (Creciendo en sabiduría en la vida familiar)

¿Qué características admira usted en algunas madres? ¿Cómo puede usted incorporar esas cualidades en su vida?

_____

_____

EL MENSAJE DE DIOS DE LA NUEVA MAÑANA

*El Señor abre los ojos de los ciegos. El Señor levanta
a los agobiados. El Señor ama a los justos.*

SALMOS 146:8

Sabe usted cuál es el mensaje fresco de Dios para nosotros de la nueva mañana? ¿Sea que el sol brille o que llueva a cántaros? ¿Sea que la mañana sea clara o que esté nublada y gris? Su promesa es la misma aurora. Todas las mañanas el Señor se asoma con un mensaje alentador: «Aún estamos hablándonos, ¿sabes? Yo estoy aquí. No me he movido. Caminemos juntos hoy».

Confíe en que Dios le recuerda. Él no se olvidará de su nombre. Él no se olvidará de sus circunstancias. Con certeza no se olvidará de sus oraciones. . . confíe en Él, Él le recuerda.

El misterio de la voluntad de Dios

¿Por qué no comienza una conversación con Dios **ahora mismo**?
Él está escuchando. ¿Qué le desea decir?

_____

_____

_____

_____

_____

_____

SIN TEMOR AL FRACASO

Los perversos huyen aun cuando nadie los persigue,
pero los justos son tan valientes como el león.
PROVERBIOS 28:1

Cuándo aprenderemos que no hay situaciones sin esperanza, sino personas que han perdido la esperanza al respecto? Lo que parece ser un problema insoluble en realidad es un reto entusiástico. Los que inspiran a otros son los que ven puentes invisibles al final de callejones sin salida.

Hubo una reunión del gabinete de Londres durante los días más oscuros de la Segunda Guerra Mundial. Francia acababa de capitular. El primer ministro Churchill dibujó la situación en los colores más vívidos. Muy literalmente, las diminutas islas británicas estaban solas. Caras lóbregas se quedaron mirándolo en estoico silencio. La desesperanza y pensamientos de rendición estaban inscritos en sus expresiones. El visionario estadista momentáneamente guardó silencio, encendió un puro, mostró un esbozo de sonrisa y con un guiño del ojo, respondió a esa desalentada compañía de oficiales: «Caballeros, hallo esto más bien inspirador». ¡Qué gran línea! Con razón la gente seguía a este hombre. ¡El temor al fracaso nunca entró en su mente!

¡Baje la guardia!

¿A quién encuentra inspirador y valiente? ¿Cómo sus acciones le alientan a enfrentar los desafíos?

_____

_____

Un padre amoroso

Felices son los que oyen el alegre llamado a la adoración,
porque caminarán a la luz de tu presencia, Señor.
SALMOS 89:15

Contrario a la opinión popular, Dios no está sentando en el cielo con Sus mandíbulas apretadas, con los brazos cruzados en desaprobación y profundas arrugas en Su frente. Él no se enfada con Sus hijos por todas las veces que nos tropezamos en nuestros diminutos pies y caemos de barriga. Él es un Padre lleno de amor, y nosotros somos preciosos a Su vista, el deleite de Su corazón. Después de todo, Él «nos ha facultado para participar de la herencia de los santos en el reino de la luz» (Colosenses 1:12 LBLA). ¡Piénselo! ¡Él puso en nosotros Su herencia!

Recuerde eso la próxima vez que piense que Dios le está fallando. Hay razón para que usted dé gracias. No tiene que llenar requisitos para el reino de Dios. La gracia de Dios lo ha rescatado.

El poder de la esperanza

¿Cuándo ha mostrado Dios Su amor por usted? ¿Cuándo lo ha visto en las vidas de otros?

_____

_____

_____

_____

_____

PRECEPTOS Y PRINCIPIOS

Creo en tus mandatos; ahora enséñame el
buen juicio y dame conocimiento.
SALMOS 119:66

Siempre que se ve la frase bíblica «Esta es la voluntad de Dios», uno sabe con certeza cuál es la voluntad de Dios. También se sabe que desobedecerla es quebrantar la Palabra de Dios. Otras indicaciones claras de Su dirección son los preceptos y principios en la Biblia.

Preceptos son afirmaciones claramente marcadas como: «Abstente de la inmoralidad sexual». Eso es como decir: «Límite de velocidad 50 km/h». ¿Qué es exceso de velocidad? Cualquier velocidad por sobre los cincuenta kilómetros por hora. Eso es un precepto.

Entonces hay principios. . . y se trata de pautas generales que requieren discernimiento y madurez para poder captarlas. Como el letrero que dice: «Conduzca con cuidado». Esto quiere decir ir a sesenta kilómetros por hora en una carretera clara y sin congestión, o quiere decir ir a diez kilómetros por hora en una curva cubierta de hielo. Pero también quiere decir que debemos estar alerta y conscientes de las condiciones; quiere decir que siempre debemos obrar con discernimiento. Estos principios requieren sabiduría y discernimiento.

El misterio de la voluntad de Dios

¿A qué preceptos y principios de la Biblia se encuentra volviendo a menudo?

_____

_____

PERSONAS AMIGABLES, PERSONAS SENSATAS

El amigo verdadero se mantiene más leal que un hermano.
PROVERBIOS 18:24

Si algo he aprendido en mi jornada en el planeta Tierra, es que las personas se necesitan unas a otras. La presencia de otros es esencial: personas cariñosas, personas que ayudan, personas interesantes, personas amigables, personas sensatas. Estas personas le quitan el hastío a la vida. Casi cuando nos vemos tentados a pensar que podemos manejar las cosas solos, ¡pum! Nos tropezamos con algún obstáculo y necesitamos ayuda. Descubrimos de nuevo que no somos tan autosuficientes como pensábamos.

A pesar de nuestro mundo de alta tecnología y procedimientos eficientes, las personas siguen siendo el ingrediente esencial de la vida. Cuando nos olvidamos de eso, sucede algo extraño: empezamos a tratar a las personas como inconveniencias en lugar de como bienes.

Sonríe otra vez

¿Quiénes son las personas amigables y sensatas en su vida? ¿Cómo han enriquecido su vida?

_____

_____

_____

_____

_____

_____

¡NO SE DEJE ENGAÑAR!

Las malas compañías corrompen el buen carácter.
1 CORINTIOS 15:33

Los acomodos nunca resultan. Siempre perdemos. Aunque racionalizamos nuestras decisiones débiles y nos decimos que las malas compañías en realidad no nos harán daño («¡Ellos mejorarán; nuestra buena voluntad les quitará lo malo!»), nos ensuciamos en el proceso.

Si uno se pone un par de guantes blancos en un día lluvioso y luego sale al jardín para trabajar y recoge un puñado de lodo, créame, el lodo no quedará «guanteado». Los guantes definitivamente quedarán enlodados. Siempre. En todos mis años en la tierra, nunca he visto lodo guanteado: ni una sola vez. En términos sencillos, eso es lo que 1 de Corintios 15:33 está diciendo: «No se dejen engañar por los que dicen semejantes cosas, porque "las malas compañías corrompen el buen carácter"».

¡Baje la guardia!

¿Ha estado en una situación donde supo que estaba en mala compañía e hizo un cambio en su situación? ¿Qué bien produjo ese cambio?

_____

_____

_____

_____

SUBA EL ANCLA

*Y perdónanos nuestros pecados, así como hemos
perdonado a los que pecan contra nosotros.*

MATEO 6:12

Le ha hecho usted algún daño a alguien? ¿Ha sido usted ofensivo? ¿Han causado daño sus acciones? No hacer nada no solo es directa desobediencia a la enseñanza de Jesús, sino que también complica su vida. Añade unos pesos mentales más pesados de los que usted puede llevar. Es como echar un ancla y luego encender el motor del bote y echarlo a andar. El ancla se sujeta y se enreda en el fondo, lo que resulta en un avance terriblemente incómodo por el agua. ¡Qué solución más sencilla! Simplemente suba el ancla.

Permítame darle un consejo sencillo: No podemos estar en buena relación con Dios mientras no estemos en buena relación con los demás.

Una fe sencilla

¿Cómo el perdón, ofrecido por usted o dado a usted, cambió el curso de su vida?

_____

_____

_____

_____

_____

_____

19

SEGMENTOS DE SOLITUD

Que todo mi ser espere en silencio delante de
Dios, porque en él está mi esperanza.
SALMOS 62:5

Un autor perspicaz llamó a la solitud «el horno de la transformación». Esto no se refiere a la mera privacidad personal en una parada técnica por doce segundos en donde recibimos una reparación rápida para entrar de nuevo a la carrera. Es mucho más que eso. Es un oasis del alma en donde nos vemos a nosotros mismos, a otros y especialmente a nuestro Dios de nuevas maneras. Es en donde se identifica y extermina mucho del «atiborramiento» de la vida, gracias al calor misericordioso del «horno». La cirugía del alma transpira conforme la serenidad reemplaza a la ansiedad.

En la solitud, luchas ocurren de las que nadie más sabe. Se libran batallas internas aquí que rara vez resultan comidilla de sermones o ilustraciones de libros. Dios, que examina los pensamientos más profundos durante los segmentos rápidos de solitud, abre nuestros ojos a cosas que necesitan atención. Es aquí en donde Él nos hace percatarnos de aquellas cosas que tratamos de esconder de otros.

Intimacy with the Almighty (Intimidad con el Todopoderoso)

¿Cuándo ha alumbrado Dios las áreas de su vida que necesitan atención? ¿Cómo comenzó Él a sanarle en esos lugares?

_____

_____

_____

LA MANO DE DIOS EN SU VIDA

Tú me observabas mientras iba cobrando forma en secreto,
mientras se entretejían mis partes en la oscuridad de la matriz.
SALMOS 139:15

Tal vez usted nunca supo lo que era anidar seguro en el amor de un padre. Su vida de hogar tal vez fue difícil o incluso fracturada desde sus más tempranos recuerdos. Desde el punto de vista humano, su nacimiento puede haber ocurrido en un momento difícil o incómodo en la vida de sus padres. Tal vez usted nunca conoció la seguridad de una madre fiel y un padre que inculcaron fe en su corazón. Al pensar en los años cuando usted crecía, se da cuenta de que no tiene mucho de qué hablar.

Me gustaría darle un hermoso mensaje a usted, amigo mío. La mano de Dios en su vida tal vez apenas está empezando a dejar su huella. Esa subida empinada que usted ha estado trepando por tanto tiempo tal vez sea la rampa a un destino más allá de sus sueños. No creo que haya cosa tal como un nacimiento accidental o en mal momento. Usted tal vez haya llegado a un hogar que sufría estrechez económica. Tal vez haya conocido quebrantamiento, heridas e inseguridad desde sus primeros días; pero, por favor, óigame en esto: *Usted no fue un accidente.*

Moisés, un hombre de dedicación total

¿Cómo se siente al saber que Dios tiene una mano en su vida?

_____

_____

DÁNDOLE A DIOS EL PRIMER LUGAR

Pues todo el que me encuentra, halla la vida y recibe el favor del Señor.
PROVERBIOS 8:35

S i alguna posición en una corporación es el dios de su vida,
entonces algo terrible ocurre cuando eso ya no es una posibilidad
en el futuro. Si su carrera, sin embargo, es simplemente una parte del
plan de Dios y usted la mantiene en la perspectiva apropiada, usted
puede hacerle frente a una degradación tanto como a una promoción.
Todo depende de quién es primero y lo que es primero.

Romper el imán que atrae a las cosas por delante de Dios es un
proceso prolongado y a veces doloroso. Hay una línea en el Talmud
judío que lo dice muy bien: «El hombre nace con sus manos apretadas;
y muere con ellas abiertas de par en par. Al entrar en la vida desea
agarrarlo todo; saliendo del mundo, todo lo que posee se le ha
escapado de las manos».

Simplemente recuerde: lo que sea que está en primer lugar, si no
es solo Cristo, está en el lugar errado.

Cómo vivir sobre el nivel de la mediocridad

¿Hubo algún momento en que se dio cuenta de que Dios no era
el primero en su vida? ¿Cómo cambió sus prioridades?

_____

_____

_____

_____

A SOLAS CON DIOS

Esto dice el Señor Soberano: En la tranquilidad
y en la confianza está su fortaleza.
ISAÍAS 30:15

Algunos de los misterios más profundos del Espíritu de Dios no son públicos, ni ruidosos, ni grandes. A veces Su toque más significativo en nuestras vidas viene cuando estamos solos.

Le insto a incluir en su horario tiempo para estar a solas con Dios. Usted sabe de lugares a donde puede alejarse para dar una larga caminata, ¿verdad? Espero que sea en algún bosque. La brisa gentil que sopla por el bosque es terapéutica. A veces simplemente estar a solas en la maravillosa creación de Dios es todo lo que se necesita para que las escamas caigan de sus ojos y para que usted silencie el hostigamiento y el ruido de su día y empiece a oír a Dios.

Más cerca de la llama

¿A dónde le gusta ir para estar a solas y pasar tiempo con Dios?

_____

_____

_____

_____

_____

_____

_____

Terminado

Pues todos hemos pecado; nadie puede alcanzar la meta
gloriosa establecida por Dios. Sin embargo, en su gracia, Dios
gratuitamente nos hace justos a sus ojos por medio de Cristo
Jesús, quien nos liberó del castigo de nuestros pecados.
Romanos 3:23–24

Deténgase y piense: Al creer en la muerte sustitutiva de Jesucristo y Su resurrección corporal, el pecador, en un tiempo perdido, es instantánea, incondicional y permanentemente «declarado justo ciento por ciento». Cualquier cosa menos, y no somos justos... somos *casi* justos.

Si somos declarados el 99.9 por ciento justos, habría que reescribir algunos versículos de la Biblia. Como Isaías 1:18 que entonces tal vez diría: «Vengan luego, dice el Señor, y estemos a cuenta; si sus pecados fueren rojos como la grana, serán hechos ligeramente rosados».

¡Absurdo! La promesa de pecados perdonados es todo o nada. El ochenta por ciento no nos serviría.

Cuando nuestro Señor dijo: «¡Todo está cumplido!» (Juan 19:30), Él quiso decir «terminado».

The Finishing Touch (El toque final)

¿Cómo se siente al saber que usted está ciento por ciento perdonado y ciento por ciento justificado?

_____

_____

_____

DOS SON MEJORES QUE UNO

Es mejor ser dos que uno, porque ambos pueden
ayudarse mutuamente a lograr el éxito.
ECLESIASTÉS 4:9

La independencia es nuestro estribillo y «piensa con tu propia cabeza» es nuestro lema. Declarar una necesidad es señal de debilidad, una admisión abierta de fracaso y falta de carácter. Es más, nos movemos tanto, ¿qué quién tiene tiempo para conversar e interesarse? Ha sido mi observación que nosotros los creyentes no estamos inmunes de esta mentalidad ajetreada, apurada y vertiginosa.

Aunque es fácil dejarse convencer por el estilo de vida egoísta y optar por el aislamiento en lugar de la participación, las consecuencias son amargas e inescapables. Nadar contra la corriente del marco mental «yo-ista» de hoy tiene su manera de eclipsar la luz contrastante de las Escrituras.

Es mejor ser dos que uno porque:
- tienen mejor paga de su trabajo: *esfuerzo mutuo*
- uno levantará a su compañero: *respaldo mutuo*
- se calentarán mutuamente: *estímulo mutuo*
- pueden resistir un ataque: *fuerza mutua*

¡Baje la guardia!

¿Cuándo en su vida ha necesitado ayuda o estímulo y descubrió que dos son mejores que uno?

_____

_____

Honestos hasta la médula

¡Obedece mis mandatos y vive! Guarda mis
instrucciones tal como cuidas tus ojos.
Proverbios 7:2

Qué es lo que Dios está buscando? Está buscando hombres y mujeres cuyos corazones sean completamente de Él: *completamente.*

Dios no está buscando especímenes extraordinarios de humanidad. Dios está buscando siervos profundamente espirituales, genuinamente humildes, honestos hasta la médula, que tengan integridad.

Hoy vivimos en un mundo que dice, de muchas maneras: «Si te las arreglas para dejar una buena impresión, eso es todo lo que importa». Pero usted nunca será un hombre o mujer de Dios si esa es su filosofía. Nunca. No se puede fingir ante el Todopoderoso. Él no se impresiona por lo externo. Él siempre se concentra en las cualidades internas... esas cosas que llevan tiempo y disciplina para cultivar.

David, un hombre de pasión y destino

¿De qué maneras puede usted servir a Dios con un corazón honesto y completo?

_____

_____

_____

_____

UNA PALABRA BIEN ESCOGIDA

El consejo oportuno es precioso, como
manzanas de oro en canasta de plata.
PROVERBIOS 25:11

Como gelatina, los conceptos asumen la forma del molde de las palabras en que se los vierte. ¿Quién ha sido apuñalado en vivo por el uso de una palabra en particular. . . o una combinación de palabras? ¿Quién no ha hallado alivio en una palabra dicha a tiempo en el momento preciso de necesidad? ¿Quién no ha quedado destrozado bajo el peso de una palabra mal escogida? Y, ¿quién no ha recibido valor fresco debido a una palabra de esperanza que penetró la duda propia? El término *palabra* sigue siendo uno de los más poderosos.

Los colores se desvanecen.

Las playas se erosionan.

Los templos se derrumban. Los imperios caen. Pero «la palabra dicha a su tiempo» (Proverbios 25:11, LBLA) permanece.

Una fe sencilla

¿Cuándo palabras dichas a usted le han ayudado superar una situación difícil? ¿Cuándo le han levantado y animado?

_____

_____

_____

_____

_____

27

EL SECRETO ES LA ACEPTACIÓN

Pondré mi confianza en él.
HEBREOS 2:13

Helen Roseveare era misionera médica británica en el Congo hace años durante una revolución. Su fe era fuerte y su confianza firme, y sin embargo fue violada, la atacaron y la trataron brutalmente. Comentando más tarde, ella dijo: «Debo hacerme yo misma una pregunta como si viniera directamente del Señor: "¿Puedes agradecerme por confiarte con esta experiencia, aunque nunca te diga por qué?"»

Qué pensamiento más profundo. Dios nos ha confiado a cada uno de nosotros nuestro propio conjunto de circunstancias injustas y experiencias inexplicables con que lidiar. ¿Podemos todavía confiar en Él, aunque Él nunca nos diga el por qué?

El secreto de la confianza responsable es la *aceptación*. Aceptación es tomar de la mano de Dios absolutamente cualquiera cosa que Él da, mirándole Su rostro en confianza y acción de gracias, sabiendo que el confinamiento del cerco en que estamos es bueno y para Su gloria.

Perfect Trust (Confianza perfecta)

¿Qué experiencia ha aprendido al aceptar mediante la confianza que el plan de Dios es siempre bueno?

_____

_____

_____

_____

DESILUSIÓN PELIGROSA

¡Tú guardarás en perfecta paz a todos los que confían en
ti, a todos los que concentran en ti sus pensamientos!
ISAÍAS 26:3

L a desilusión es una bajada peligrosa, resbaladiza. Primero nos desilusionamos de otro ser humano. Luego avanzamos al descreimiento. Poco a poco no confiamos en nadie, ni siquiera en Dios. Nos han engañado. Se han aprovechado de nosotros; nos han maltratado.

La causa de la desilusión y la cura para ella se pueden expresar en casi las mismas palabras sencillas. La causa de la desilusión es *poner por completo la esperanza y confianza de uno en las personas.* Poner a la gente en un pedestal, concentrarse en ellas, buscar seguridad en ellas. . . y cuando los pies de barro se desbaratan (como con certeza lo harán) una total desilusión penetra.

¿Cuál es la cura? *Poner por completo nuestra fe, esperanza y confianza en el Señor viviente.* Cuando hacemos eso, los mensajes más sencillos de Dios calman nuestro espíritu.

José, un hombre de integridad y perdón

¿Cuándo cambió su confianza en las personas para confiar en Dios? ¿Cómo cambió su percepción de las personas y el mundo que le rodea?

_____

_____

_____

VISTA CELESTIAL EN RETROSPECTIVA

Pues tú eres mi escondite; me proteges de las dificultades
y me rodeas con canciones de victoria.
SALMOS 32:7

Providencia. Usamos con frecuencia la palabra. Pero ¿alguna vez la ha analizado usted? Viene del latín *providentia*. *Pro* quiere decir «antes» o «de antemano»; *videntia* viene de *videre* que quiere decir «ver».

Uniéndolas tenemos «ver de antemano», que es lo que hace el Dios Todopoderoso. Dios ve de antemano los eventos de la vida; algo que nosotros, por supuesto, nunca podemos hacer.

Somos grandes para la historia. Nuestra vista hacia atrás es casi siempre 20/20. Pero somos malos para la profecía, es decir, las cosas específicas del futuro. Deténgase y piense. No tenemos ni indicio de lo que va a suceder un minuto después de este instante, y ni la menor idea de los que va a suceder después. Pero nuestro Dios invisible, en Su *providentia*, continuamente, constantemente y con confianza, está obrando.

Él nunca cambia. Él sabe qué es lo que se propone, y Él lo realiza con determinación implacable.

Ester, una mujer de dignidad y fortaleza

¿Alguna vez se ha sorprendido actuando como si pudiera predecir el futuro? ¿Cómo aprendió a confiar en Dios y dejar que Él le guíe?

_____

_____

COMPROBANDO SU TRABAJO

Los perezosos ambicionan mucho y obtienen poco,
pero los que trabajan con esmero prosperarán.

PROVERBIOS 13:4

Un joven entró corriendo a su casa para hacer una llamada por teléfono. Su papá oyó la conversación telefónica mientras el joven preguntaba: «Señor, ¿tendría usted trabajo para un joven honrado, que trabaja duro?» [pausa] «Ah. . . ¿que ya tiene un joven trabajador honrado, que trabaja duro? Pues bien, ¡de todas maneras gracias!»

El joven colgó el teléfono con una sonrisa. Tarareando empezó a alejarse, obviamente feliz.

«¿Cómo puedes estar tan contento?» le preguntó su papá que lo había oído. «Pensé que el hombre con quien hablabas ya tiene alguien y no quiere emplearte».

El joven contestó: «Pues bien papá, yo *soy* ese joven que trabaja duro. ¡Simplemente estaba comprobando mi trabajo!»

Si usted llamara a su Jefe celestial, disfrazando su voz, y le preguntara sobre su desempeño, ¿cuál piensa que sería la respuesta que Él daría?

Cómo vivir sobre el nivel de la mediocridad

¿Cómo le describiría Dios? ¿Diría que usted está haciendo un buen trabajo?

_____

_____

CARÁCTER MORAL

Elige una buena reputación sobre las muchas riquezas; ser tenido en gran estima es mejor que la plata o el oro.
PROVERBIOS 22:1

Desdichadamente, nos hemos acostumbrado a hacer a un lado las fallas en el carácter moral, que se manifiestan en estilos de vida secretos y engañosos. Con frecuencia se nos dice que tratar de hallar a personas que valoren la honradez y modelen la responsabilidad, que promuevan la equidad, rendición de cuentas, lealtad, respeto por otros, y que tengan convicciones fuertes, rectas, no es realista para nada.

«Tales personas no existen... tenemos que dejar de exigir pureza personal», se nos dice. O, como un alma con cerebro de chorlito dijo en una campaña presidencial: «Estamos eligiendo presidente, no un papa».

A tal analogía, yo respondo: «¡Absurdo!» Esa clase de lógica (o más bien, falta de lógica), hace que un escalofrío me recorra la espalda.

Day by Day with Charles Swindoll (Día a día con Charles Swindoll)

¿Quién en su vida demuestra un carácter moral honorable? ¿Las personas en su vida le describirían de esa manera? ¿Por qué sí o por qué no?

_____

_____

_____

_____

¡CELEBRE LA VIDA!

Enséñanos a entender la brevedad de la vida,
para que crezcamos en sabiduría.
SALMOS 90:12

El texto hebreo sugiere que correctamente «contemos» nuestros días. Hallo interesante que debemos ver la vida por los días, *no los años*. Debemos vivir esos días de tal manera que cuando se acerquen a su final, hayamos adquirido «un corazón de sabiduría» (Salmos 90:12 RV60). Con el Señor Dios ocupando el primer lugar en nuestras vidas, aceptamos y vivimos cada día con entusiasmo por Él. El resultado será ese «corazón de sabiduría» que menciona el salmista.

Debido a que no podemos alterar lo inevitable, nos ajustamos a él. Y hacemos eso no un año a la vez, sino un día a la vez. En lugar de carcomernos debido a unos cuantos dolores y achaques más que se han apropiado de nuestros cuerpos, decidimos celebrar la vida en lugar de simplemente aguantarla. El envejecimiento no es una opción; pero nuestra respuesta al mismo sí lo es. De muchas maneras nosotros mismos determinamos cómo vamos a envejecer.

Afirme sus valores

¿Qué cosas pequeñas puede hacer a diario para asegurarse que usted está celebrando su vida y viviendo con entusiasmo para Dios?

_____

_____

_____

EL LIBRO DE INSTRUCCIONES DE DIOS

Y sabemos que el Hijo de Dios ha venido y nos ha dado
entendimiento, para que podamos conocer al Dios verdadero.
1 JUAN 5:20

Dios ofrece instrucción, pero luego nos toca a nosotros. Debemos aceptar Su instrucción y aplicarla a nuestras vidas. Entonces, y solo entonces, podemos esperar recibir los beneficios de Su instrucción. Así que, como ve, la aplicación es el eslabón esencial entre la instrucción y el cambio.

Dios nos ha enviado Su instrucción. Él ha preservado toda palabra de ella en un libro, la Biblia. Todo está allí, tal como Él nos lo comunicó. Cuando Él vuelva por los suyos, no va a preguntarnos cuánto memorizamos o cuán a menudo nos reunimos para estudiarla. No, Él va a querer saber: «¿Qué hiciste con Mis instrucciones?»

Cómo vivir sobre el nivel de la mediocridad

¿Cómo está viviendo su vida que muestra que está siguiendo las instrucciones de Dios?

_____

_____

_____

_____

_____

_____

ENTRÉGUELE A DIOS SUS PREOCUPACIONES

Entre ustedes, ¿quién teme al Señor y obedece a su siervo?
. . . confíen en el Señor y dependan de su Dios.

ISAÍAS 50:10

Fijemos con calidad en nuestra mente ocho palabras. Estas palabras son el cimiento del proceso terapéutico de Dios para los preocupados: *No se afanen por nada, oren por todo.*

¿Qué califica como un afán? Cualquier cosa que drena su estanque de alegría; algo que no puede usted cambiar, algo que no es su responsabilidad, algo que no puede controlar, algo (o alguien) que le asusta o lo atormenta, que le agita, que lo mantiene despierto cuando debería estar dormido. Todo eso ahora necesita cambiarlo de su lista de preocupaciones a su lista de oración. Entréguele toda preocupación, una por una, a Dios. Dígale que ya no va a guardarse su ansiedad.

Mientras más practica el entregarle a Dios las cargas mentales, más emocionante se vuelve ver cómo Dios atiende las cosas que son imposibles para que uno haga algo al respecto.

Sonríe otra vez

¿Qué preocupaciones en su vida tiene que entregarle a Dios en oración?

_____

_____

_____

_____

¿EL DULCE SABOR DEL ÉXITO?

*El que confía en su dinero se hundirá, pero los justos
reverdecen como las hojas en primavera.*
PROVERBIOS 11:28

Nuestra sociedad se ha empalagado con el dulce sabor del éxito. Hemos llenado nuestros platos con un bufete de libros que van desde cómo vestir para el éxito hasta cómo invertir para el éxito. Hemos engullido montones de cuadernos, charlas y podcasts en nuestro deseo por mayor éxito.

La ironía de todo eso es que. . . en lugar de satisfacción, experimentamos la sensación hinchada de estar llenos de nosotros mismos: *nuestros* sueños, *nuestras* metas, *nuestros* planes, *nuestros* proyectos, *nuestros* logros. El resultado de este «apetito de coma todo lo que pueda» no es el contentamiento. Es náusea.

El poder de la esperanza

¿Cómo puede asegurarse que no está acumulando aquellas cosas que no se pueden oxidar o descomponer? ¿Cómo está acumulando tesoros en su corazón en vez de en su casa?

_____

_____

_____

_____

_____

_____

LIBRE DE ESTRÉS

*Oh pueblo mío, confía en Dios en todo momento; dile lo
que hay en tu corazón, porque él es nuestro refugio.*
SALMOS 62:8

Usted y yo podemos mencionar cosas, cosas específicas, que
hemos atravesado en estos últimos años y que no tienen el más
mínimo sentido lógico. . . pero eso está bien. No podemos explicarlo.
Pero permítame asegurarle que Dios está obrando y realizando Su
plan misterioso (misterioso para nosotros), que desafía la lógica
humana. Así que deje de tratar de hacer lo humanamente lógico.
Confíe en Él.

    ¿Se da cuenta de la vida pacífica que puede vivir usted si decide
vivir así? ¿Se da cuenta de cuán tranquilo puede estar, cuán libre
de estrés? En serio. Es muy útil para mí recordarme: Dios es el
inescrutable. Él es insondable. Yo no soy ni lo uno ni lo otro.

El misterio de la voluntad de Dios

¿Qué pequeños pasos puede estar tomando usted a diario para
confiar plenamente en el plan de Dios? ¿Cómo puede dejar de
intentar «resolverlo» y simplemente confiar?

_____

_____

_____

_____

_____

Febrero

NO EXISTE LA ISLA DE LA SEGUNDA OPORTUNIDAD

Los nietos son la corona de gloria de los ancianos;
los padres son el orgullo de sus hijos.

PROVERBIOS 17:6

No podemos cambiar el pasado... y eso incluye la manera en que criamos a nuestros hijos. A todos nosotros —sí, a todo padre que he conocido— nos encantaría entrar en un túnel del tiempo y volver a la «isla de la segunda oportunidad». Daríamos cualquier cosa por volver a vivir esos años y corregir los fracasos y errores que cometimos la primera vez. Es preciso borrar todos esos deseos de fantasía. ¡Jamás podrán cumplirse! El proceso de ser padres ofrece solo una oportunidad por hijo, un día a la vez, y jamás puede repetirse.

Alguien dijo una vez: «la vida es como una moneda; uno puede gastarla de cualquier manera que quiera, pero la gasta solo una vez». Eso nunca será más cierto que al criar los hijos. Para cuando aprendemos a ser bastante buenos en eso, nuestros hijos son jóvenes adultos y se han ido. Habiendo llegado más cerca que nunca a perfeccionar el proceso, ¡de repente nos damos cuenta de que nadie está oyendo! Lo que significa que calificamos para un papel principal: abuelos (¡cuando finalmente llega nuestro derecho a romper todas las reglas y malcriar a esos encantos!). Es un mundo divertido.

Growing Wise in Family Life (Creciendo en sabiduría en la vida familiar)

¿Qué arrepentimientos sobre la crianza de sus hijos en el pasado necesita liberar? ¿Cómo puede usar lo que ha aprendido para ayudar a la próxima generación de padres?

UNA VIDA FRUCTÍFERA

Así que, desde que supimos de ustedes no dejamos de
tenerlos presentes en nuestras oraciones. . . . Entonces la
forma en que vivan siempre honrará y agradará al Señor,
y sus vidas producirán toda clase de buenos frutos.
COLOSENSES 1:9–10

Alguna vez ha estado en una región del país en donde hay mucha fruta madurando al sol? Tal vez alguna mañana fría usted dio una caminata por unos campos de fruta cerca de un río. Es agradable a los ojos ver tal abundancia de fruta dulce, deliciosa, colgando de las ramas, lista para ser recogida.

Una vida cristiana fructífera es como eso: dulce, refrescante, nutritiva, fragante, sustentadora, deliciosa de estar cerca. Pero tal vida requiere cultivo cuidadoso. . . Un andar más profundo, más consistente con Cristo requiere tiempo y atención todos los días. Si eso sucede, usted dará fruto.

Moisés, un hombre de dedicación total

¿A quién conoce cuya vida produce el fruto del Espíritu? ¿Qué hábitos o prácticas tiene esa persona que la hacen fructífera?

_____

_____

_____

_____

_____

LLENO DE GRACIA Y VERDAD

. . . el amor inagotable de Dios y su fidelidad
vinieron por medio de Jesucristo.
JUAN 1:17

Mirando hacia atrás, a sus días con Jesús, Juan (uno de los doce) recuerda que había algo en el Señor como en ningún otro, durante ese tiempo en que Sus discípulos «vieron su gloria» (Juan 1:14 LBLA). Su singularidad era esa «gloria» increíble, una gloria que representaba la misma presencia de Dios. Además, este glorioso era «lleno de gracia y verdad». Haga una pausa y permita que esto penetre. Era Su gloria mezclada con la gracia y la verdad lo que le hizo diferente. En un mundo de tinieblas y demandas, reglas y regulaciones, requisitos y expectativas exigidas por los dirigentes religiosos hipócritas, Jesús vino y ministró de una manera nueva y diferente; Él solo, lleno de gracia y lleno de verdad, presentó una manera revolucionaria y diferente de vida.

Recordando esa singularidad, Juan añade: «pues de Su plenitud todos hemos recibido, y gracia sobre gracia» (Juan 1:16).

El despertar de la gracia

¿Cómo la gracia y la verdad que se encuentran en Jesús cambian la forma en que vive? ¿Son la gracia y la verdad evidentes en su vida?

_____

_____

_____

41

«¡Buen trabajo!»

Qué preciosos son tus pensamientos acerca de
mí, oh Dios. ¡No se pueden enumerar!
Salmos 139:17

La mayoría somos buenos para criticarnos nosotros mismos y encontrar faltas en lo que hemos hecho o no hemos hecho. Me gustaría sugerir un plan alterno: dedique algo de su tiempo libre para hallar placer y satisfacción en lo que ha hecho tanto como en quién es y lo que es usted. ¿Suena demasiado liberal? ¿Por qué? ¿Desde cuándo es liberal tener una autoestima saludable?

Hay ocasiones cuando necesitamos decirnos a nosotros mismos: «¡Buen trabajo!» cuando sabemos que es verdad. Eso no es orgullo arrogante, amigo mío. Es reconocer en pocas palabras los sentimientos del corazón. El Señor sabe cuando oímos más opiniones negativas internas que las necesarias. La comunicación en tiempo libre incluye afirmación de uno mismo, reconociendo, por supuesto, que Dios en última instancia es quien recibe la gloria. Después de todo, Él es el que hizo posible toda la experiencia.

Afirme sus valores

¿Qué dones y talentos dados por Dios posee usted? ¿Con qué frecuencia le toma el tiempo para reconocer todo el bien que el Señor puso dentro de usted?

_____

_____

_____

SABOREE LA SATISFACCIÓN

*¡Adquirir sabiduría es lo más sabio que puedes hacer! Y
en todo lo demás que hagas, desarrolla buen juicio.*

PROVERBIOS 4:7

Una vida buena —la que verdaderamente satisface— existe solo cuando dejamos de querer una mejor. Es la condición de saborear lo que *es* en lugar de anhelar lo que pudiera ser. La comezón por las cosas, la codicia de tener más —tan brillantemente inyectada por los que comercian con eso— es un virus que drena la alegría de nuestras almas. ¿Lo ha notado? El hombre nunca gana lo suficiente. La mujer nunca es lo suficientemente hermosa. La ropa nunca será lo suficientemente de moda. Los carros no son lo suficientemente bonitos. Los artefactos nunca son lo suficientemente modernos. Las casas nunca están lo suficientemente amobladas. La comida nunca es lo suficientemente sabrosa. Las relaciones personales nunca son lo suficientemente románticas. La vida nunca está lo suficientemente llena.

La satisfacción viene cuando nos bajamos de la escalera mecánica del deseo y decimos: «¡Ya basta! Lo que tengo basta. Lo que yo hago depende de mí y de mi unión vital con el Señor viviente».

Moisés, un hombre de dedicación total

¿Qué pequeños pasos puede dar todos los días para confiar plenamente en el plan de Dios? ¿Cómo puede dejar de intentar «resolverlo» y simplemente confiar?

_____

_____

EL DINERO NO LO PUEDE COMPRAR TODO

¡Cuánto mejor es adquirir sabiduría que
oro, y el buen juicio que la plata!
PROVERBIOS 16:16

Necia, en verdad, es la persona que se considera segura y firme porque tiene dinero.

Y otra razón por la que es una tontería confiar en las riquezas como seguridad es que el dinero, en el análisis final, no nos da la satisfacción duradera, ciertamente no en los aspectos que realmente importan. Hay muchas cosas que ninguna cantidad de dinero puede comprar. Piénselo de esta manera:

- El dinero puede comprar medicina, pero no salud.
- El dinero puede comprar una casa, pero no un hogar.
- El dinero puede comprar compañía, pero no amigos.
- El dinero puede comprar comida, pero no apetito.
- El dinero puede comprar una cama, pero no sueño.
- El dinero puede comprar la vida buena, pero no la vida eterna.

Es Dios (solamente) quien puede suplirnos con «las cosas en abundancia para que las disfrutemos» (1 Timoteo 6:17 RV60). Como Séneca, el estadista romano, dijo una vez: «El dinero todavía no ha hecho a nadie rico».

Afirme sus valores

¿Dónde encuentra la mayor alegría y satisfacción en la vida?
¿De qué manera el Señor le ha hecho rico?

_____

_____

¡INCOMPRENSIBLE DIOS!

¡Santo, santo, santo es el Señor de los Ejércitos Celestiales! ¡Toda la tierra está llena de su gloria!

ISAÍAS 6:3

Cuáles son los beneficios de darnos cuenta de qué Dios es incomprensible? Ya no tenemos que reducirlo a términos manejables. Ya no tenemos que vernos tentados a manipularlo a Él o a Su voluntad. . . o a defenderlo a Él y Sus caminos. Como el profeta afligido, tenemos un nuevo vislumbre de Él «alto y sublime» (Isaías 6:1 LBLA) rodeado de legiones de serafines que testifican de Él como «el Señor de los ejércitos» (v. 3 LBLA) mientras cantan unos y otros sus alabanzas en voz antifonal (vv. 2-3 RV60).

En un mundo consumido por los pensamientos acerca de sí mismo, lleno de personas impresionadas unas con otras, estando desconectadas del único digno de alabanza, es tiempo de volver a la clase básica de Teología y sentarnos en silencio en Su presencia. Es tiempo de captar un nuevo vislumbre de Aquel que, no solo, es asombroso, es incomprensible.

Day by Day with Charles Swindoll (Día a día con Charles Swindoll)

¿Cree que los caminos y pensamientos de Dios son más altos que los caminos y pensamientos del hombre? ¿Qué pasaría si viera esta verdad no como un problema, sino como algo digno de elogio?

_____

_____

AMANECER, ANOCHECER

La sabiduría y el dinero abren casi todas las puertas,
pero solo la sabiduría puede salvarte la vida.
ECLESIASTÉS 7:12

D ios le ha dado a la humanidad la capacidad de ver más allá del presente; y no le ha dado esa capacidad a ninguna otra creación. Él ha puesto eternidad en nuestros corazones, «sin embargo, el hombre no descubre la obra que Dios ha hecho desde el principio hasta *el fin*» (Eclesiastés 3:11 LBLA).

He puesto en cursivas «*el fin*» por razón de énfasis. Permítame decirle por qué. No se requiere mucho cerebro para darse cuenta de que, si hay un amanecer, debe haber un anochecer. Para tomar prestadas las frases del astronauta, si hay una «salida de la tierra», tiene que haber también una «entrada de la tierra».

Demos un paso más adelante. Si hay un principio de la tierra, debe haber un fin de la tierra. Y si yo existo en esta tierra aburrida sin Dios, entonces por cierto no estoy listo para el fin de la tierra cuando deba enfrentar a Aquel que me hizo.

Diario de un viajero desesperado

¿Cómo está pasando sus momentos en la tierra? ¿Está viviendo cada día de una manera que le prepare para estar ante Dios al final?

_____

_____

_____

EL PESO DE LA PREOCUPACIÓN

Pongan todas sus preocupaciones y ansiedades en las manos de Dios, porque él cuida de ustedes.

1 PEDRO 5:7

Qué maravilloso que Dios personalmente cuide de las cosas que nos preocupan y llenan nuestros pensamientos. Él se preocupa por ellas más de lo que nosotros nos preocupamos por ellas. Ni un solo pensamiento hostigoso, doloroso, preocupante, que pone en tensión el estómago o que levanta la presión, se le escapa.

Por eso la versión Dios Habla Hoy traduce 1 Pedro 5:7 de la siguiente manera: «dejen todas sus preocupaciones a Dios, porque Él se interesa por ustedes».

¿No es eso bueno? Él genuinamente se interesa. Él puede cargar todo el peso de su preocupación. Debido a que Él tiene un interés personal por usted, usted nunca puede desaparecer del radar de Su pantalla.

Moisés, un hombre de dedicación total

¿Puede imaginar la libertad de poner todas sus preocupaciones sobre Dios? ¿Cómo viviría este mismo día si no tuviera una sola preocupación?

_____

_____

_____

_____

Alcanzar a otros

El generoso prosperará, y el que reanima a otros será reanimado.
Proverbios 11:25

Las relaciones personales estrechas y sinceras son esenciales. El fácil «Hola, ¿cómo estás?» debe ser reemplazado por un interés genuino. El término clave es *conexión*. Cuando uso esa palabra aquí, me refiero a las personas cercanas a nosotros.

Siendo absorto en la función de la familia de Dios como participante (no un simple espectador) significa.

. . . relacionarme con

. . . trabajar con

. . . preocuparme por otros a quienes conozco y quiero.

A leer esto nuevamente, veo escrito entre las líneas el recordatorio:

Esto no es automático. Soy responsable personalmente. ¡Y también usted!

¡Baje la guardia!

¿Tiende a conformarse con relaciones superficiales? ¿Qué pasos puede tomar para comenzar a desarrollar conexiones más profundas con quienes le rodean?

_____

_____

_____

_____

_____

MARAVILLOSAMENTE HECHO

¡Gracias por hacerme tan maravillosamente complejo!
Tu fino trabajo es maravilloso, lo sé muy bien.

SALMOS 139:14

La próxima vez que alce en sus brazos a su pequeño bebé o nieto, mire a la cara de ese niño maravillosamente hecho y diga: «[Tú eres] una creación admirable» (Salmos 139:14 NVI). No estaría de más repetir esa declaración a lo largo de su infancia. Los niños necesitan saber cuán valiosos son a los ojos de Dios y los nuestros. Nada les da mayor seguridad que un fuerte sentido de autoestima.

Escuchen bien esto, padres ocupados, especialmente ustedes que tienden a la impaciencia, que siempre están corriendo. . . . Sus hijos han sido creados de una manera completamente única, como nadie más en la tierra. . . . Ellos necesitan que usted los ayude a convencerse de que son personas únicas, cada uno diferente, cada uno su propia persona. Los niños llegan a nuestros brazos anhelando ser conocidos, anhelando que los aceptemos como son, y ser quienes son. Así que, cuando se sumerjan en la rápida corriente de su tiempo, podrán mantenerse firmes y no dependerán de la presión de sus compañeros para darles su estándar.

Growing Wise in Family Life (Creciendo en sabiduría en la vida familiar)

¿Quién en su vida necesita que le recuerde que ha sido hecho asombroso y maravillosamente? ¿Cómo puede alentarlos hoy?

_____

_____

EL OBJETO DE LA PREOCUPACIÓN DE DIOS

Espero en silencio delante de Dios, porque de él proviene mi victoria.
SALMOS 62:1

Ha habido ocasiones en las que me he encontrado preguntándome acerca de las cosas en las que he creído y predicado durante años. ¿Qué sucedió? ¿Ha muerto Dios? No. Simplemente mi visión se ha puesto un poco borrosa. Mis circunstancias hicieron que mi pensamiento se nublara un poco. He mirado hacia arriba y no he podido ver a Dios con claridad.

Eso es lo que le sucedió a Juan Bunyan en el siglo diecisiete en Inglaterra. Él predicó contra la impiedad de su época, y las autoridades lo metieron en prisión. . . . Pero como Bunyan creía firmemente que Dios todavía estaba vivo y obrando, él convirtió esa prisión en un lugar de alabanza, servicio y creatividad al comenzar a escribir el libro *El progreso del peregrino*, la alegoría más famosa en la historia de la lengua inglesa.

Cuando nos encontramos en un punto difícil, nuestra tendencia es sentirnos abandonados. . . . De hecho, todo lo contrario es verdad, porque en ese momento, somos más que nunca el objeto de la preocupación de Dios.

Elías, un hombre de heroísmo y humildad

¿Puede pensar en algún momento en el que pensó que estaba luchando solo pero, mirando hacia atrás, ve que Dios siempre estuvo cerca y trabajando a su favor?

_____

_____

TOME LA VIDA SEGÚN VENGA

Siembra tu semilla por la mañana, y por la tarde no dejes de trabajar porque no sabes si la ganancia vendrá de una actividad o de la otra, o quizás de ambas.

ECLESIASTÉS 11:6

La única manera en que podemos hacerle frente a la realidad es confiando en Dios, *pase lo que pase*. Sin dudas, quejas o peros. Si soy agricultor, y Dios permite que venga una inundación y se lleve mis cultivos, o Dios escoge darme las hermosas temporadas de lluvia y una cosecha abundante, confío en Él y le alabo. Si trabajo en alguna industria o alguna profesión, y alguien me pone una zancadilla y Dios permite que todo mi mundo se trastorne, confío en Él y le alabo. Tomo la vida tal como viene. No desperdicio tiempo en el fondo de la duda. Tampoco me preocupo por los fracasos de las cosechas o el caer de narices.

No podemos esperar a que las condiciones sean perfectas. Tampoco podemos esperar a que las cosas estén libres de riesgos: absolutamente libres, absolutamente seguras. En lugar de protegernos a nosotros mismos, tenemos que liberarnos a nosotros mismos. En lugar de acaparar, debemos dar e invertir. En lugar de dejarnos llevar por la corriente, debemos buscar la vida. En lugar de dudar, debemos confiar con valentía.

Diario de un viajero desesperado

¿Es usted propenso a alabar en temporadas de prosperidad y a dudar en días de problemas? Pídale al Señor que le dé un corazón firme.

EL CAMINO DE DIOS ES CORRECTO

Confíen siempre en el Señor, porque el Señor Dios es la Roca eterna.
ISAÍAS 26:4

E l camino del Señor siempre es correcto. No siempre tiene sentido; de hecho; a menudo es misterioso. Rara vez se le puede explicar. No siempre es agradable y divertido. Pero he vivido lo suficiente como para darme cuenta de que Su camino siempre es correcto. . . .

Estoy convencido de que solo hasta que abracemos la soberanía de Dios es que tendremos la capacidad de razonar nuestro camino por la vida. Hasta entonces seremos demasiado importantes en el plan. La opinión del hombre será *demasiada* significativa para nosotros. Y nos retorceremos, lucharemos y batallaremos abriéndonos paso por esta vida cristiana, tratando con demasiada fuerza de complacer a la gente en lugar de vivirla aliviados y tranquilos en el plan de Dios.

El misterio de la voluntad de Dios

¿Describiría su existencia cotidiana como aliviada y relajada? ¿En qué áreas necesita recordar que el camino de Dios siempre es correcto?

DIOS SABE NUESTROS LÍMITES

Pero tú, oh Señor, eres Dios de compasión y misericordia,
lento para enojarte y lleno de amor inagotable y fidelidad.

SALMOS 86:15

Nuestro Señor entiende nuestros límites. Él se da cuenta de nuestras luchas. Él sabe cuánta presión podemos aguantar. Él sabe qué medidas de gracia y misericordia y fuerza necesitaremos. Él sabe de qué manera estamos hechos.

Francamente, Sus expectativas no son tan poco realistas como las nuestras. Cuando nosotros no vivimos a la altura de la agenda que nos hemos fijado, nos sentimos como que Él va a descargar sobre nosotros un camión lleno de juicio. Pero eso no sucederá. Así que, ¿por qué tememos que pueda hacerlo?

El poder de la esperanza

¿Se siente inadecuado, abrumado o mal equipado? ¿Qué expectativas poco realistas se ha puesto sobre sí mismo?

_____

_____

_____

_____

_____

_____

_____

UNIDAD Y HUMILDAD

¡Qué maravilloso y agradable es cuando los
hermanos conviven en armonía!
SALMOS 133:1

Se da cuenta usted de lo íntimamente incorporadas que están las palabras unidad y humildad? La una da lugar a la otra; ninguna puede existir sin la otra. Son como gemelas siameses, perfectamente conectadas. Personalmente, he visto numerosas ocasiones cuando el orgullo ha ganado (aun cuando nunca se le llama así) y la armonía se ha desvanecido. . . y quiero decir muy rápido.

Contrario a lo que usted tal vez lea hoy, las palabras *lucha* y *pelea* no son descripciones adecuadas cuando hablamos de la manera de salir adelante. En última instancia ellas no glorifican a Dios. Los amigos se hacen al *no* pelear y al *rehusarse* a luchar.

Comprométase a dejar libres a otros para que ellos puedan crecer y descubrirlo por cuenta propia. Para cambiar, tanto como sea posible, aléjese de una discusión antes que invitarla. Sea más pacificador.

¡Baje la guardia!

¿Actualmente existe conflicto en alguna área de su vida? ¿Qué pasos puede tomar para buscar la humildad y la unidad?

_____

_____

_____

_____

DESDE EL PUNTO DE VISTA DE DIOS

Sabes cuándo me siento y cuándo me levanto; conoces
mis pensamientos, aun cuando me encuentro lejos.

SALMOS 139:2

En una Navidad les compramos a nuestros hijos lo que se llama una «ciudad de hormigas». Era un par de placas de plástico transparente a ambos lados, llena de arena y hormigas. Desde nuestro punto de vista, podíamos ver lo que estas diminutas criaturas atareadas hacían bajo tierra. Veíamos cómo es que cavan túneles de un lado a otro, dejando un laberinto de senderos.

De la misma manera, Dios escudriña nuestras sendas. Desde dónde estamos, haciendo túneles, todo lo que vemos es arena inmediatamente por encima, detrás y a nuestros lados. Pero desde el punto de vista de Dios, Él puede ver exactamente dónde hemos estado y precisamente a dónde vamos. Él «conoce bien todos mis caminos» (Salmos 139:2 LBLA).

El misterio de la voluntad de Dios

¿Siente que nadie entiende por lo que está pasando? ¿Cómo cambia su actitud al saber que Dios está al tanto de cada lucha y de cada éxito?

_____

_____

_____

_____

CONTENTAMIENTO CONFIADO

*Enséñame a hacer tu voluntad, porque tú eres mi Dios. Que
tu buen Espíritu me lleve hacia adelante con pasos firmes.*
SALMOS 143:10

Cuando Cristo llega a ser nuestro enfoque central —la razón
de nuestra existencia— el contentamiento reemplaza nuestra
ansiedad, así como también nuestros temores e inseguridades.
Esto no puede evitar impactar a tres de los ladrones de alegría más
frecuentes de toda la vida:

1. *Él amplía las dimensiones de nuestras circunstancias.* Esto nos
   da nueva confianza.
2. *Él nos libra de la preocupación por los demás.* Esto causa que
   nuestro nivel de contentamiento crezca.
3. *Él calma nuestros temores respecto a nosotros mismos y
   nuestro futuro.* Esto provee a diario una ráfaga de esperanza
   fresca.

Sonríe otra vez

¿Está experimentando la plenitud del gozo disponible para
usted como creyente en Cristo? Si no, ¿en qué áreas de la vida
ha quitado su enfoque de Él?

_____

_____

_____

_____

AYUDANDO AL MUNDO A VER A DIOS

De la misma manera, dejen que sus buenas acciones brillen a
la vista de todos, para que todos alaben a su Padre celestial

MATEO 5:16

El mundo verá «sus buenas obras» dijo Jesús. ¿Cómo cuáles?

Oirán su cortesía.

Detectarán su sonrisa.

Notarán que usted se detiene y les agradece.

Oirán que usted pide disculpas cuando se equivoca.

Verán que les ayuda cuando están luchando.

Notarán que usted es el que se detuvo en el camino para darles una mano.

Verán toda manifestación visible de la vida de Cristo siendo vivida normalmente por medio suyo. Verán todo eso y «glorificarán a vuestro Padre que está en los cielos» (Mateo 5:16 LBLA).

Nosotros somos los que ayudamos al mundo a ver a Dios.

Una fe sencilla

¿Es su fe visible para un mundo que observa? ¿Está viviendo de una manera que hará que otros glorifiquen a Dios?

_____

_____

_____

_____

_____

ABSOLUTO SILENCIO

Con su amor calmará todos tus temores. Se
gozará por ti con cantos de alegría.
SOFONÍAS 3:17

Estoy convencido más que nunca de que no hay manera en que usted y yo podamos avanzar a una relación más profunda, más íntima con nuestro Dios, sin tener prolongados tiempos de quietud, que incluye una de las más raras de todas las experiencias: absoluto silencio.

¿Sueno más como un soñador místico? Sí es así, también lo fue el salmista que escribió estas palabras familiares que a menudo citamos, pero rara vez obedecemos: «Estad quietos y conoced que yo soy Dios» (Salmos 46:10 RV60).

Se nos ordena que nos detengamos (literalmente)... descansemos, nos relajemos, aflojemos y hagamos tiempo para Él. La escena es de tranquilidad y quietud, escuchando y esperando ante Él. ¡Experiencias tan foráneas en estos tiempos atareados! Con todo esto, conocer a Dios profunda e íntimamente requiere de una disciplina mayor. El silencio es indispensable si esperamos añadir profundidad a nuestra vida espiritual.

Intimacy with the Almighty (Intimidad con el Todopoderoso)

¿Cuándo fue la última vez que usted estuvo completamente quieto y en silencio ante Dios? ¿Por qué no intentarlo hoy?

_____

_____

¿FE O PRESUNCIÓN?

Dejamos de confiar en nosotros mismos y aprendimos
a confiar solo en Dios. . . Hemos depositado nuestra
confianza en Dios, y él seguirá rescatándonos.
2 CORINTIOS 1:9–10

El antiguo lema de los soldados durante la guerra revolucionaria de los Estados Unidos de América se aplica a muchos aspectos de la vida: «Confiad en Dios, ¡pero mantengan seca la pólvora!» En otras palabras, ponga su vida en las manos del Salvador, pero manténgase listo. Haga todo lo que pueda para prepararse para la batalla, entendiendo que el resultado final está en manos del Señor Dios.

Andar por fe no quiere decir dejar de *pensar*. Confiar en Dios no implica convertirse en haragán, u holgazán, o apático. . . usted y yo tenemos que confiar en Dios respecto a nuestras finanzas, pero eso no es licencia para gastar a tontas y a locas. Usted y yo debemos confiar en Dios para seguridad en el auto, pero no es sabio rebasar en una curva ciega.

Actuar neciamente o sin pensar, esperando que Dios lo rescate a uno si las cosas salen mal, no es fe para nada. Es presunción. La sabiduría dice: Haz todo lo que puedas con tu fuerza, y luego confía en Él para que haga lo que tú no puedes hacer.

Moisés, un hombre de dedicación total

¿En qué circunstancia ha hecho todo lo posible para confiar en Dios para el resultado? ¿O hay una situación en la que necesita esforzarse más?

LO ÚNICO QUE PODEMOS CAMBIAR

Los sabios son más poderosos que los fuertes, y los que
tienen conocimiento se hacen cada vez más fuertes.
PROVERBIOS 24:5

E sto tal vez le sorprenda, pero pienso que la decisión singular más significativa que puedo tomar día tras día es mi actitud. Esta es más importante que mi pasado, mi educación, mi cuenta bancaria, mis éxitos o fracasos, fama o dolor, lo que otros piensen de mí, o digan de mí, mis circunstancias o mi posición. La actitud que tome me mantiene avanzando o impide mi progreso. Ella sola alimenta mi fuego o ataca mi esperanza. Cuando mis actitudes son las debidas, no hay barrera demasiada alta, ningún valle demasiado profundo, ningún sueño demasiado extremo, ni ningún reto demasiado grande para mí.

Sin embargo, debemos admitir que pasamos la mayor parte de nuestro tiempo concentrándonos y afanándonos por las cosas que no se pueden cambiar, sin darle la atención necesaria a aquella que sí podemos cambiar: nuestra actitud.

Day by Day with Charles Swindoll (Día a día con Charles Swindoll)

¿Con qué frecuencia se encuentra preocupándose por cosas que no puede controlar? ¿Qué pasaría si gastara esa misma energía eligiendo una buena actitud?

_____

_____

_____

BUSQUE JUSTICIA

*Busquen el reino de Dios por encima de todo lo demás y
lleven una vida justa, y él les dará todo lo que necesiten.*
MATEO 6:33

L a vida se parece mucho a una moneda; uno puede gastarla
como quiera, pero solo puede gastarla una vez. Pasarse la vida
escogiendo una cosa sobre la otra es difícil. Esto es cierto en especial
cuando las alternativas son muchas y las posibilidades están al
alcance de la mano.

Sin embargo, para serle completamente honesto, no nos deja
muchas posibilidades. Jesucristo mismo nos dio la primera prioridad:
«Pero buscad primero su reino y su justicia» (Mateo 6:33, LBLA).

Si debo buscar primero en mi vida el reino de Dios y la justicia de
Dios, entonces todo lo demás que haga debe estar relacionado a esa
meta: en dónde trabajo, con quién paso mi tiempo, con quién me caso,
o la decisión de quedarme soltero. Toda decisión que hago debe ser
filtrada por el filtro de Mateo 6:33.

Cómo vivir sobre el nivel de la mediocridad

¿Qué está poniendo actualmente en primer lugar en su vida?
¿Cómo sería si dejara esto a un lado y buscara el reino de
Dios en su lugar?

_____

_____

_____

_____

DOS ACTITUDES CLAVES

La verdadera sumisión a Dios es una gran riqueza en sí misma cuando uno está contento con lo que tiene.
1 TIMOTEO 6:6

El contentamiento es algo que debemos aprender. No es un rasgo con el cual nacemos. Pero, la pregunta es: *¿cómo?* En 1 Timoteo 6 hallamos un par de respuestas muy prácticas a esa pregunta:

Una perspectiva actual sobre la eternidad: «Porque nada hemos traído al mundo, así que nada podemos sacar de él» (v.7 LBLA).

Una sencilla aceptación de las cosas esenciales: «Si tenemos qué comer y con qué cubrirnos, con eso estaremos contentos» (v. 8 LBLA).

Ambas actitudes funcionan en forma hermosa. . . . Pero el plan de ataque de la sociedad es producir insatisfacción, convencernos de que debemos estar en constante persecución de algo «allá afuera» que con certeza nos dará felicidad. . . . Dice que el contentamiento es imposible sin esforzarse por más.

La Palabra de Dios nos ofrece el consejo exactamente opuesto: el contentamiento es posible cuando *dejamos* de esforzarnos por más. El contentamiento jamás viene de lo externo. ¡Jamás!

The Finishing Touch (El toque final)

¿Se encuentra luchando por más solo para terminar vacío al final? ¿Cómo puede elegir estar contento hoy con lo que el Señor ha provisto en Su gracia?

_____

_____

SUBLIME GRACIA

Pongan toda su esperanza en la salvación inmerecida que
recibirán cuando Jesucristo sea revelado al mundo.

1 PEDRO 1:13

Imagínese llegar a la casa de un amigo que le ha invitado para que disfrute de una comida. Usted termina la comida deliciosa, y luego escucha buena música y conversa por un rato. Finalmente, se levanta y toma su abrigo y se prepara para ir. Pero antes de salir usted mete la mano en su bolsillo y dice: «Ahora bien, ¿cuánto te debo?» ¡Qué insulto! Usted no hace eso con alguien que con toda gracia le ha dado una comida.

Sin embargo, ¿no es extraño cómo este mundo se desborda de personas que piensan que hay algo que deben hacer para pagarle a Dios? De alguna manera esperan que Dios les sonría si realmente se esfuerzan y se ganan Su aceptación. Pero esa es aceptación con base a obras. No es así con la gracia. . . .

Dios nos sonríe debido a la muerte y resurrección de Su Hijo. Es gracia, amigo mío, sublime gracia.

El despertar de la gracia

¿Está tratando de ganarse el favor de Dios o merecer Su perdón? ¿Y que si, a cambio, abraza el hermoso don de la gracia?

_____

_____

_____

63

SI TAN SOLO

Para el de corazón feliz, la vida es un banquete continuo.
PROVERBIOS 15:15

Muchos se carcomen a sí mismos, sufriendo de la contagiosa enfermedad de «si tan solo». Su germen infecta todas las partes de su vida.

Si tan solo tuviera más dinero.

Si tan solo tuviéramos una casa más linda.

Si tan solo pudiéramos tener hijos.

Si tan solo él me invitara a salir.

Si tan solo tuviera más amigos.

La lista es interminable. Entretejida en la trama de todas esas palabras hay un suspiro que surge de la rutina diaria del descontento. Llevado lo suficientemente lejos, conduce al callejón sin salida de la lástima de uno mismo; una de las más desagradables e inexcusables de todas las actitudes. El descontento es una de esas luchas diarias que obliga a otros a escuchar nuestra lista de lamentos. Pero ellos lo hacen solo por un tiempo. Las almas descontentas pronto se vuelven almas solitarias.

Diario de un viajero desesperado

¿Qué tiende a despertar el descontento en su corazón? ¿Cómo puede empezar a reemplazar. . . esas cosas con aquellas que fomentan la gratitud en su lugar?

_____

_____

Un día a la vez

El orgullo lleva a la deshonra, pero con la humildad viene la sabiduría.

PROVERBIOS 11:2

Los que rehúsan dejarse agobiar y anclarse en el pasado son los que persiguen los objetivos del futuro. Los que hacen esto rara vez son mezquinos. Están demasiado involucrados en lograr que el trabajo se cumpla como para ocuparse con las heridas y preocupaciones del ayer.

Conozco bien la naturaleza humana lo suficiente como para darme cuenta de que algunos disculpan su amargura en heridas pasadas pensando: «*Es demasiado tarde para cambiar. Me han lastimado, y el mal que me hicieron es demasiado grande como para que alguna vez lo olvide*».

Pero cuando Dios nos extiende esperanza, cuando Dios hace promesas, entonces Dios dice: «Se puede hacer». Con cada nueva aurora se le entrega a su puerta un nuevo paquete fresco llamado «hoy». Dios nos ha diseñado de tal manera que podemos manejar solo un paquete a la vez. . . y Él suplirá toda la gracia que necesitamos para vivir ese día.

Desafío a servir

¿Se encuentra aferrándose a las heridas del ayer? ¿Qué pasa si deja ir esas cosas y abraza la esperanza de hoy?

_____

_____

_____

La esperanza es más que soñar

El camino del Señor es una fortaleza para los que andan
en integridad. . . Los justos nunca serán perturbados.
Proverbios 10:29–30

Regamos por aquí y por allá palabras como *fe* y *amor* todo el tiempo. La mayoría de nosotros podemos describirlas con mínima dificultad. Pero ¿*esperanza*? ¿Qué es eso? Y, ¿es en realidad así de esencial?

Un diccionario define *esperanza* como «deseo con expectación de realización». Esperar es tener expectativa. Sin embargo, es más que soñar. Es poseer dentro de nosotros mismos la expectación de que algún día ese deseo se realizará. La esperanza siempre mira al futuro, y siempre está de puntillas. Nos mantiene avanzando. Hace soportable un triste hoy porque promete un mañana más brillante. Sin esperanza, algo dentro de todos nosotros muere.

Podemos vivir varias semanas sin comida, días sin agua y solo minutos sin oxígeno, pero sin esperanza. . . ¡olvídelo!

¡Baje la guardia!

¿Cuándo ha experimentado el poder fortificante de la esperanza en su vida? ¿Cómo puede recordar esa esperanza todos los días?

_____

_____

_____

_____

Marzo

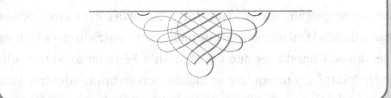

Confianza perfecta

El Señor es un refugio para los oprimidos, un
lugar seguro en tiempos difíciles.
Salmos 9:9

Cuando los filisteos atraparon a David en Gat, él dijo: «En el día que temo, yo en ti confío» (Salmos 56:3 lbla). Cuando huyó de Saúl a una nueva cueva, clamó a Dios: «en ti se refugia mi alma; en la sombra de tus alas me ampararé hasta que la destrucción pase» (Salmos 57:1 lbla).

Hace muchos, muchos años, Félix de Nola se estaba escapando de sus enemigos, y él, también, se refugió temporalmente en una cueva. Casi ni había entrado por la boca de la cueva cuando una araña empezó a tejer su tela en la entrada. Con asombrosa velocidad, el insecto completamente selló la boca de la cueva con una intrincada telaraña, dando la apariencia de que nadie había entrado en esa cueva por semanas. Cuando los que perseguían a Félix pasaron por allí, vieron la telaraña, y ni siquiera se molestaron en mirar adentro. Más tarde, cuando el santo fugitivo salió a la luz del sol, pronunció estas aleccionadoras palabras: «En donde está Dios, una telaraña es una muralla; donde Él no está, una muralla es solo una telaraña».

Perfect Trust (Confianza perfecta)

¿Se encuentra en una situación miedosa? Tómese un momento para recordar que Dios sabe cómo rescatar a los piadosos.

_____

_____

EL GRAN DON DE LA FIDELIDAD

La persona digna de confianza obtendrá gran recompensa
PROVERBIOS 28:20

Vivimos en una era que intenta extender la gracia a extremos heréticos. Lo veo y lo escucho prácticamente cada semana de mi vida. Así que permítame decirlo directamente: el mayor don que usted puede dar a su cónyuge matrimonial es su pureza, su fidelidad. El más grande rasgo de carácter que usted puede proveerle a su cónyuge y a su familia es dominio propio moral y ético. Mántegase firme, amigo mío. Rehúse rendirse a la tentación.

Carnadas engañosas están preparadas a nuestro alrededor todos los días, y no todas vienen de individuos. Algunas vienen de un canal de televisión por cable o de la internet, o de una revista, o por la presión de compañeros de estudio, o de colegas en el trabajo.... Usted se va a sentir como si fuera un mojigato, el único que no está cediendo. No se engañe por la persuasión, por hermosas y atractivas que puedan sonar las palabras. Es una mentira. Recuerde, todo es una mentira.

José, un hombre de integridad y perdón

¿Hay cosas en su vida que no promueven la pureza ni inspiran justicia? ¿Cómo puede comenzar a eliminar esas cosas hoy?

_____

_____

_____

_____

Dios está allí, a toda hora

No tengas miedo, porque yo estoy contigo; no
te desalientes, porque yo soy tu Dios.

Isaías 41:10

Durante la Segunda Guerra Mundial un grafito garabateado de una tira cómica empezó a aparecer en paredes por todas partes, proclamando: «¡Kilroy estuvo aquí!» Esta declaración se halló en paredes de Alemania. Se le halló en edificios en Tokio. Se le halló en grandes piedras en los Estados Unidos de América. Parecía que Kilroy estaba en *todas partes.*

Dios no es como Kilroy. Él no escribe Su nombre en las paredes ni en las piedras de la vida, pero Él está allí: todos los días, a toda hora, ¡a todo tic tac del reloj! Para tomar prestadas las palabras ahora clásicas del finado Francis Schaeffer: «Él está allí, y no está en silencio». Nunca dude de la presencia de Dios.

Él está allí con usted en su propio peregrinaje personal. . . Su mente inescrutable obra en concierto con Su voluntad insondable, realizando cosas bajo Su control soberano.

Ester, una mujer de fuerza y dignidad

¿Alguna vez se ha preguntado si Dios estaba presente y escuchando? ¿Cómo le anima saber que Él está con usted en cada paso del camino?

_____

_____

_____

UN PRONTO AUXILIO

*El Señor de los Ejércitos Celestiales está entre
nosotros; el Dios de Israel es nuestra fortaleza.*

SALMOS 46:7

L o negamos. Lo fingimos. Lo enmascaramos. Tratamos de
ignorarlo. Pero la verdad persiste obstinadamente: ¡somos
criaturas *débiles*! Siendo pecadores, fallamos. Siendo proclives a la
enfermedad, nos herimos. Siendo mortales, finalmente morimos.
Las presiones nos agotan. La ansiedad nos da úlceras. La gente nos
intimida. Las críticas nos ofenden. Las enfermedades nos asustan. La
muerte nos acosa....

¿Cómo podemos continuar creciendo en este saco de huesos,
cubierto de debilidades demasiado numerosas para mencionar?
Necesitamos una gran dosis del Salmo 46:1: «Dios es nuestro refugio
y fortaleza, *nuestro* pronto auxilio en las tribulaciones» (LBLA).
¡Qué esperanza para los que luchan en la batalla de las debilidades
personales!

Diario de un viajero desesperado

¿Intenta negar sus debilidades? O, tal vez, ¿vivir en vergüenza
por culpa de ellas? ¿Qué pasaría si, en cambio, permitiera que
Dios sea su fuerza?

_____

_____

_____

_____

Dios está a cargo

*En cambio, me he calmado y aquietado, como un niño
destetado que ya no llora por la leche de su madre. Sí, tal
como un niño destetado es mi alma en mi interior.*
Salmos 131:2

Cuando se trata de irritaciones, he hallado que ayuda si recuerdo que yo no estoy a cargo de mi día. ... Dios lo está. Y mientras estoy seguro de que Él quiere que yo use mi tiempo con sabiduría, Él se preocupa más por el desarrollo de mi carácter y el cultivo de las cualidades que me hacen semejante a Cristo por dentro. Uno de Sus métodos preferidos de capacitación es mediante los ajustes a las irritaciones.

¿Una ilustración perfecta? La ostra y su perla.

La irritación ocurre cuando una substancia extraña, como un grano de arena, invade la concha de la ostra. Cuando eso sucede, todos los recuerdos dentro de la diminuta y sensible ostra acuden al punto de irritación y empiezan a soltar fluidos sanadores que de otra manera hubieran permanecido dormidos. Poco a poco el irritante es cubierto, por una perla. Si no hubiera habido una interrupción irritante, no hubiera habido una perla.

Con razón nuestro hogar celestial tiene puertas de perlas para dar la bienvenida a los lastimados y heridos que han respondido correctamente al aguijonazo de las irritaciones.

The Finishing Touch (El toque final)

¿Cómo responde usted ante las interrupciones e irritaciones?
¿Qué si esas cosas están produciendo perlas en su vida?

Siga buscando

Adquiere sabiduría; desarrolla buen juicio. No te olvides de mis palabras ni te alejes de ellas.

PROVERBIOS 4:5

Todos estamos rodeados y nos beneficiamos con los resultados de la curiosidad de alguien más. Mencionemos unos pocos:

Encima de mi cabeza hay una luz eléctrica brillante. Gracias, Tomás Edison.

Sobre mi nariz hay anteojos que me permiten enfocar. Gracias, Benjamín Franklin.

En mi garaje hay un auto listo para llevarme a donde quiera que lo conduzca. Gracias, Henry Ford.

En mis anaqueles hay libros llenos de páginas interesantes y cuidadosamente investigadas. Gracias, autores.

Mi lista puede seguir y seguir. También la suya.

Debido a que algunos se preocuparon lo suficiente como para soñar, para buscar, para persistir y completar su búsqueda, nuestras vidas son más cómodas, más estables.

Eso es suficiente para estimularme. ¿Y a usted?

Day by Day with Charles Swindoll (Día a día con Charles Swindoll)

¿Cómo se ha beneficiado de la fidelidad de otra persona en su propia búsqueda? ¿Quién se va a beneficiar de su fidelidad?

_____

_____

_____

Perspectiva del cuadro en grande

Tú eres mi refugio y mi escudo; tu palabra
es la fuente de mi esperanza.
Salmos 119:114

Uno de los más grandes beneficios que podemos extraer de la Biblia es la perspectiva. Cuando nos desalentamos, perdemos temporalmente nuestra perspectiva. Cosas pequeñas se convierten en mamuts. Una ligera irritación, tal como una piedrita en el zapato, parece gigantesca. La motivación se va, y lo peor de todo, la esperanza se esfuma.

La Palabra de Dios está hecha a la medida para los días grises. Envía un rayo de luz a través de la niebla. Señala seguridad cuando tememos que no lograremos atravesarlo. La perspectiva del cuadro en grande nos da un trasplante de esperanza, y en un breve periodo de tiempo hemos escapado de lo lúgubre y aburrido y estamos de nuevo remontando el vuelo.

En realidad, podemos estar firmes al atravesar tiempos de desaliento, pero solo si aplicamos las instrucciones de Dios.

Cómo vivir sobre el nivel de la mediocridad

¿Cómo mantiene una perspectiva adecuada? ¿Pasa tiempo diariamente en la Palabra de Dios para poder permanecer firme?

_____

_____

_____

_____

GLORIFIQUE A DIOS AL MÁXIMO

Te daré gracias, Señor, en medio de toda la gente;
cantaré tus alabanzas entre las naciones.

SALMOS 108:3

Al hacernos a Su imagen, Dios nos dio capacidades que no le dio a ninguna otra forma de vida. Idealmente, Él nos hizo para que le conozcamos, le amemos y le obedezcamos. Él no nos puso argollas en las narices para poder tirarnos como bueyes.

No, Dios nos dio la libertad para tomar decisiones. Por Su gracia nos ha equipado para que entendamos Su plan porque tenemos una mente con la que podemos conocerle. También somos libres para amarle y adorarle porque tenemos emociones. Él se agrada en nuestro afecto y devoción. Podemos obedecer Sus instrucciones, pero no somos peones en un tablero de ajedrez global. Es en la espontaneidad voluntaria de nuestra respuesta que Él halla placer divino. Cuando su pueblo responde libremente en adoración y alabanza, obediencia y honor, Dios es glorificado al máximo.

Sonríe otra vez

¿Cuándo fue la última vez que tomó tiempo para alabar a Dios por todo lo que Él ha hecho en su vida? ¿Tal vez hoy puede tomar tiempo para hacer precisamente eso?

_____

_____

_____

_____

Lloramos y oramos, crecemos y aprendemos

El Señor dirige nuestros pasos, entonces, ¿por qué tratar de entender todo lo que pasa?
Proverbios 20:24

Las pruebas nunca son en vano. Dios nunca nos dice: «Vaya, me equivoqué en eso. No debería haberte dado eso. Quería dárselo a Francisco; lo lamento, Roberto». Es como si el Señor pusiera nuestro nombre en pruebas específicas. Son específicamente diseñadas para nosotros, arregladas teniendo en mente nuestras debilidades y nuestra inmadurez. Él aprieta y no afloja. Y gemimos y nos duele y lloramos y oramos y crecemos y aprendemos. En todo eso aprendemos a depender de Su Palabra.

La respuesta común a las pruebas es la resistencia, por no decir el resentimiento absoluto. Es mucho mejor que abramos las puertas de nuestros corazones y recibamos las pruebas ordenadas por Dios como invitadas de honor por el bien que hacen en nuestras vidas.

El poder de la esperanza

¿Cuál es su respuesta inicial a las pruebas en su vida? ¿Cuáles son algunas lecciones que ha aprendido a través de pruebas pasadas?

_____

_____

_____

COMPRENSIÓN Y OBEDIENCIA

El Señor Soberano me habló, y yo lo escuché;
no me he rebelado, ni me he alejado.

ISAÍAS 50:5

Nuestra mayor lucha no está en el área de entender la voluntad de Dios; sino en el área de *obedecer* al Dios cuya voluntad es esa. Para ser dolorosamente franco, cuando usted y yo miramos hacia atrás en nuestras vidas, no nos hallamos perplejos y aturdidos en cuanto a la voluntad de Dios tanto como nos hallamos obstinados y ofreciendo resistencia al que dirige nuestros pasos. Nuestro problema no es lo que no sabemos; nuestro problema es que *sí* lo sabemos, pero no estamos dispuestos a seguirlo.

Ese es el conflicto básico de la vida cristiana. La verdad clara de Dios se presenta ante nosotros vez tras vez. Está disponible para nosotros; la leemos, la oímos explicada desde el púlpito, en algún libro cristiano, o en algún programa cristiano de radio; y percibimos al Espíritu Santo susurrando: *Sí, esto es para ti.* La entendemos claramente; sin embargo, resistimos. Cuando las cosas no marchan como quisiéramos, nuestra tendencia, es decir: «Yo lo había planeado de otra manera».

Moisés, un hombre de dedicación total

¿En qué áreas se encuentra rebelándose contra la voluntad de Dios para su vida? Pídale que le dé un espíritu humilde y dócil.

_____

_____

LA VIDA EN COLORES VIVOS

De verdad, amo tus mandatos más que el oro, incluso
que el oro más fino. Cada uno de tus mandamientos
es recto; por eso detesto todo camino falso.
SALMOS 119:127–128

Algo que siempre he apreciado en la Biblia es que cuando provee gran verdad, Dios con frecuencia encarna dicha verdad en vidas con las cuales podemos identificarnos. Dios no se detiene en la teoría al enseñarnos en cuanto a la importancia abstracta de la fe. Menciona a Abraham como modelo, que «tampoco dudó, por incredulidad, de la promesa de Dios» (Romanos 4:20 RV60).

Dios no solo habla de estar solos y ser personas de carácter y perseverancia; Él nos da a Elías. Nos muestra a los profetas porque tenemos mucha dificultad al identificarnos con la verdad abstracta. Sin embargo, nos es más fácil identificarnos con las personas.

Dios no se limita a decir: «Ustedes deberían perdonar». Nos da a José, que perdonó a sus hermanos por la forma en que lo maltrataron. Dios pinta a Sus héroes «con verrugas y todo». Puesto que hay cicatrices y un lado oscuro en cada vida, no estamos protegidos de los Jonás y de los Sansón, del orgullo de los reyes Saúl o del adulterio de los reyes David. Lo vemos todo en colores crudos y vivos.

Diario de un viajero desesperado

¿Cómo le anima o le inspira saber que la Biblia está llena de personas reales con historias y luchas reales?

_____

_____

UNA MELODÍA DULCE Y ATRACTIVA

Concéntrense en todo lo que es verdadero, todo lo honorable,
todo lo justo, todo lo puro, todo lo bello y todo lo admirable.
Piensen en cosas excelentes y dignas de alabanza.

FILIPENSES 4:8

Permítame instarle a que se haga cargo hoy de su mente y emociones. Permita que su mente se banquetee en comida nutritiva para cambiar. ¡Rehúse a quejarse y a criticar! Permita que su vida produzca la melodía dulce y atractiva que este viejo mundo necesita tan desesperadamente. Ponga su atención en estas seis cosas específicas de la vida:

No a los sueños irreales e ilusorios, sino a las cosas que son verdad...

No a cosas baratas, veleidosas, superficiales, sino a cosas honestas...

No lo que está mal e injusto, sino lo que está bien...

No a pensamientos carnales lujuriosos y obscenos, sino a lo que es puro...

No a cosas que promueven discusiones y defensa en otros, sino a las que son amables...

No a calumnias, chismes e insultos, sino a la información de buen nombre, del tipo que edifica y hace que la gracia fluya.

Afirme sus valores

¿En qué están fijos sus pensamientos hoy? ¿Está prestando atención a las cosas que producen una actitud positiva dentro de usted?

Fe que persiste

*Así que dejen que crezca, pues una vez que su
constancia se haya desarrollado plenamente, serán
perfectos y completos, y no les faltará nada.*
Santiago 1:4

Somos muy volubles en nuestra fe, ¿verdad? Somos inconscientes, ambivalentes. Cantamos «*Mi fe espera en ti*». . . hasta que la medicina deja de funcionar, hasta que las luces se apagan, hasta que las deudas llegan y no tenemos con qué pagarlas. Hasta que nuestras calificaciones bajan, o nuestra carrera sufre un revés, o perdemos un cónyuge.

¿Cómo aprendemos a tener una fe consistente? La aprendemos un día a la vez. La aprendemos mediante *perseverancia*. Santiago escribe: «Tengan por sumo gozo, hermanos míos, cuando se hallen en diversas pruebas, sabiendo que la prueba de su fe produce paciencia» (Santiago 1:2-3 lbla). Él no está hablando de una fe quimérica que arranca en una carrera de velocidad de 100 metros y, más rápido de lo que uno piensa, se acaba. Cualquiera puede manejar ese tipo de fe. Cualquiera puede tomar una prueba de diez, quince o veinte minutos. ¿Pero de diez o quince días, o de un año, o de dos o tres? Pues bien, eso ya es otro cantar. Esa es la fe que persiste y de la que Santiago está hablando.

Perfect Trust (Confianza perfecta)

¿A quién conoce que vive una vida de fe perdurable? ¿Qué prácticas tienen que producen tal resistencia?

UNA PERSPECTIVA APROPIADA

Así que no puedes convertirte en mi discípulo
sin dejar todo lo que posees.

LUCAS 14:33

Las palabras de Jesús no son ni complicadas ni vagas. Él simplemente dice: «Si te vas a considerar uno de Mis discípulos, debes soltarte del materialismo». Para tener todo esto en la perspectiva apropiada, piénselo de esta manera; Él no está diciendo que no podemos poseer algo, sino que no se debe permitir que las cosas nos posean. Para usar Sus palabras, debemos «dejar» nuestras posecions.

Corrie Ten Boom, aquella santa mujer que soportó las brutalidades de los nazis en el campo de concentración de Ravensbruck durante la Segunda Guerra mundial, una vez dijo que aprendió a sostener todo flojamente en la mano. Descubrió, en los años de andar con el Señor, que cuando ella sostenía las cosas apretadamente, le dolía cuando el Señor tenía que abrirle los dedos a la fuerza. Los discípulos sostienen flojamente las «cosas».

¿Lo hace usted así? ¿Puede pensar en *algo* que ha echado raíces en su corazón? ¡Suéltelo! ¡Entrégueselo al Señor! Sí, puede ser doloroso... ¡pero cuán esencial!

Afirme sus valores

Examine su corazón honestamente. ¿Hay algo a lo que se aferra más fuerte que a Cristo?

APROPIÁNDOSE DE LA GRACIA DE DIOS

Dios los salvó por su gracia cuando creyeron. Ustedes no tienen ningún mérito en eso; es un regalo de Dios.
EFESIOS 2:8

Mientras la mayoría de las personas del mundo están atareadas edificando torres con grandes esperanzas de hacerse un nombre y ganar fama, la verdad de Dios deja las cosas claras. Con base al libro de Dios, Su Santa Palabra, es mi súplica que simplemente admitamos nuestra necesidad y clamemos la gracia de Dios. En lugar de luchar por un boleto al cielo hecho por el hombre basado en altos logros y duro trabajo (por lo cual nosotros recibimos todo el crédito), sugiero que declaremos abiertamente nuestra bancarrota espiritual y recibamos la dádiva gratuita de la gracia de Dios. «¿Por qué?» pregunta usted. «¿Por qué no recalcar cuánto hago yo por Dios en lugar de lo que Él hace por mí?» Porque eso es herejía, clara y simple. ¿Cómo? Al exaltar mi propio esfuerzo y procurar mis propios logros, insulto Su gracia y le robo el crédito que le pertenece solo a Él.

El despertar de la gracia

¿Quién se lleva la gloria por los éxitos en su vida? ¿Ha sido culpable de no dar crédito cuando se debe?

_____

_____

_____

_____

LOS ACERTIJOS DE LA VIDA

*Su Espíritu hizo hermosos los cielos, y su poder atravesó a la serpiente
deslizante. . . ¿Quién podrá, entonces, comprender el trueno de su poder?*

JOB 26:13–14

Hay numerosos acertijos en la vida que permanecen envueltos
en el misterio y escudados dentro de un enigma. El mar, por
ejemplo, es un fenómeno inexplicable. ¿Quién podría imaginarse que
la luna extrañamente afecta sus mareas?

Nos las arreglamos para continuar, aunque las mentes brillantes
de los científicos han estado tratando de resolver y explicar los
misterios de la vida. . . . Pero cuando Dios nos deja con un misterio que
no se resuelve en una o dos semanas, la mayoría de nosotros dudamos
en creer que Él es bueno o justo. Quiero decir, después de todo, si
vamos a confiar en un Dios bueno, Él hará solo cosas buenas, ¿verdad?
¡No es justo hacer cosas misteriosas!

La Biblia que yo leo simplemente no presenta eso como la forma en
que será la vida. Y sin embargo el mundo en que vivo parece esperar eso.
Por cierto, esa es la frase favorita de los incrédulos: «¿Quieres decirme
que vas a confiar en un Dios que te trata de esa manera?» ¿Cuándo
aprenderemos que los incrédulos no tienen la capacidad para entender
los profundos e inescrutables caminos de Dios?

Diario de un viajero desesperado

¿Se siente frustrado cuando no puede descifrar los caminos
de Dios? ¿Hay circunstancias actuales en las que simplemente
necesita confiar en Él?

ES ESENCIAL SERVIR

Usen la libertad para servirse unos a otros por amor.
GÁLATAS 5:13

Nuestro mundo se ha convertido en una institución grande, impersonal, atareada. Estamos aislados los unos de los otros. Aunque vivimos entre una multitud, estamos solos; distantes. Se nos oprime, pero no intervenimos. Los vecinos ya no conversan en frente de la casa. El césped al frente perfectamente cortado es el foso moderno que mantiene a los bárbaros a distancia. Acumular y hacer ostentación ha reemplazado al compartir e interesarse por los demás. Es como que estamos ocupando espacio común pero no tenemos intereses comunes, como si estuviéramos en un ascensor con reglas tales como: «No se permite hablar, sonreír, ni el contacto ocular sin consentimiento escrito de la administración».

Por más doloroso que sea para nosotros debemos admitir que estamos perdiendo el contacto unos con otros. La motivación para ayudar, para estimular, sí, para servir a nuestros semejantes está desvaneciéndose. . . . Y, sin embargo, estas son las cosas que forman lo esencial de una vida feliz y satisfecha.

Desafío a servir

¿Qué puede hacer hoy para establecer conexiones más significativas con las personas que le rodean? ¿Cómo puede amar y servir de manera tangible?

_____

_____

¡DIOS ES ASOMBROSO!

*Exaltado seas, oh Dios, por encima de los cielos más
altos. Que tu gloria brille sobre toda la tierra.*
SALMOS 108:5

Cuándo fue la última vez que usted le echó un vistazo a una montaña? Usted no echa un vistazo a la ligera a las fotografías del monte Everest y dice: «Ah, linda colina. Tal vez un poquito más alta que otras montañas». Uno no presencia los glaciares de Alaska y dice: «Ah, sí, que bonito glaciar». Uno se queda en silencio y asombrado.

Recuerdo que mi batallón de marina voló sobre el monte Fuji en Japón. Nadie en nuestro avión, al mirar hacia afuera y ver Fuji dijo: «Qué bien, qué bien; muy bonito». ¡De hecho, no! Era más como *clic, clic, clic*... ¡era tiempo de tomar fotografías! ¡*Este* era el pintoresco y asombroso Fuji!

¿Quién hizo el Fuji? ¡Dios lo hizo! Y como esa montaña, el resto de Su creación es igualmente impresionante. Considere las estrellas en el espacio, por ejemplo. Aunque las estudiáramos toda una vida, ni siquiera podríamos sondearlas. Cuando admiramos todo lo que hace Dios, nos hace que demos un paso hacia atrás en forma de respeto. Hace que veamos todos los logros humanos menos importantes.

Diario de un viajero desesperado

¿Qué es lo que más le asombra de la creación: los arcoiris, las puestas de sol, los pájaros en vuelo? ¿Qué tal si toma un tiempo hoy simplemente para admirar la obra maestra de Dios?

LA PREOCUPACIÓN DISTRAE

No se preocupen por nada; en cambio, oren por todo. Díganle a
Dios lo que necesitan y denle gracias por todo lo que él ha hecho.
FILIPENSES 4:6

Estar *afanosos.* Es una palabra que intriga. Literalmente quiere decir «estar dividido», o «distraído». Hallamos una ilustración muy buena de esto en el relato de María y Marta que se nos da en Lucas 10:38-42. Al dedicar un minuto para mirar en esa narración, hallamos que Marta está distraída, *ansiosa.* Jesús está sentado hablando, y María está sentada a Sus pies, disfrutando de Su presencia. . . y de Sus enseñanzas. Pero no Marta. Ella está atareada en la cocina alistando todo para una gran comida. Está haciendo que todo encaje, que todo sea perfecto, que todo salga del horno en el momento justo.

Pero Jesús quería que ella viniera y se sentara al lado junto a su hermana y escuchara. No era que Él no apreciaba los esfuerzos de ella. Él solo quería que ella sirviera un plato sencillo para que pudiera aprovechar al máximo el tiempo que estaban juntos. . . . La ansiedad de ella la distrajo de las cosas más importantes. La preocupación siempre hace eso, nos distrae de lo que realmente es más importante.

Perfect Trust (Confianza perfecta)

La preocupación lo consume todo. ¿Qué pensamientos agradables, palabras de alabanza o actos de adoración podrían tomar su espacio en su vida?

NO SON SANTOS PRODUCIDOS EN MASA

¡Reconozcan que el Señor es Dios! Él nos hizo, y le
pertenecemos; somos su pueblo, ovejas de su prado.

SALMOS 100:3

Vivimos hoy en la cultura del microondas. Si lleva más de cinco minutos preparar el almuerzo, ¡es mucho tiempo! En días anteriores, uno tenía que esperar que el televisor se calentara. ¿Se puede imaginar? Uno no podía oprimir un solo botón en el teléfono para llamar a casa según un número determinado de antemano; uno tenía que *marcarlo*. . . con el dedo, encima de eso. ¡Eso sí que es hablar de la edad de piedra! Recuerdo que pasé por un lote vacante hace un tiempo, y luego pasé por el mismo lugar varias semanas después. Donde antes no había nada más que pasto y maleza, latas de cerveza vacías y basura, ahora había un enorme almacén, ensamblado a partir de secciones prefabricadas, listo para recibir mercancía.

Así es la vida de hoy. Rápida. Comprimida. Condensada. Hecha a golpes y porrazos. No es así en la escuela de Dios en el desierto. Cuando se trata de andar con Dios, no existe la madurez instantánea. Dios no produce en masa a Sus santos. Él talla a mano a cada uno, y siempre se toma más tiempo de lo que esperábamos.

Moisés, un hombre de dedicación total

¿A veces se impacienta con la forma en que Dios opera? ¿Qué pasaría si, en cambio, respirara profundamente y aceptara el ritmo más lento de la vida de fe?

_____

_____

Dios en nuestra conversación

Habla de ellos en tus conversaciones cuando estés en tu casa y cuando vayas por el camino, cuando te acuestes y cuando te levantes.

Deuteronomio 6:7

Debemos hablar en nuestras casas de las cosas espirituales tal como hablamos de otras cosas. Uno conversa acerca de cómo el equipo favorito de futbol jugó anoche. Nada de alharaca; simplemente se conversa. Hablan de lo que van hacer la próxima semana. No se dicta una conferencia al respecto. No se hace un gran anuncio; simplemente se conversa.... Tal vez hablen de lo que planean ver en televisión esa noche. No se dicta una clase al respecto, simplemente se conversa sobre eso. Ese es el flujo fácil, natural, de la conversación.

Eso es lo que hará que nuestro cristianismo sea auténtico. ¡No es un estilo de vida dominical! Es un estilo de vida de lunes, martes, miércoles, jueves, viernes, sábado y domingo. Tanto es así que Cristo encaja con naturalidad en la conversación habitual del hogar.

Growing Wise in Family Life (Creciendo en sabiduría en la vida familiar)

¿Con qué frecuencia surgen asuntos de fe en la conversación general en su hogar? ¿Es Cristo un tema común de discusión?

_____

_____

_____

_____

¿Está considerando renunciar?

«Vengan a mí todos los que están cansados y llevan
cargas pesadas, y yo les daré descanso. . . Pues mi yugo
es fácil de llevar y la carga que les doy es liviana».
MATEO 11:28, 30

Todo logro que vale la pena recordar está manchado con la sangre de la diligencia y lleva las cicatrices de las heridas del desencanto. Renunciar, huir, escaparse, esconderse; ninguna de estas opciones resuelve nada. Solo pospone la aceptación y reconocimiento de la realidad.

Churchill lo dijo muy bien: «Las guerras no se ganan con evacuaciones».

¿Está usted pensando en darse por vencido?

¿Está considerando la posibilidad de renunciar a todo?

¡No lo haga! La única vez que el Señor usó la palabra «fácil» fue cuando se refería a un yugo.

Day by Day with Charles Swindoll (Día a día con Charles Swindoll)

¿Alguna vez ha abandonado algo solo para arrepentirse más tarde? ¿Qué ejemplos encuentra en la Palabra de Dios de santos que perseveraron?

_____

_____

_____

_____

PÁRESE ERGUIDO, PÓNGASE FIRME

Oh Dios, haz que tu poder se presente.
SALMOS 68:28

Hoy hay los que se levantan solos en la brecha, los que todavía procuran sacudirnos y despertarnos. Un puñado de valientes estudiantes en la secundaria Columbine en el estado de Colorado en los Estados Unidos viene de inmediato a la mente. Armas cargadas y la amenaza de muerte no pudieron silenciarlos. Pienso en ellos como profetas del día de hoy, a quienes Dios usa para entregar un mensaje que cambia la vida. Hombres y mujeres de valor, listos para levantarse y proclamar. Héroes auténticos.

Nuestro Señor todavía está buscando personas que marquen una diferencia. Los creyentes no se atreven a ser mediocres. No nos atrevemos a disolvernos en el trasfondo o mezclarnos el escenario neutral de este mundo.

En nuestra cultura —nuestras escuelas y colegios, nuestras oficinas y fábricas, nuestros salones de receso y salones de junta, nuestros salones de marfil y nuestros salones de justicia— necesitamos hombres y mujeres de Dios, jóvenes de Dios. Necesitamos profesionales, atletas, amas de casa, maestras, figuras públicas y ciudadanos privados respetados, que promuevan las cosas de Dios, que se levanten solos— ¡que se levanten firmes, estén firmes y estén fuertes!

Elías, un hombre de heroísmo y humildad

¿A quién conoce que se mantuvo firme ante la adversidad?
¿Qué le permitió hacerlo?

INVENCIBLE, INMUTABLE E INFINITO

¡Que todo el honor y toda la gloria sean para Dios por
siempre y para siempre! Él es el Rey eterno, el invisible
que nunca muere; solamente él es Dios. Amén.

1 TIMOTEO 1:17

Quien sea soberano debe tener una perspectiva total, clara. Debe ver el fin desde el principio. No debe tener rival ni en la tierra ni en el cielo. No debe albergar ningún temor, ni ignorancia, ni tener necesidades. No debe tener limitaciones y siempre saber qué es lo mejor. Nunca debe cometer un error y debe poseer la capacidad de llevarlo todo a una conclusión a propósito y a un bien último. Debe ser invencible, inmutable, infinito y autosuficiente. Sus juicios deben ser inescrutables y sus caminos insondables. Debe poder crear en lugar de inventar, dirigir en lugar de anhelar, controlar en lugar de esperar, guiar en lugar de adivinar, a realizar en lugar de soñar.

¿Quién reúne los requisitos? Lo adivinó. . . Dios, y solo Dios.

El misterio de la voluntad de Dios

¿Qué aspecto de la naturaleza soberana de Dios le asombra más? ¿Cuál le trae mayor comodidad en esta etapa actual de su vida?

_____

_____

_____

_____

DEJE QUE DIOS HAGA LA EXALTACIÓN

Cuando la vida de alguien agrada al Señor,
hasta sus enemigos están en paz con él.
PROVERBIOS 16:7

Piense en David, el joven músico, cuidando las ovejas de su padre en las colinas de Judea, hace muchos siglos. Era un músico que se había enseñado a sí mismo, talentoso. No fue en alguna gira, tratando de labrarse un nombre. Más bien, les cantaba a las ovejas. No tenía ni idea de que algún día sus poemas se abrirían paso en el salterio y serían los mismos cantos que han inspirado y consolado a millones de personas en noches largas y oscuras.

David no buscaba el éxito; simplemente se humilló bajo la poderosa mano de Dios, estando cerca al Señor y sometiéndose a Él. Y Dios exaltó a David al cargo más alto en la tierra.

Usted no tiene que promoverse a sí mismo. . . . Dios lo promoverá. . . . ¡Permita que Dios haga la exaltación! Mientras tanto, siéntese quietamente bajo Su mano.

El poder de la esperanza

En un mundo de autopromoción, seguidores y plataformas, ¿qué pasos puede dar para permanecer fiel en las pequeñas cosas de la fe?

_____

_____

_____

_____

UNA CONFIANZA DELIBERADA

Oh Señor, a ti acudo en busca de protección.

SALMOS 31:1

Bajo la cerradura y llave del cielo, estamos protegidos por el sistema de seguridad más eficiente disponible: el poder de Dios. No hay manera de perderse en el proceso del sufrimiento. Ningún desorden, ni enfermedad, y ni siquiera la muerte misma puede debilitar o amenazar la protección máxima de Dios en nuestras vidas.

«Dios se interpone en usted y todo lo que amenaza su esperanza y amenaza su bienestar eterno», escribió James Moffatt, el finado teólogo escocés. «La protección aquí es total y directamente obra de Dios».

Dos palabras lo ayudan a uno a hacerle frente cuando la esperanza está muy baja: *aceptar* y *confiar*.

Aceptar el misterio de la adversidad, del sufrimiento, de la desventura o del maltrato. No tratar de entenderlo o explicarlo. Aceptarlo. Luego, deliberadamente *confiar* en que Dios lo protegerá a uno con Su poder desde este mismo momento hasta la aurora de la eternidad.

El poder de la esperanza

¿Hay alguna dificultad en su vida que el Señor le está llamando a aceptar? ¿Es hora de dejar de preguntar «por qué»?

_____

_____

_____

93

CUIDADO Y PREOCUPACIÓN POR LOS DEMÁS

Vístanse con humildad en su trato los unos con los otros, porque
«Dios se opone a los orgullosos pero da gracia a los humildes».
1 PEDRO 5:5

La humildad mental en realidad es una actitud, ¿verdad? Es una mentalidad predeterminada que decide de antemano pensamientos como estos:

Me intereso por los que me rodean.
¿Por qué siempre tengo que ser el primero?
Voy a ayudar a algún otro para que gane, para variar.
Hoy voy a contener mis feroces tendencias competitivas.

En lugar de siempre pensar en recibir, empezaremos a buscar maneras de dar. En lugar de guardar rencores contra los que nos han ofendido, estaremos con ansias de perdonar. En lugar de llevar un historial de lo que hemos hecho o a quién hemos ayudado, nos deleitaremos en olvidar la obra u obras, y pasar virtualmente desapercibidos. Nuestra hambre de reconocimiento público se reducirá significativamente.

Desafío a servir

En un mundo donde cada buena acción parece ser proclamada públicamente, ¿qué acto de amor tras bambalinas podría realizar hoy?

_____

_____

_____

VIVIENDO UNA VIDA SANTA

Debes consagrarte y ser santo, porque yo soy santo.
LEVÍTICO 11:44

Como creyentes vivimos una vida diferente: moralmente excelente, éticamente hermosa. Se llama una vida santa; y Dios honra eso, porque es como Él es.

Toda nuestra vida los creyentes hemos entonado el viejo himno «Sed puros y santos». Estas palabras son verdad. Lleva tiempo a ser santo. Por cierto, lleva tiempo madurar. Lleva tiempo cultivar un andar con el Señor que empiece a fluir naturalmente, porque el enemigo es mucho más persistente y poderoso que nosotros. . . y tan creativo, tan lleno de nuevas ideas sobre cómo descarrilarnos y desmoralizarnos.

Necesitamos enlazarnos al poder que viene de la presencia de Dios e invitarle a que limpie nuestros corazones y nuestros pensamientos, a que limpie nuestras palabras sucias, a que nos perdone por completo y nos haga instrumentos santos, que, como los serafines salados, pasamos nuestros días dándole gloria a Su santo nombre.

Day by Day with Charles Swindoll (Día a día con Charles Swindoll)

¿Se siente frustrado consigo mismo por no estar donde le gustaría estar espiritualmente? ¿Cuál es solo una cosa en la que puede trabajar hoy?

_____

_____

_____

No hay lugar para el orgullo

*Es mejor vivir humildemente con los pobres que
compartir el botín con los orgullosos.*
Proverbios 16:19

Aquel que es verdaderamente desprendido es generoso con su tiempo y posesiones, energía y dinero. Conforme eso se expresa, se demuestra de varias maneras, tales como sensibilidad y gentileza, un espíritu sin pretensiones y liderazgo de corazón servidor.

El esposo que no es egoísta subyuga a sus propios deseos y antojos a las necesidades de su esposa y familia.

La madre que no es egoísta no se irrita por tener que dejar a un lado su agenda y planes para atender a sus hijos.

Para el atleta que no es egoísta, es el equipo lo que importa, y no ganar personalmente los mejores honores.

Cuando el creyente no es egoísta, otros significan más que él mismo. Al orgullo no se le da lugar para operar.

Sonríe otra vez

¿Cómo se siente cuando alguien deja de lado sus propios deseos para beneficiarle a usted? ¿Qué puede hacer para poner a los demás como prioridad hoy?

_____

_____

_____

_____

LOS CAMINOS ENREDADOS DE DIOS

¡Es realmente imposible para nosotros entender
sus decisiones y sus caminos!
ROMANOS 11:33

L os caminos de Dios están enredados con los caminos del mundo. Unos pocos ejemplos: Dios exalta a los humildes, pero el mundo exalta a los orgullosos. Dios asigna grandeza, no a los amos, sino a los siervos. Dios se impresiona, no con el ruido, o el tamaño, o la riqueza, sino con las cosas quietas. . . hechas en secreto: los motivos internos, la verdadera condición del corazón. Dios despide a los arrogantes y ricos, pero reúne para sí a los humildes, los quebrantados, los presos, las prostitutas y los arrepentidos. El mundo honra al guapo, al talentoso y brillante. Dios sonríe al lisiado, aquellos que no pueden mantenerse al paso. Todo esto pone nervioso al mundo.

Como Dietrich Bonhoeffer escribió en *El costo del discipulado*: «Y así los discípulos son extraños en el mundo, huéspedes intrusos, perturbadores de la paz. ¡Con razón el mundo los rechaza!»

Una fe sencilla

¿Se encuentra impresionado con las cosas que el mundo considera impresionante? ¿O lo ve todo con los ojos de Dios?

_____

_____

_____

_____

Dios habla al corazón quieto

Un solo día en tus atrios ¡es mejor que mil en cualquier otro lugar!
Salmos 84:10

Si el ritmo y el empuje, el ruido y las multitudes están sacándole de quicio, es tiempo de detener ese sin sentido y buscar un lugar de paz para refrescar su espíritu. Deliberadamente diga que «no» más a menudo. Esto le dejará espacio para que usted aminore la marcha, busque estar solo, derrame su corazón sobrecargado y admita su desesperada necesidad de refrigerio interno. La buena noticia es que Dios le oirá y le ayudará. Las malas noticias son éstas: si usted espera que algún otro produzca un cambio, las cosas solo se deteriorarán.

Todos podemos testificar que Dios no habla a la mente apurada y llena de ansiedad. Lleva tiempo estar a solas con Él y Su Palabra antes de que podamos esperar que nuestra fuerza espiritual se recupere.

Intimacy with the Almighty (Intimidad con el Todopoderoso)

¿Se ha convertido su ocupación en una carga? ¿Qué actividades necesita eliminar de su agenda para hacer tiempo para la quietud en su día?

_____

_____

_____

_____

_____

_____

Abril

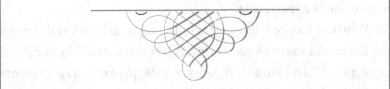

UN PASO GIGANTE HACIA LA MADUREZ

*Puede fallarme la salud y debilitarse mi espíritu, pero Dios
sigue siendo la fuerza de mi corazón; él es mío para siempre.*
SALMOS 73:26

Una de las cosas más difíciles para usted y para mí es apropiarnos de nuestros propios fracasos. Sea que estemos hablando con nuestro cónyuge, nuestros hijos, nuestros jefes, o con nuestro Señor mismo, va contra la corriente ser francos y admitir nuestras ofensas. La respuesta siempre es emplear mecanismos de defensa: negar, excusar, racionalizar, *reinterpretar* nuestras debilidades.

La mejor opción y la más saludable es confesar. Llamar al fracaso, «fracaso». Llamar al pecado por lo que es. Admitir que nos equivocamos, y habiendo declarado eso, aprender lo que Dios pueda enseñarnos de la experiencia.

Sir Winston Churchill. . . ofreció la mejor definición del éxito que he leído: «El éxito es pasar de un fracaso a otro sin perder el entusiasmo». Cuando uno empieza a interpretar correctamente el fracaso, da el primer paso gigante hacia la madurez.

Moisés, un hombre de dedicación total

¿Qué lecciones del pasado ha aprendido del fracaso? ¿Cómo ha visto que el crecimiento espiritual surge de esas experiencias?

_____

_____

_____

_____

SIEMBRE GENEROSAMENTE, COSECHE GENEROSAMENTE

*Que todo lo que soy alabe al Señor; con todo
el corazón alabaré su santo nombre.*

SALMOS 103:1

¿Tiene usted la bendición de poder ver? Esa es una dádiva. ¿Tiene usted una buena mente? Esa es una dádiva. ¿Tiene usted capacidades de liderazgo que hace que otros le sigan? ¿Una buena educación? Todo esto son dádivas. ¿Le ha dado Dios suficiente ropa?... Todas estas son dádivas de la mano de Dios. Reflexiones de los numerosos dones de Dios para usted. Eso aumentará su alegría.

Luego recuerde las promesas de Dios respecto a la generosidad. Dios promete que, si uno siembra generosamente, cosechará generosamente. Así que, ¡dé! ¡Dé abundantemente! Dios honra incluso cuando damos en forma extravagante. Nunca he conocido a nadie que le haya ido mal porque fue demasiado generoso. Recuerde Sus promesas con respecto a la generosidad, ¡y empiece a dar!

No tema superar a Dios al dar. Es absolutamente imposible hacer eso.

Cómo vivir sobre el nivel de la mediocridad

¿Cómo puede imitar la espléndida generosidad de Dios? ¿Cuáles son algunas formas en las que puede dar abundante y desinteresadamente a quienes le rodean?

BUSCANDO EL ÉXITO

El orgullo lleva a la deshonra, pero con la humildad viene la sabiduría.
PROVERBIOS 11:2

Somos una sociedad saturada por el éxito. Las señales indicativas están en todas partes. Cada año docenas de libros y revistas, veintena de cintas de audio y vídeo y centenares de seminarios ofrecen ideas, motivaciones, técnicas y promesas de prosperidad.

Sin embargo, curiosamente, pocas hablan de lo que la mayoría de las personas quieren (pero rara vez encuentra) en su búsqueda del éxito: contentamiento, satisfacción, realización y alivio.

A riesgo de sonar ultra simplista, me gustaría ofrecer algún consejo a los que buscan éxito.

Primero, sométase a los sabios.

Segundo, humíllese bajo la poderosa mano de Dios.

Tercero, entréguese a la misericordia y cuidado de Dios.

The Finishing Touch (El toque final)

¿Qué significa el éxito para usted? ¿Mira al mundo o a la Palabra para su definición?

_____

_____

_____

_____

_____

_____

ALIVIO MAGNÍFICO

*Finalmente te confesé todos mis pecados. . . ¡y tú
me perdonaste! Toda mi culpa desapareció.*

SALMOS 32:5

C omo una ducha fresca y limpiadora en un día caluroso y
sudoroso, el perdón de Dios nos limpia no solo de los pecados
sino también de la culpa que nos atormenta. Dios se adentra en lo más
profundo de nuestro ser y nos proporciona ese magnífico alivio que
solo Él puede dar: la paz.

Si usted está albergando algún pecado, sí está escondiendo unas
cuantas regiones secretas de pecado, no espere disfrutar la libertad
de la culpa, hijo o hija de Dios. Hay una acción, no dicha, enhebrada en
todas las Escrituras: el pecado secreto no puede coexistir con la paz
interior. La paz vuelve solo cuando confesamos por completo nuestros
pecados y renunciamos a ellos. Pocas rutinas son más mortificantes
que una conciencia no perdonada. ¡Es horroroso! Y pocas alegrías
alivian más que el perdón de nuestros pecados. ¡Es maravilloso!

Living Beyond the Daily Grind (Vivir más allá de la rutina diaria)

¿Necesita experimentar la libertad del perdón hoy? Confiésele
sus pecados al Señor y experimente Su paz.

_____

_____

_____

_____

QUÉ HACER CON LA PREOCUPACIÓN

Así que no se preocupen por el mañana, porque el día
de mañana traerá sus propias preocupaciones. Los
problemas del día de hoy son suficientes por hoy.
MATEO 6:34

Esta es una pregunta valiosa: ¿Qué hacemos cuando la preocupación llega llamando a la puerta de nuestra mente? Primero, debemos fijar nuestra mente en Cristo. «Mas buscad primeramente el reino de Dios y su justicia, y todas estas cosas os serán añadidas» (Mateo 6:33 RV60). Cuando la tentación a preocuparse llega, ese es el momento crítico. La tendencia es darle lugar; permitirle que suba al vestíbulo frontal y que tome asiento allí. Pero antes de que uno lo sepa, ¡la preocupación se ha deslizado a escondidas por la ventana y se ha instalado en casa! No; hay que detener la preocupación. Tenemos que decidir qué vamos a entregarle a Dios esta preocupación allí mismo y rehusar darle lugar, incluso en el vestíbulo de nuestro pensamiento.

Perfect Trust (Confianza perfecta)

¿Tiende a entretenerse con preocupaciones durante demasiado tiempo? ¿Por qué no comenzar a entregárselas a Dios hoy?

_____

_____

_____

_____

MONUMENTOS SIGNIFICATIVOS

Esos días se recordarían y se mantendrían de generación
en generación y serían celebrados por cada familia en
todas las provincias y ciudades del imperio.

ESTER 9:28

El monumento al presidente norteamericano Abraham Lincoln. El monumento a los veteranos de Vietnam. . . los monumentos son lugares provistos para que nos paremos y estemos en silencio, reflexionemos y trasmitamos a la próxima generación las raíces de la herencia de una nación. Los monumentos le dan significado al presente porque dan la perspectiva del pasado.

Mi temor por nuestro actual estilo de vida acelerado es que tenemos tan pocos memoriales, tan pocos monumentos, incluso muy pocos monumentos mentales. La vida se vive en el carril de alta velocidad. Decisiones superficiales. Infancias apresuradas. . . . Tan poco tiempo dedicado a parar y registrar segmentos de nuestra vida en un diario. Tan poco énfasis en escuchar, aprender y honrar.

A fin de tener perspectiva, debemos tener monumentos y memoriales, lugares a los que volver y de los que aprender, hablar y transmitir. Si no lo hacemos, estamos destinados a vivir una vida acelerada y desarraigada sin mucha importancia.

Ester, una mujer de fuerza y dignidad

¿Qué puede hacer para asegurarse de que los que vienen después de usted sepan lo que el Señor ha hecho en su vida? ¿Existen memoriales que apunten hacia Él?

SERENDIPIA SAGRADA

Una vez más asombraré a estos hipócritas
con maravillas extraordinarias.
ISAÍAS 29:14

Serendipia es la expresión de lo sereno en las responsabilidades comunes de la vida. La serendipia ocurre cuando algo hermoso irrumpe en lo monótono y lo mundano. Una vida de serendipia se caracteriza por la «sorpresa» y la espontaneidad. Cuando perdemos la capacidad por lo uno o por lo otro, nos conformamos con la rutina de la vida. Esperamos poco y rara vez nos vemos desilusionados.

Aunque he caminado con Dios por varias décadas, debo confesar que todavía hay mucho en cuanto a Él que es incomprensible y misterioso. Pero esto sé: Él se deleita en sorprendernos. Él salpica nuestro peregrinaje de la tierra al cielo con serendipias asombrosas.

Su situación puede ser tan candente y desolada como un desierto, o tan triste y sin sentido como un yermo. . . . Pero todo lo que le pido es. . . que esté alerta. Es muy posible que Dios pueda estar planeando una serendipia en su vida.

The Finishing Touch (El toque final)

¿Cuándo ha sido maravillosamente sorprendido por Dios? ¿Vive con una expectativa de que Él aparecerá en su vida?

_____

_____

_____

_____

DESCONTENTO PARA SIEMPRE

Y luego dijo: «¡Tengan cuidado con toda clase de avaricia! La vida no se mide por cuánto tienen».

LUCAS 12:15

Echemos un breve vistazo a la codicia. Prácticamente hablando, la codicia es un deseo desordenado de tener más, es un hambre excesiva, e insatisfecha de poseer. Como una bestia indómita, la codicia empuña, agarra, echa la mano, se aferra, obstinadamente reusando a rendirse. La palabra *suficiente* no está en el vocabulario de esta bestia. Similar a la envidia y los celos, la codicia es sin embargo distinta. La envidia quiere tener lo que el otro posee. Los celos quieren poseer lo que ya tiene. Pero la codicia es diferente. La codicia siempre está descontenta y por consiguiente insaciablemente anhela, desea procurar más, más, más.

Ese es todo el punto de la codicia. Uno quiere más y más de algo que en realidad no es bueno para uno. Y en el esfuerzo por conseguirlo, se sufren consecuencias dolorosas. Por eso Jesús advierte: «Tengan cuidado. Estén alerta. Esto es como un cáncer; una sanguijuela insaciable que les chupará la vida misma». Lo suficiente nunca será suficiente. Cuidado.

Cómo vivir sobre el nivel de la mediocridad

¿Se ha encontrado en las garras crueles de la codicia? ¿Cómo puede elegir una vida de satisfacción en su lugar?

_____

_____

ALEGRÍA INSÓLITA

Me mostrarás el camino de la vida; me concederás la alegría
de tu presencia y el placer de vivir contigo para siempre.
SALMOS 16:11

No conozco otra necesidad más grande hoy en día que la necesidad de la alegría. Una alegría inexplicable, contagiosa. Una alegría insólita.

Cuando esa clase de alegría sube a bordo al barco de nuestra vida, trae cosas consigo: como el entusiasmo por la vida, la determinación para perseverar y un fuerte deseo de ser estímulo para otros. Tales cualidades hacen nuestra travesía soportable cuando llegamos a mares abiertos y encontramos las olas altas de la adversidad que tienden a desmoralizarnos y paralizarnos. No hay nada mejor que una actitud gozosa cuando enfrentamos los retos que la vida nos lanza.

Alguien le preguntó una vez a la Madre Teresa qué descripción de trabajo habría para alguien que quisiera trabajar a su lado en las lóbregas calles y estrechos callejones entre los más pobres. Sin vacilar la misionera mencionó solo dos cosas: el deseo de trabajar duro y una actitud alegre.

Sonríe otra vez

¿Cómo le ha ayudado una actitud alegre a sobrellevar pruebas dolorosas? ¿Que puede hacer para mantener un espíritu alegre?

_____

_____

EL ÁRBOL PROTECTOR DE LA AMISTAD

Un amigo es siempre leal, y un hermano nace
para ayudar en tiempo de necesidad.
PROVERBIOS 17:17

El poeta Samuel Coleridge una vez describió la amistad como «un árbol protector». Cuando se tiene esta cualidad, las ramas de la amistad de uno se extienden sobre las vidas de otros, dándoles abrigo, sombra, descanso, alivio y estímulo.

Los amigos dan consuelo. Encontramos fuerza cerca de ellos. Ellos dan fruto que provee nutrición y ánimo. Cuando algo problemático ocurre en nuestra vida, levantamos el teléfono y llamamos a un amigo necesitando el consuelo que ese amigo o amiga nos brinda. Pienso que hay pocas cosas más solitarias que no tener amigos a quienes llamar. Los amigos se preocupan lo suficiente por nosotros como para exigirnos cuentas. . . pero nunca dudamos de su amor y respeto.

El poder de la esperanza

¿Quién en su vida está luchando y necesita el refugio de su amistad? ¿Cómo puede llegar a ellos hoy?

_____

_____

_____

_____

_____

_____

PRIORIDADES PARA PADRES

Hijo mío, si tu corazón es sabio, ¡mi propio corazón saltará de alegría!
PROVERBIOS 23:15

Permítanme darles tres sugerencias prácticas a ustedes que son padres o madres.

Primero, *determine sus prioridades*. Pregúntese a sí mismo qué tan importante es su familia en su lista de prioridades. ¿Cómo son sus hijos en particular? ¿Qué tan serio es usted respecto al tiempo que pasa con cada uno de ellos? ¿Se lo ha dicho a ellos o a su cónyuge?

Segundo, *anote sus observaciones*. Si un hijo o hija revela sus inclinaciones en la vida diaria, esas cosas valen la pena anotarlas. Lleve un diario de cada hijo. . . . Al escribir, pida sabiduría en oración. Pida que Dios guíe sus pensamientos. Por favor, recuerde, cada hijo es singular. ¡Nada de comparaciones!

Tercero, *comparta sus hallazgos*. Los hijos anhelan conocerse mejor a sí mismos. Respetan su consejo y recordarán por mucho tiempo sus comentarios. Sea cándido y sincero al ayudarles a «ver» quiénes son en realidad.

Growing Wise in Family Life (Creciendo en sabiduría en la vida familiar)

¿Cuánto tiempo pasa orando por y estudiando a sus hijos? ¿Comparte sus reflexiones con ellos?

_____

_____

_____

_____

LO IMPOSIBLE ES EL IDEAL PARA DIOS

No tengan miedo. Solo quédense quietos y
observen cómo el Señor los rescatará hoy.

ÉXODO 14:13

Me gustaría subrayar una gran verdad en este mundo que no pretendo entender. Aquí está: el mejor marco de trabajo para que el Señor haga Su obra perfecta es cuando las cosas son absolutamente imposibles y nosotros nos sentimos totalmente descalificados para enfrentarla. Esa es Su circunstancia favorita. Esas son Sus condiciones de trabajo ideales.

Dios hace Su obra más magnífica cuando la situación parece totalmente imposible desde el punto de vista humano, y nosotros nos sentimos absolutamente sin preparación e incapaces de hacer algo al respecto, *y sin embargo nuestros ojos están puestos en Él.* . . . Allí es cuando Dios se arremanga Sus enormes mangas y dice: «Hazte a un lado por un momento, y observa cómo Yo obro».

Vez tras vez, Él nos lleva a nuestro fin absoluto y entonces demuestra que es fiel. Eso, amigo mío, es en resumen la historia de la Biblia.

Moisés, un hombre de dedicación total

¿Es propenso a entrar en pánico cuando una situación parece desesperada? ¿Qué pasa si, en cambio, está preparado para ser asombrado por Dios obrando?

_____

_____

UN HERMOSO EQUILIBRIO

El que busca la justicia y el amor inagotable
encontrará vida, justicia y honor.
PROVERBIOS 21:21

Hemos sido programados para pensar que la fatiga está al lado de la santidad. Mientras más agotados estemos (¡y parezcamos!), más consagrados estamos a las cosas espirituales y más nos ganamos la sonrisa de aprobación de Dios. . . . Como resultado, nos hemos convertido en una generación de personas que adoramos nuestro trabajo. . . que trabajamos en nuestro tiempo recreacional. . . y que jugamos en nuestro tiempo de adoración.

¡Un momento! ¿Quién escribió esa regla? ¿Por qué nos hemos dejado convencer por esa filosofía? ¿Qué poseyó alguna vez a alguien para que haga tal afirmación? ¿Cómo nos dejamos atrapar en esta resaca enloquecedora?

Le presento el reto de respaldar eso con las Escrituras. Empiece con la vida (y *estilo de vida*) de Jesucristo. . . . La suya fue una vida de hermoso equilibrio. Él realizó todo lo que el Padre le envió a hacer. Todo. Y lo hizo sin descuidar esos momentos esenciales de ocio reparador. Si esa fue la manera en que *Él* vivió, entonces tiene buen sentido que esa es la manera en que nosotros, también, debemos aprender a vivir.

Afirme sus valores

¿Lucha para mantener un equilibrio con el trabajo, la recreación, la adoración y el descanso? ¿Permite suficiente tiempo en su horario para cada uno?

PRESTE ATENCIÓN A LOS INCENTIVOS DE DIOS

Podemos hacer nuestros planes, pero el
Señor determina nuestros pasos.
PROVERBIOS 16:9

No hay nada de malo en planear. No hay nada de malo en pensarlo a cabalidad. No hay nada de malo en trazar cuadros, escuchar todos los pros y los contras, y conversarlo. Pero a medida que avanza, manténgase sensible a la tranquila, pero muy importante, inspiración de Dios a través de Su Espíritu Santo. Es más fácil conducir un auto en movimiento. Simplemente hágalo rodar y puede empujarlo hasta la gasolinera para comprar gasolina. Pero es difícil empezar a moverlo si está totalmente detenido. Usted está de camino, está haciendo planes, está pensándolo a cabalidad. Simplemente manténgase abierto.

Como el autor Henry Blackaby dice: «Observe para ver dónde Dios está obrando ¡y únasele!» Simplemente vaya allí. ¿Por qué quiere estar en algún lugar en donde Dios *no está* obrando?

El misterio de la voluntad de Dios

¿Qué ideas o sueños ha puesto Dios dentro de usted? ¿Está planeando y orando acerca de cómo pueden suceder esas cosas?

_____

_____

_____

_____

SABIDURÍA EN EL DESIERTO

Te enseñaré los caminos de la sabiduría y te guiaré por sendas rectas.
PROVERBIOS 4:11

La palabra hebrea que traduce «desierto» es *midbaar*. Otra forma de la misma raíz de la palabra *dahbaar*, que quiere decir «hablar». Permítame echar mano de esa raíz y sugerir que el desierto es el lugar en donde Dios habla, en donde Él nos comunica algunos de Sus mensajes más importantes.

Su experiencia en el desierto puede incluir atender a algún familiar cuya salud está fallando, o a un padre que está envejeciendo, sin ninguna ayuda cercana ni ningún alivio a la vista. Su peregrinaje por las tierras secas puede ser una limitación física crónica que lo tiene confinado. Puede ser ese dolor profundo del alma que viene de un cónyuge infiel, o un adolescente rebelde.

¿Lo sabe Dios? ¿Lo entiende? Él lo entiende muy bien, amigo mío. Después de todo, Él es quien lo puso a usted allí. Su escuela incluye tiempo en el desierto. Allí es donde Él capta nuestra atención.

Moisés, un hombre de dedicación total

¿Cuándo se ha encontrado en un desierto con el Señor? ¿Qué lecciones aprendió mientras estuvo allí?

_____

_____

_____

_____

UNA PREOCUPACIÓN, O DOS, O TRES. . .

> *¿Acaso con todas sus preocupaciones pueden*
> *añadir un solo momento a su vida?*
>
> LUCAS 12:25

En lo más profundo del alma de toda persona, en los lugares secretos en donde nadie más conoce los pensamientos, por lo general podemos encontrar una preocupación, o dos, o tres. Incluso en el corazón de los que se ríen y sonríen.

Nos preocupamos por la muerte: la nuestra o la de algún ser querido. Nos preocupamos por la desobediencia y el pecado, y por los sentimientos de culpa. Nos preocupamos por los problemas diarios: personas problemáticas, problemas de decisión, problemas relativos al trabajo, al hogar, a las relaciones personales, a las finanzas, a los estudios. . . lo que sea que se le ocurra, nos preocupamos por eso.

Uno de los problemas con la preocupación es que *le impide a uno disfrutar de lo que uno tiene.* Cuando uno se preocupa por lo que no tiene, no puede disfrutar lo que sí tiene. De eso es de lo que Jesús habla en Mateo 6:25: «Por eso os digo, no os preocupéis por vuestra vida, qué comeréis o qué beberéis» (LBLA). La preocupación es asumir responsabilidades que uno no puede manejar. La verdad es que son responsabilidades que Dios nunca tuvo la intención de que usted manejara, porque son de Él.

Perfect Trust (Confianza perfecta)

¿Sus preocupaciones le mantienen despierto por la noche? ¿Por qué no entregarlas al Único quién no se adormece ni duerme?

LA VERDAD DE DIOS ENCARNADA

Pues su mandato es una lámpara y su instrucción es una luz;
su disciplina correctiva es el camino que lleva a la vida.
PROVERBIOS 6:23

La tiranía de lo urgente siempre prevalecerá sobre la esencialidad de lo importante... si se lo permitimos. Tenemos que determinar no permitir que eso suceda. El secreto es establecer prioridades personales. He sugerido estas cuatro:

Ponga un cimiento firme: sea *bíblico*.

Aplique la verdad de las Escrituras: sea *auténtico*.

Cultive una actitud compasiva: exprese *gracia*.

Manténgase al día, siempre actualizado: sea *relevante*.

Al empezar a hacer esto, el cristianismo se vuelve algo que se absorbe, no solo algo que uno se pone encima. Es más que algo que uno cree; se encarna en nosotros.

Y si hay algo que llamará la atención de las personas preocupadas por combatir el fuego de lo urgente, es la verdad de Dios encarnada. Sucedió en el primer siglo y puede suceder en el veintiuno; incluso en un mundo sin rumbo como el nuestro.

Afirme sus valores

¿Es más probable que se preocupe por lo urgente o por lo importante? ¿Cómo puede empezar a centrarse en lo que realmente importa?

_____

_____

Hermoso en el Tiempo de Dios

Dios lo hizo todo hermoso para el momento apropiado.

ECLESIASTÉS 3:11

E ntre los creyentes un pasaje favorito de la Biblia es Romanos 8:28: «Y sabemos que a los que aman a Dios, todas las cosas les ayudan a bien, esto es, a los que conforme a su propósito son llamados» (RV60). La parte clave del versículo es «les ayudan a bien». Ese versículo no dice que «todas las cosas son buenas»; tal como el comentario de Salomón no dice: «todo es hermoso». Dice todas las cosas son buenas conforme obran para el propósito de Dios.

Eclesiastés 3:11 dice: «todo lo hizo hermoso en *el momento apropiado*». Y tengo noticias para aquellos que luchan con el tiempo de Dios. Usted tal vez no viva para el ver el tiempo de Dios completamente cumplido. Usted tal vez viva hasta edad avanzada, llevando a cabo su razón de existir, y muera antes de que el programa de Dios haya alcanzado su propósito final y completo. Pero Su promesa es firme; Él lo hará todo hermoso en el momento apropiado.

Diario de un viajero desesperado

¿Cree que Dios hará que todas las cosas sean hermosas con el tiempo? Cómo ese entendimiento le ayuda a permanecer fiel hoy?

_____

_____

_____

_____

117

ABRIL 19

SABIDURÍA JUSTO A TIEMPO

No se preocupen por cómo responder o qué decir. Dios les
dará las palabras apropiadas en el momento preciso.
MATEO 10:19

¿Sabe lo que he descubierto en cuanto al Señor? Él no da sabiduría a crédito. Él no le da a uno como avance un montón de perspectiva. . . . ¿Sabe cuándo nos da el Señor palabras, sabiduría y perspectiva? *Justo cuando la necesitamos.* En el mismo instante en que son requeridas.

Si usted es padre o madre, tal vez haya experimentado este fenómeno. Usted se encuentra en una situación que nunca esperó, y para la que no podía prepararse. De repente, se encuentra en una de esas encrucijadas críticas de la vida cuando usted es la mamá o el papá, y su hijo le mira a los ojos, dependiendo de usted para una respuesta precisa. No siempre, pero a menudo, les da las palabras que ellos necesitan. Más tarde usted se da cuenta de que fueron palabras más allá de su propia sabiduría. Y en ese momento de tranquilidad, usted eleva en silencio una oración de acción de gracias. «Alabado seas, Señor. Eso es exactamente lo que tenía que decir».

Moisés, un hombre de dedicación total

¿Puede pensar en un momento en que Dios le dio las palabras correctas para el momento correcto? ¿O cuando alguien de alguna manera tuvo las palabras correctas para ministrarle?

_____

_____

EL ALFARERO SOBERANO

Y a pesar de todo, oh Señor, eres nuestro Padre;
nosotros somos el barro y tú, el alfarero.
ISAÍAS 64:8

A estas alturas en nuestro andar cristiano apenas necesitamos el recordatorio que la vida no es una utopía del séptimo cielo. Es una noción terriblemente irreal pensar que Cristo nos ayuda a vivir felices para siempre; ¡eso es absolutamente contrario a la Biblia! La mayor parte de la vida es aprender y crecer, caer y volver a levantarse, perdonar y olvidar, aceptar y seguir avanzando.

Sabemos que el Alfarero soberano está obrando con nuestro barro como Él quiere. He observado unos pocos alfareros en su trabajo. Es divertido. Los he visto de repente aplastar el barro y empezar todo de nuevo. Cada vez que lo hacen, el barro resulta con un aspecto totalmente diferente. Y los alfareros talentosos pueden empezarlo vez tras vez; y cada vez es mejor y mejor.

Dios es el Alfarero, nosotros somos el barro. Él es el que da las órdenes; nosotros somos los que obedecemos. . . . Él está moldeándonos a la imagen de Su Hijo.

Day by Day with Charles Swindoll (Día a día con Charles Swindoll)

¿Alguna vez ha sentido como si estuviera siendo aplastado bajo la mano de Dios? ¿Qué pasa si lo está haciendo para edificarle, para que se parezca más a Jesús?

_____

_____

DIOS ME HIZO

Tú creaste las delicadas partes internas de mi cuerpo y me entretejiste en el vientre de mi madre. ¡Gracias por hacerme tan maravillosamente complejo! Tu fino trabajo es maravilloso, lo sé muy bien.
SALMOS 139:13–14

La palabra *formaste* literalmente quiere decir «originó o creó». Dios tocó mi vida cuando yo era meramente un diminuto embrión y empezó a formarme por dentro. Él me dio origen. Él empezó a ensamblarme cuando yo estaba todavía en el suave silencio dentro del vientre de mi madre. Fue allí donde Dios creó mis «partes internas».

La obra entrelazada de nueve meses de Dios incluyó lo que me gusta y lo que no me gusta, mi personalidad tanto como mi perspectiva de la vida.

Al analizar mi cuerpo y ver la manera en que he sido formado, me uno al salmista en alabanza y gratitud a Dios, mi Creador.

La madre naturaleza no me hizo. El destino no me formó, ni tampoco fui una combinación biológica de mamá y papá en un momento de pasión sexual. Tampoco fui concebido por casualidad ciega. ¡Tú, Dios, y nadie más, me hiciste!

Growing Wise in Family Life (Creciendo en sabiduría en vida familiar)

¿Lucha con ciertos aspectos de su constitución o personalidad? ¿Qué pasaría si los viera como parte de la maravillosa artesanía de Dios?

_____

_____

DÉJESELO A DIOS

Y esta rectitud traerá la paz; es cierto, traerá
tranquilidad y confianza para siempre.
ISAÍAS 32:17

P arece que nunca puede llegar a dónde quiere ir con suficiente rapidez? *Déjeselo a Dios.*

¿Pasa preocupado por sus hijos? *Déjeselo a Dios.*

¿Parece que no se graduará con honores? *Déjeselo a Dios.*

¿Encontró una masa en su cuerpo y tiene que ver al médico mañana? *Déjeselo a Dios.*

¿Hay un cambio a mitad de su carrera que parece aterrador? *Déjeselo a Dios.*

¿Usted hizo el trabajo, pero otro recibió el crédito? *Déjeselo a Dios.*

Day by Day with Charles Swindoll (Día a día con Charles Swindoll)

¿Está abrumado con todas las preocupaciones de esta vida? ¿Confía en Dios para manejar todas y cada una de ellas? Déjeselas a Él.

_____

_____

_____

_____

_____

_____

¿NUESTRA VOLUNTAD O LA VOLUNTAD DE DIOS?

Te guiaré por el mejor sendero para tu vida;
te aconsejaré y velaré por ti.
SALMOS 32:8

Seguir la voluntad de Dios requiere fe y acción, lo que a su vez exige riesgo y liberación. Allí es donde las cosas se vuelven muy personales; allí es donde perseveramos y ponemos en práctica la voluntad de Dios.

He llegado a esta conclusión: hacer la voluntad de Dios rara vez es fácil o sin complicaciones. Más bien, con frecuencia es difícil y complicada. O. . . *misteriosa*. Debido a que no sabemos a dónde nos está llevando, debemos doblegar nuestra voluntad a la de Él; y a la mayoría de nosotros no nos entusiasma gran cosa eso de doblegarnos. Preferimos más bien resistir. Es por lo que la vida cristiana a menudo es tanta lucha. No quiero decir que es un maratón constante de desdicha. Es simplemente una lucha entre nuestra voluntad y la voluntad de Dios. Algún día, cuando seamos alcanzados con el Señor en gloria, finalmente seremos todo lo que anhelábamos ser. Hasta ese entonces, viviremos en esta tensión de nunca acabar de tira y afloja, dar y recibir.

El misterio de la voluntad de Dios

¿En cuál área de la vida siente que se está resisitendo en lugar de doblegarse? ¿Confía en Dios lo suficiente como para ceder a Su perfecta voluntad?

GRACIA PARA CADA MATIZ DE TRISTEZA

Entonces su fe, al permanecer firme en tantas pruebas,
les traerá mucha alabanza, gloria y honra.
1 PEDRO 1:7

Las pruebas vienen en varias formas. La palabra diversas viene de una palabra griega interesante, *poikolos*, que quiere decir «variadas» o «de muchos colores». Las pruebas vienen en una variedad de formas y colores. Son diferentes, tal como nosotros somos diferentes. Algo que casi no le afectaría a usted puede quitarme el mismo suelo de mis pies; y viceversa. Pero Dios ofrece una gracia especial para que pueda servir en cada matiz de tristeza.

Esta variedad de pruebas es como diferentes ajustes de temperatura en el horno de Dios. Las temperaturas se ajustan para que quemen nuestra escoria, para templarnos o ablandarnos según lo que satisfaga nuestra mayor necesidad. Es en el fuego refinador de Dios que se revela la autenticidad de nuestra fe. Y el propósito de estas pruebas de fuego es para que podamos salir como oro purificado, a semejanza reluciente del mismo Señor Jesucristo.

El poder de la esperanza

¿Qué pruebas de fuego ha pasado en su vida? ¿Cómo han hecho que se parezca más a Cristo?

_____

_____

_____

_____

TÓMELO POR FE

Pues así como los cielos están más altos que la tierra,
así mis caminos están más altos que sus caminos y mis
pensamientos, más altos que sus pensamientos.
ISAÍAS 55:9

A pesar de toda nuestra investigación, y de todo nuestro estudio acerca de la Biblia, nunca lograremos verlo todo con claridad, captar por completo, ni entender y responder a todas las preguntas. Eso va más allá de nuestra comprensión; un rompecabezas, un misterio.

En *Keep a Quiet Heart (Mantén un corazón callado)*, Elisabeth Elliot dice: «El hoy es mío. El mañana no es asunto mío. Si atisbo con ansiedad a la niebla del futuro, forzaré mis ojos espirituales tanto que no veré con claridad lo que se requiere de mí hoy».

Mucho de lo que sucede en la vida simplemente tenemos que tomarlo por fe. Las respuestas no se presentarán. Estas son las tensiones de la realidad, y si naufragamos en las tensiones, no seremos capaces de viajar más lejos. Así es como nuestro Padre celestial lo planeó.

El misterio de la voluntad de Dios

¿Cuántas de sus preocupaciones actuales son sobre cosas que pueden o no suceder en el futuro? ¿Cuánto más gozo tendría si se concentrara solo en el hoy?

_____

_____

CALLEJÓN SIN SALIDA

*El orgullo va delante de la destrucción, y
la arrogancia antes de la caída.*

PROVERBIOS 16:18

Qué es lo que nos impulsa tan implacablemente? ¿Está listo? Respire profundo y permítase tolerar esta respuesta de una sola palabra: orgullo. Trabajamos, empujamos y nos esforzamos para demostrar que valemos la pena. . . que somos los mejores. . . que merecemos los más altos honores. Y el mensaje oculto: yo puedo adquirir justicia por cuenta propia, con mi propio esfuerzo, ingenuidad y energía. Y debido a que puedo, ¡debo! Y, ¿por qué es esto herético? Porque en última instancia esta filosofía dice: (1) en realidad no necesito la justicia divina; después de todo, Dios ayuda a los que se ayudan, ¿verdad?, y (2) hallo alegría duradera en mi propio logro. Esto me dará satisfacción última.

Ambos son callejones sin salida que se hallan en la isla de la fantasía.

Sonríe otra vez

¿Se encuentra tratando de ganar el favor de Dios? ¿Por qué a menudo es difícil aceptar el don gratuito de la gracia?

_____

_____

_____

ALMAS DE GRAN CORAZÓN

*Dios bendice a los que procuran la paz, porque
serán llamados hijos de Dios.*
MATEO 5:9

Los pacificadores alivian la tensión, no la intensifican. Los pacificadores buscan soluciones y no se deleitan en las discusiones. Los pacificadores calman las aguas y no las agitan. Los pacificadores trabajan duro para impedir que ocurra una ofensa; y si ha ocurrido, se esfuerzan por resolverlo. Los pacificadores bajan la voz en lugar de levantarla. Los pacificadores generan más luz que calor. ¡Benditas tales almas de gran corazón!

No se equivoque, *pacificador* no es sinónimo de «apaciguador». Esta no es paz a cualquier precio. Hay límites. . . . Sonreír al mal o a una enseñanza errónea no simplifica la vida; la complica.

Cuando Cristo bendijo a los pacificadores, estaba exaltando el valor de hacer todo lo que podemos por mantener la armonía y respaldar la unidad. Su interés estaba en hacer la paz en donde la paz es un objetivo apropiado.

Una fe sencilla

¿Hay ofensas que deba pasar por alto o errores que deba perdonar? ¿Cómo puede empezar a hacer las paces hoy?

_____

_____

_____

_____

UN MUNDO ATIBORRADO Y COMPLICADO

Dios creó al ser humano para que sea virtuoso, pero cada uno decidió seguir su propio camino descendente.

ECLESIASTÉS 7:29

Todo lo que nos rodea obra en contra de reordenar y simplificar nuestras vidas. ¡Todo! El nuestro es un mundo atiborrado y complicado. Dios no lo creó de esa manera. ¡La humanidad depravada, inquieta, lo ha hecho así!

La publicidad tiene una meta principal: hacer que estemos descontentos, lamentablemente insatisfechos con lo que somos y lo que tenemos. ¿Por qué? Para que compremos lo que ofrecen. ¡Y comprar es lo que hacemos! La consigna de nuestra sociedad de consumo es poderosa y contundente: ¡*más!* Lo suficiente nunca es suficiente.

No solo adquirimos. . . guardamos, acumulamos. Es más, no competimos simplemente. . . somos impulsados a ganar, siempre a ganar. Y no es solo que queremos más, sino que también debemos dedicar tiempo para mantener esas cosas. Mantenernos adelante de ese ritmo enloquecedor nos deja agotados, frenéticos y sin aliento.

Con certeza, Dios no es el autor de tal confusión.

Intimacy with the Almighty (Intimidad con el Todopoderoso)

¿Podría decir que está satisfecho? ¿O ha caído en la trampa de siempre desear más?

_____

_____

PERFECTO EN ÉL

Pero ahora él los reconcilió. . . ahora ustedes son santos, libres de culpa y pueden presentarse delante de él sin ninguna falta.
COLOSENSES 1:22

Viviendo como lo hacemos en una cultura orientada hacia el producto, también nos gusta empacar nuestra fe. Preferimos vender una versión reluciente, envuelta en plástico, de la salvación que incluye felicidad y paz, felicidad aquí y ahora y el cielo en un rato. No hay nada de malo con las buenas técnicas de mercadeo o en enseñar los principios del éxito auténtico, algo anda mal si descuidamos mencionar el proceso, que inevitablemente debe incluir tiempos de derrota y fracaso.

Lo que yo quisiera saber, para empezar, es ¿quién erigió tal estándar de perfección de felicidad para siempre? Dios sabe muy bien que no somos capaces de producir perfección; por eso Jesús, el perfecto Hijo de Dios, nos puso en Su familia. Por eso nos dio una posición de perfecta justicia en Él, recordándonos por contraste que nuestra experiencia diaria constantemente se quedará corta.

Moisés, un hombre de dedicación total

¿Se sorprende cuando se encuentra con dificultades y pruebas? ¿Qué le diría a otra persona que piensa que la salvación traerá una vida fácil?

_____

_____

_____

DESARRAIGUE LA REBELIÓN

*Benditos los que tienen temor de hacer lo malo, pero
los tercos van directo a graves problemas.*
PROVERBIOS 28:14

En un mundo empeñado en salirse con la suya, es terriblemente difícil cultivar la actitud apropiada hacia la autoridad. La mentalidad de «¡Cuestiona la autoridad!» está tan entretejida en la trama de nuestra sociedad, que parece imposible contrarrestarla. En forma realista, casi el único lugar en que podemos hacerle frente a esto es en nuestros hogares. ¿Está usted haciéndolo? Sea honesto, ahora. Dentro de las paredes de su hogar, ¿está usted manteniendo los controles? Tal vez estas tres advertencias le animen a perseverar. . . o a empezar hoy.

La infancia. Una naturaleza rebelde se concibe en un hogar en donde los padres renuncian al control.

La adolescencia. Un espíritu rebelde será cultivado entre compañeros que se resisten al control. Y si no se lo contiene en ese momento culmina en. . .

La edad adulta. Una vida rebelde tiene que ser destrozada por Dios cuando Él recupera el control.

Y créale a alguien que lo ha experimentado y que tiene que lidiar con eso semana tras semana: nada es más doloroso.

Afirme sus valores

¿Ha experimentado las consecuencias de la rebelión en su vida? ¿Qué puede hacer (o ha hecho) para recuperar el control?

MAYO

UNA DECISIÓN RADICAL

No pierdas de vista el sentido común ni el discernimiento. . . .
Te mantienen seguro en tu camino, y tus pies no tropezarán.
PROVERBIOS 3:21, 23

Somos como diminutas islas de verdad rodeadas por un mar de paganismo; sin embargo, zarpamos nuestro barco todos los días. No podemos vivir o negociar en este mundo sin codearnos con aquellos que están impulsados por los deseos del mundo. Dios llama a muy pocos hacer monjes en un monasterio. Así que debemos tomar una decisión práctica de no conformarnos mientras estamos en el sistema, y al mismo tiempo, debemos tomar una decisión radical de darle a Dios la luz verde para transformar nuestras mentes.

En un nivel más profundo, aunque tal vez no quieran admitirlo, la mayoría de las personas son conformistas. Por eso se le denomina correctamente una decisión radical. Solo un marco mental radicalmente diferente puede equipar a personas como nosotros para estar solos cuando somos la minoría.

Se requiere valor para pensar solo, resistir solo, estar solo; especialmente cuando la multitud parece tan segura, con tanta razón.

Cómo vivir sobre el nivel de la mediocridad

¿En qué situaciones es más difícil mantenerse firme en la fe? ¿Dónde encuentra el valor y la confianza para resistir la presión de sus compañeros?

_____

_____

LA LIBERTAD DE LA GRACIA DE DIOS

Sabemos que nuestro antiguo ser pecaminoso fue crucificado con Cristo para que el pecado perdiera su poder en nuestra vida.
ROMANOS 6:6

Recuerdo una tarde calurosa y húmeda en Houston, cuando estaba en la primaria, cuando nuestra maestra nos dio a todos permiso para andar descalzos después del almuerzo. Nos quitamos los calcetines, los metimos en los zapatos y movimos los dedos de los pies todo lo que quisimos. Durante el receso de la tarde esa libertad adicional añadió gran velocidad a nuestro juego de béisbol en el patio.

¿No es extraño entonces, ahora que usted y yo hemos crecido y nos hemos convertido en creyentes, cuán renuentes somos de darnos permiso para hacer. . . o pensar. . . o decir. . . o comprar y disfrutar. . . o ser diferentes y no preocuparnos por lo que otros digan?

Aunque nuestro Dios en Su gracia nos ha concedido permiso para ser libres, para tener libertad. . . y para disfrutar tanto de esta vida, muchos en Su familia rara vez se dan permiso.

The Finishing Touch (El toque final)

¿Qué es algo que hace simplemente porque le trae alegría? ¿Y por qué no lo hace más a menudo?

_____

_____

_____

_____

LUZ Y VERDAD

Envía tu luz y tu verdad, que ellas me guíen.

SALMOS 43:3

En este salmo David específicamente pide dos cosas: *luz* y *verdad*. Él quería que Dios le diera Su Palabra, la verdad, y el entendimiento de ella, luz.

Todo el que cree en Jesucristo debe en última instancia llegar al punto en el que tiene que confiar en la Palabra de Dios por completo antes de que pueda experimentar una victoria consistente. Es nuestra única fuente de verdad tangible. Nosotros probamos otros soportes: nos apoyamos en nosotros mismos. . . en otros. . . en los sentimientos. . . en cuentas bancarias. . . en buenas obras. . . en la lógica y la razón. . . o en la perspectiva humana; y continuamente nos quedamos cortos. Dios ha dado Su Palabra escrita y la promesa de Su luz a todos Sus hijos. ¿Cuándo aprenderemos a creerla, ponerla en práctica, utilizarla y apropiarnos de ella? A menudo me pregunto cuántas de Sus promesas personales a Su pueblo existen en Su libro sin ser reclamadas e ignoradas.

Diario de un viajero desesperado

¿Dónde busca la verdad? Piense en un momento en el cual recurrió a la Palabra de Dios y compárelo con una época en la que no lo hizo.

_____

_____

_____

DIOS LO CUIDA

¡Sé fuerte y valiente! No tengas miedo ni te desanimes, porque
el Señor tu Dios está contigo dondequiera que vayas.
JOSUÉ 1:9

Sabía usted que la preocupación borra de su mente las promesas de Dios? Jesús da a entender esto cuando dice: «Si Dios cuida de manera tan maravillosa a las flores silvestres que hoy están y mañana se echan al fuego, tengan por seguro que cuidará de ustedes. ¿Por qué tienen tan poca fe? Así que no se preocupen por todo eso diciendo: "¿Qué comeremos?, ¿qué beberemos?, ¿qué ropa nos pondremos?"» (Mateo 6:30-31). La promesa de Dios es que Él cuidará de nosotros. Dios suplirá nuestras necesidades y esa es una promesa que usted puede reclamar. Ya que Él se ocupó de nuestra necesidad más grande en el calvario al darnos a Cristo, entonces usted puede estar seguro de que Él se encargará de todo lo demás que considere es importante para nosotros.

Perfect Trust (Confianza perfecta)

¿Qué preocupaciones ocupan actualmente espacio en su mente? ¿Qué promesas de Dios necesita reclamar para eliminar esos pensamientos ansiosos?

_____

_____

_____

_____

ESPERANZA TRIUNFANTE

Las esperanzas del justo traen felicidad.
PROVERBIOS 10:28

Uno de los grandes temas del cristianismo es la esperanza triunfante. No solo esperanza en un sueño distante, vago, sino la esperanza *triunfante*; la clase de esperanza en donde todo termina bien. En medio de las luchas, las tormentas y los sufrimientos de la vida, podemos llevar nuestros pensamientos más allá del hoy y ver alivio... triunfo... victoria; porque, al final, Dios en verdad gana.

Piénselo con detenimiento. Todos los males terrenales, todas las presiones financieras, todo el trauma emocional, todas las discapacidades y limitaciones físicas, todos los conflictos domésticos... todo eso terminará. ¡Y estaremos con Aquel que vence! Eso no quiere decir otra cosa que armonía, unidad, victoria, gozo, alabanza y deleite.

Seremos cambiados por dentro. Tendremos una nueva naturaleza. Tendremos nuevas mentes. Tendremos nuevos cuerpos. Tendremos la alegría de vivir para siempre alabando y adorando a nuestro Dios.

Ester, una mujer de dignidad y fortaleza

¿Cree que Dios se encargará de todas las cosas al final? ¿De qué manera el saber eso le ayuda a perseverar hoy?

_____

_____

_____

_____

SU TRABAJO NO ES EN VANO

Así que no nos cansemos de hacer el bien. A su debido tiempo,
cosecharemos numerosas bendiciones si no nos damos por vencidos.
GÁLATAS 6:9

Alguien contó una vez todas las promesas de la Biblia, y resultó con la cifra asombrosa de casi 7.500. Entre ese gran número de promesas hay algunas específicas que los siervos de Dios pueden reclamar hoy en día. Créame, hay ocasiones cuando lo único que nos mantiene avanzando es la promesa de Dios de que el trabajo no es en vano.

Cuando hemos hecho todo lo necesario, pero se nos ha ignorado, malentendido, u olvidado. . . podemos estar seguros de que no fue en vano.

Cuando hicimos lo debido, con el motivo correcto, pero no recibimos ningún crédito, ni reconocimiento, y ni siquiera un «gracias». . . tenemos la promesa de Dios de que «cosecharemos».

The Finishing Touch (El toque final)

¿Alguna vez le han pasado por alto o no le han apreciado?
¿Cómo se siente sabiendo que su Padre celestial le
recompensará por sus esfuerzos?

_____

_____

_____

_____

Una materia prima rara

El orgullo termina en humillación, mientras
que la humildad trae honra.
Proverbios 29:23

La humildad no es un espectáculo que montamos; es más, si pensamos que somos humildes, probablemente no lo somos. Y en nuestros días de autopromoción, afirmación propia, de poner los reflectores sobre «las celebridades de la fe» y magnificar la carne, esta cualidad —tan grandemente valorada por el Señor Jesús— es un bien verdaderamente raro.

Una persona verdaderamente humilde busca oportunidades para dar de sí libremente a otros antes que contenerse, de soltar antes que acaparar, de edificar en lugar de destrozar, de servir en lugar de ser servido, de aprender de otros en lugar de reclamar el atril de la enseñanza. Cuán bienaventurados son los que aprenden esto temprano en la vida.

El poder de la esperanza

¿Qué está poniendo actualmente en primer lugar en su vida? ¿Cómo sería para usted dejar eso a un lado y buscar el reino de Dios en su lugar?

_____

_____

_____

_____

SUÉLTELO, TRANQUILÍCESE

Una casa se edifica con sabiduría y se
fortalece por medio del buen juicio.
PROVERBIOS 24:3

Mientras más años tengo, más aprecio los beneficios de tomarme el tiempo. El trabajo en madera hecho lento y meticulosamente por un artesano es hermoso y puede resistir la prueba de los elementos. El arte, sean composiciones musicales, bordado, escultura o pintura, requiere tiempo y atención al detalle. Incluso el cultivo de nuestro andar con Dios... requiere bastante tiempo para desarrollarse.

El salmista se dio cuenta de esto cuando escribió: «Estad quietos, y conoced que yo soy Dios» (Salmos 46:10 RV60). El hebreo no sugiere quedarse parado y dejar que la mente divague; no es esa clase de quietud. Más bien, quiere decir «suéltelo, tranquilícese».

Si todo esto es cierto para otros ámbitos y responsabilidades, ciertamente es aplicable al hogar y la familia. Los hijos no fueron creados para «que se les haga crecer a tirones», como mi madre solía decirlo, sino para que se les cuide con gentileza y atención a los detalles. Ellos requieren tiempo... mucho tiempo.

Growing Wise in Family Life (Creciendo en sabiduría en la vida familiar)

¿Alguna vez ha luchado con apresurar su tiempo con Dios? Pase algunos momentos sin prisas con Él hoy.

_____

_____

_____

DIOS SE MUESTRA FUERTE

Guarda mis mandatos en tu corazón. Si así lo haces,
vivirás muchos años, y tu vida te dará satisfacción.

PROVERBIOS 3:1–2

S i usted se enfoca en el pasado, no pasará mucho tiempo antes de que las quejas empiecen a brotar de sus labios. Recordará un tiempo lejano, bañado en un borroso y rosado resplandor del recuerdo, cuando algo era más fácil y más cómodo de lo que es hoy. Y al comparar el entonces y el ahora, le garantizo, que se quejará.

Yo lo hago; y también usted. ¡Pero es tan tonto! Miramos hacia atrás con nostalgia a lo que en un tiempo fue una situación placentera, en cuyo tiempo (¡incluso entonces!) estábamos mirando hacia atrás con añoranza a un tiempo anterior más agradable. Eso es tonto, ¿verdad? A lo mejor usted se está quejando ahora mismo de su situación presente. Pero lo más probable es que de aquí a dos años usted estará mirando hacia atrás a *este* momento y diciendo: «¡Ah, los días buenos de antaño!» Vaya, era grandioso entonces, ¿verdad?

¡Deténgase! Vivimos a la luz de alguna diversión o placer ensoñador del pasado, cuando en realidad Dios continúa mostrándose fuerte a lo largo del camino.

Moisés, un hombre de dedicación total

¿Qué bendiciones ha provisto Dios en su situación actual? Recuerde estas cosas cuando se encuentre en una temporada difícil.

_____

_____

En la palma de la mano de Dios

Pues «la tierra es del Señor y todo lo que hay en ella».
1 Corintios 10:26

Dios tiene el mundo en Sus manos. ¿Ha escuchado este canto cristiano? Él tiene en Sus manos, el viento, la lluvia, el pequeño bebé, y, sí, incluso a usted y a mí. ¡Qué fácil es olvidarse de eso! Y no está limitado a nuestra geografía y a nuestra cultura, como usted ya sabe. Él tiene en Sus manos el Medio Oriente (lo cual es un alivio, ¿cierto?) y no digamos a Centroamérica, a China, Etiopía y la India, Indonesia y Rusia; todo en las mismas palmas de Sus manos soberanas. Y ya que estamos en eso, Dios tiene nuestro futuro, nuestros hijos, nuestras circunstancias, nuestros amigos y nuestros enemigos en Sus manos. . . a Su alcance. . . bajo Su control. Incluso cuando los temores imaginarios se inmiscuyen como la escarcha en la mañana para arruinar nuestra fe, Él está allí; a cargo.

Él tiene los fracasos del ayer; Él tiene los retos de hoy; Él tiene las sorpresas de mañana justo en Sus manos; y nada de eso le hace boquear.

Diario de un viajero desesperado

¿No le alegra saber que nada toma a Dios desprevenido y que todo está completamente bajo Su control?

_____

_____

_____

_____

TODOS «ACTÚEN A NIVEL MEDIO»

Nos amamos unos a otros, porque él nos amó primero.

1 JUAN 4:19

Los niños trabajaron mucho y muy duro haciendo su pequeña casa de cartón. Iba a ser un lugar especial: una casa club, donde pudieran reunirse, jugar y divertirse. Dado que una casa club debe tener reglas, se les ocurrieron tres:

- Nadie actúe en grande.
- Nadie actúe en pequeño.
- Todos actúen a nivel medio.

¡No es mala teología!

Dios dice exactamente lo mismo, con otras palabras: «Sean humildes, es decir, considerando a los demás como mejores que ustedes» (Filipenses 2:3).

Simplemente «actúe a nivel medio». Creíble. Honesto, humano, sensato y con los pies en la tierra.

Day by Day with Charles Swindoll (Día a día con Charles Swindoll)

En un mundo que dice que más grande es mejor, ¿cómo mantiene una actitud humilde y «a nivel medio»?

_____

_____

_____

_____

_____

Bendito el día de descanso

Cuando llegó el séptimo día, Dios ya había terminado
su obra de creación, y descansó de toda su labor.
Génesis 2:2

Después del sexto día de la creación, el Señor Dios deliberadamente dejó de trabajar.

Descansó. Tome nota especial de eso. No era que no había nada más que podía haber hecho. Ciertamente no era porque estuviera agotado; ¡la omnipotencia jamás se cansa! No es que se le habían acabado las ideas, porque la omnisciencia no conoce limitación mental. Él podría fácilmente haber hecho muchos más mundos, creado un número infinito de otras formas de vida y proporcionado múltiples millones de galaxias más allá de las que hizo.

Pero no lo hizo. Se detuvo.

Y pasó todo un día descansando. Es más, «bendijo Dios al día séptimo, y lo santificó» (Génesis 2:3 lbla), algo que no hizo en los otros seis días. Marcó este día como uno extremadamente especial. Era como ningún otro. Me parece que Él hizo del día en que descansó como un período «prioritario» de tiempo.

Afirme sus valores

¿De qué manera está descansando? ¿Qué puede empezar a hacer para incorporar más tiempo de inactividad en su agenda?

_____

_____

_____

Acéptense y afírmense unos a otros

Los sabios son conocidos por su entendimiento, y
las palabras agradables son persuasivas.

PROVERBIOS 16:21

Dios ordena que nos acerquemos, aceptemos y que nos afirmemos los unos a los otros. Esto quiere decir que conscientemente resistimos la fuerte corriente del torrente en que estamos. . . el que dicta todas las excusas:

- «Simplemente estoy demasiado ocupado».
- «No vale la pena correr el riesgo».
- «En realidad no necesito a nadie».
- «Si contacto a otros, pareceré tonto».

La estrategia del diablo para nuestros tiempos está resultando. Él nos ha seducido para que creamos que en realidad no debemos preocuparnos en proteger a nuestro hermano. Después de todo, tenemos presiones de tiempo y demandas del trabajo, como esa implacable y feroz determinación de ser el número uno, para no mencionar ansiedades estimuladas por la incertidumbre económica. ¿Y acaso quién realmente necesita nuestra ayuda, de todas maneras? Le voy a decir quién: casi toda persona que conocemos; esa es quién.

Afirme sus valores

¿Está obedeciendo el mandato de llevar las cargas los unos de los otros? ¿A quién puede contactar hoy?

_____

_____

EL REMOLINO DE LA MALDAD

Un hombre malvado queda preso por sus propios pecados;
son cuerdas que lo atrapan y no lo sueltan.
PROVERBIOS 5:22

Qué imagen verbal! Por lo general, pensamos en esa situación como que es solo aplicable a los no creyentes. Pero con igual facilidad se podría aplicar al creyente que deliberadamente escoge desobedecer a su Señor. En lugar de ver el error de su camino, se queda en un estado de carnalidad, lo que aflige al Espíritu de Dios que vive en Él. La carnalidad ocurre cuando el creyente deliberadamente opera con la fuerza de su propia voluntad... obstinadamente reusando reconocer el mal y escogiendo andar al contrario de la enseñanza de las Escrituras. Los impulsos del Espíritu de Dios se ignoran como desobediencia y se convierten en un estilo de vida. Escoger vivir así es como quedar atrapado en un remolino. La maldad se intensifica. Se vuelve más traicionera a medida que se adentra en él. .... Como el hijo pródigo, acaba en desdicha y miseria.

El despertar de la gracia

¿Está escuchando la guía del Espíritu Santo y buscando obedecer los mandamientos de la Escritura cada día?

_____

_____

_____

_____

CONSIGA LA ETERNIDAD
SEGURA EN SU LUGAR

Él sembró la eternidad en el corazón humano, pero aun
así el ser humano no puede comprender todo el alcance de
lo que Dios ha hecho desde el principio hasta el fin.

ECLESIASTÉS 3:11

Dios ha puesto la eternidad en nuestros corazones. ¿Qué significa eso? Pues bien, permítame ayudarle con la palabra clave: *eternidad*. Ampliémosla para que diga: «curiosidad en cuanto a nuestro futuro».

Dios ha puesto en el corazón de todo ser humano una curiosidad en cuanto al mañana. . . una capacidad eterna que me impulsa a examinar, quedar intrigado, a buscar. Eso explica por qué su hijo —justamente cuando aquel pequeño o pequeña empieza a correr por la casa y hablar— comienza a hacer preguntas en cuanto al mañana, en cuanto a la vida y a la vida en el más allá. . . . Es la manera en que Dios hizo a los seres humanos. Dios no ha puesto la eternidad en el corazón de los animales, sino únicamente en los corazones de hombres y mujeres. Y puesto que esto es cierto, no conoceremos acerca del mañana sin Dios, debemos buscarlo a Él.

Diario de un viajero desesperado

¿Alguna vez ha sentido el anhelo de algo más profundo en su corazón? ¿Ha considerado que mientras «más» lo busca más es de Él?

_____

_____

UN CORAZÓN PARA LA TAREA

Los ojos del Señor recorren toda la tierra para fortalecer a los
que tienen el corazón totalmente comprometido con él.
2 CRÓNICAS 16:9

Las elecciones de Dios a menudo parecen tan ilógicas desde nuestro punto de vista. Nos decimos a nosotros mismos que no puede ser lo que Él realmente quiere decir.

¿Escogería usted a un pastor de ovejas de ochenta años, curtido por el sol, para que derribe a uno de los reyes más poderosos del mundo? Moisés se había jubilado ya por cuarenta años. Había perdido por completo el contacto con su pueblo. Había estado criando a su pequeña familia, viviendo y trabajando con su suegro. Cuatro décadas y el hombre no pudo reunir suficientes monedas como para construirse una choza propia. Admítalo, ¿no le parece altamente improbable que él fuera el elegido para liberar a todo un pueblo de las garras de una nación poderosa?

Los ojos de Dios recorren el planeta para buscar individuos específicos cuyos corazones sean preciosos para la tarea en particular que Él tiene en Su mente. Y cuando los encuentre ¡cuidado! Él los sumerge en la corriente de la acción, sosteniéndolos con Su mano poderosa.

Moisés, un hombre de dedicación total

¿Se siente mal equipado para una tarea que de repente se le presenta? ¿Qué pasa si lo único que necesita es un corazón dedicado al Señor?

AFECTO Y AFIRMACIÓN

El padre de hijos justos tiene motivos para alegrarse.
¡Qué satisfacción es tener hijos sabios!

PROVERBIOS 23:24

A usted que lleva el nombre de «Papá», no puedo dejar de recalcarle lo suficiente cuán imperativo es que mostremos nuestro afecto. Podemos hacerlo de dos maneras. Primero, afirmamos quién es nuestro hijo o hija; y segundo, apreciamos lo que nuestro hijo o hija hace. Esta doble seguridad, sin embargo, se debe dar en más que palabras. El afecto —la comunicación no verbal de intimidad— está entre las experiencias más importantes que compartimos con nuestros hijos.

Papás pocos cariñosos, y que ni siquiera desean hacerlo, pueden estimular la promiscuidad en la hija. Todo esto me lleva a escribir con mucha pasión: Papás. . . *¡no contengan su afecto!* Demuestren su cariño y aceptación a sus hijos e hijas. . . . Ellos lo querrán por hacerlo; y, más importante, emularán su ejemplo cuando Dios les dé a ellos su propia familia.

Growing Wise in Family Life (Creciendo en sabiduría en la vida familiar)

¿Cómo ha sentido el cariño de su Padre celestial? ¿Qué palabras de cariño encuentra en las Escrituras?

_____

_____

_____

_____

TIEMPO BIEN INVERTIDO

El dulce consejo de un amigo es mejor que la confianza propia.
PROVERBIOS 27:9

Cuán valiosas son para *usted* las relaciones personales? Si tiene problemas para responder a eso, le ayudaré a decidir. Deténgase y piense en el último mes o en el anterior. ¿Cuánto de su tiempo libre ha pasado cultivando y disfrutando de relaciones personales?

Jesús, el Hijo de Dios, ciertamente consideró que la relación que tenía con Sus discípulos valía Su tiempo. Pasaron literalmente *horas* juntos todos los días. Comieron juntos y lloraron juntos, y estoy seguro de que también deben haberse reído juntos. Siendo Dios, Él realmente no «necesitaba» a esos hombres. Ciertamente no *necesitaba* los inconvenientes que le causaron en ciertas ocasiones. Pero Él quería a esos doce hombres. Creía en ellos.

Cualquier tiempo libre que podamos invertir en relaciones personales es tiempo bien invertido. Y cuando lo hacemos, tengamos presente que estamos «imitando a Dios», porque ciertamente Su Hijo lo hizo.

Afirme sus valores

¿Cómo está invirtiendo en las relaciones con otros creyentes? ¿Vive en comunidad?

_____

_____

_____

_____

SEGURO EN LAS MANOS DE DIOS

Yo no los olvidaría a ustedes. Mira, he escrito tu
nombre en las palmas de mis manos.
ISAÍAS 49:15–16

E l Señor me ha abandonado. . . . Se ha alejado. . . . Me ha olvidado por completo». ¿Alguna vez ha dicho eso? ¡Por supuesto que lo ha dicho! ¿Qué tal el lunes por la mañana? Usted acaba de regresar de un glorioso retiro de fin de semana. Tiempo en la Palabra de Dios. Gran adoración. . . . Abundante risa. Oración significativa. . . . Luego llega el lunes a las ocho de la mañana, de vuelta a casa, y todo su *mundo* se derrumba. «El Señor se ha olvidado de mí. Ha abandonado por completo la escena».

Pero Dios dice: «Estás escrito en las palmas de mis manos. Estás continuamente delante de mí».

Deténgase y mire las palmas de sus manos. Ahora, imagínese que son las manos de Dios y que usted está precisamente allí. . . . Nuestros caminos están continuamente delante de Él. Ningún momento fugaz de la vida pasa sin que Él sepa exactamente dónde estamos, lo que estamos haciendo y cómo nos sentimos

Elías, un hombre de heroísmo y humildad

¿Con qué frecuencia piensa en Dios a lo largo del día? ¿Le anima saber que Él siempre está pensando en usted?

_____

_____

_____

LOS BENEFICIOS DE LA SOLITUD

Toda palabra de Dios demuestra ser verdadera. Él es un escudo para todos los que buscan su protección.
PROVERBIOS 30:5

La Biblia está repleta de referencias al valor de esperar delante del Señor y pasar tiempo con Él. Cuando lo hacemos, los escombros que hemos acumulado durante las horas apresuradas y atareadas de nuestro día se filtran, como el sedimento que se asienta cuando un río se hace más ancho. Con la basura fuera del camino, podemos ver las cosas con más claridad y sentir con mayor sensibilidad los impulsos de Dios.

David con frecuencia subrayó los beneficios de la solitud. Estoy seguro de que él primero se familiarizó con esa disciplina mientras cuidaba las ovejas de su padre. Más tarde, durante esos años tumultuosos cuando el rey Saúl estaba al borde de la locura y persiguiéndole por celos, David buscó su tiempo con Dios no solo como un refugio necesario sino su medio de supervivencia.

Dios todavía anhela hablar a corazones que esperan... corazones que se quedan quietos ante Él.

The Finishing Touch (El toque final)

En un mundo donde niño que no llora no mama, ¿cómo puede quedarse quieto ante el Señor hoy?

_____

_____

_____

SI DIOS DICE QUE SERÁ, SERÁ

Sé que todo lo puedes, y que nadie puede detenerte.

JOB 42:2

Ningún propósito tuyo puede ser estorbado» (LBLA). Recuerde esa conclusión. . . . Cuando Dios dice que se hará, se hará. ¿Si me hace desdichado? Me hace desdichado. ¿Si duele? Duele. ¿Si arruina mi reputación? Arruina mi reputación.

¿Quiere saber quién está a cargo aquí? Aquel que llama los espacios para que existan, Aquel que puso las nubes en su lugar, Aquel que estableció la atmósfera en la cual podemos vivir, Aquel que separó los mares y la tierra seca, que le dio a usted aliento para sus pulmones y la capacidad de pensar. Dios es quien lo puso aquí, ahora en este tiempo, con Su propósito, y el que con un chasquido de Sus dedos divinos lo llevará de la vida a la eterndadd. Por misteriosas que nuestras vidas puedan parecer, Dios, y solo Dios, está a cargo.

El misterio de la voluntad de Dios

¿Cuánto del estrés en su vida proviene de tratar de controlar las cosas que están completamente en las manos de Dios?

_____

_____

_____

_____

_____

_____

151

LA PIEZA CENTRAL DEL ROMPECABEZAS DE LA VIDA

«Mi gracia es todo lo que necesitas; mi poder
actúa mejor en la debilidad».
2 CORINTIOS 12:9

El sufrimiento viene en muchas formas y niveles, pero la gracia de Dios siempre está allí para llevarnos más allá. He vivido lo suficiente y soportado suficiente número de pruebas para decir sin vacilación que solo la perspectiva de Cristo puede reemplazar nuestro resentimiento en regocijo. Jesús es la pieza central del rompecabezas del sufrimiento. Si lo colocamos en su lugar, el resto del rompecabezas, por complejo y enigmático que sea, empieza a cobrar sentido.

Solo la salvación de Cristo puede cambiarnos de espectadores a participantes en el desarrollo del drama de la redención. Las escenas serán exigentes. Algunas tal vez sean trágicas. Pero solo entonces entenderemos el papel que el sufrimiento juega en nuestras vidas. Solo entonces podemos echar mano a la esperanza más allá de nuestro sufrimiento.

El poder de la esperanza

¿De qué manera sus experiencias con el sufrimiento le han hecho más como Cristo? ¿Cambia esto su perspectiva sobre el dolor?

_____

_____

_____

CUENTE SUS BENDICIONES

Acerquémonos a él con acción de gracias.
Cantémosle salmos de alabanza.

SALMOS 95:2

A veces cuando uno no se siente con ganas de orar, o lo consume la necesidad de hablar con el Señor, pero no puede hallar las palabras, intente con este viejo recurso: cuente las riquezas que el Señor le dio; bendiciones cuántas tiene ya.

Es sorprendente cómo pueden alejarse las preocupaciones, los problemas y la preocupación por uno mismo cuando se empieza a decir en voz alta todo por lo que se está agradecido. Inmediatamente su enfoque cambia de sus necesidades a la gracia y el amor del Padre.

¡Inténtelo!

Day by Day with Charles Swindoll (Día a día con Charles Swindoll)

Tómese el tiempo ahora para contar sus bendiciones.
¿Cuánto mejor le hace sentir en comparación con contar sus
preocupaciones?

_____

_____

_____

_____

_____

_____

Nuestra guía de por vida

Te guiaré por el mejor sendero para tu vida;
te aconsejaré y velaré por ti.
Salmos 32:8

Cuando nos encontramos en algún dilema de la vida y somos incapaces de descifrar cuál es la dirección correcta para seguir, si esperamos mantener nuestro gozo durante el proceso, debemos permitir que el Señor sea nuestro Guía, nuestra Fortaleza, nuestra Sabiduría: ¡nuestro todo! Es fácil leer esas palabras, pero tan difícil ponerlas en práctica. Cuando lo hacemos, sin embargo, es nada menos que asombroso con cuánta paz y felicidad podemos permanecer. La presión está en los hombros de Él, la responsabilidad está en Él, la pelota está en Su cancha y una alegría inexplicable nos envuelve.

Con certeza, un método tan inusual de lidiar con los dilemas es raro —no hay muchos dispuestos a entregarle a Dios las riendas— y exige humildad, otro rasgo raro entre personas capaces. ¡Pero resulta! El Señor es experto para tomar nuestra confusión y revelar la mejor solución posible para nosotros.

Sonríe otra vez

¿Qué decisiones, grandes o pequeñas, debe tomar hoy? ¿Está dejando que el Señor guíe sus decisiones?

_____

_____

_____

_____

EL PODER DE LA RECONCILIACIÓN

Si perdonas a los que pecan contra ti, tu
Padre celestial te perdonará a ti.

MATEO 6:14

N o podemos estar bien con Dios hasta que no estemos bien unos con otros.

El poder de la reconciliación es más fuerte que la venganza. Es asombroso como el perdón descarga el arma en la mano de la otra persona. Cuando uno se reconcilia con un hermano o una hermana, es asombroso lo que eso hace en ambos corazones. Es como haber hecho una limpieza en su sistema nervioso. Es como superar una fiebre prolongada y limpiar la corrupción que ha estado enfermando su mente. Usted no necesita un abogado para eso. Probablemente tampoco necesita de un ministro o un consejero. Todo lo que necesita es humildad. Para decirlo tal como es, en el análisis final usted necesita agallas. No espere tanto tiempo.

Manténgalo sencillo; vaya y resuélvalo.

Una fe sencilla

¿Qué relaciones en su vida necesitan algo de atención? ¿Ha hecho la reconciliación más difícil de lo que tiene que ser?

_____

_____

_____

_____

Descubra las profundidades de Dios

¿Puedes descubrir todo acerca del Todopoderoso? Tal
conocimiento es más alto que los cielos y tú, ¿quién eres?
Job 11:7–8

Los caminos de Dios no se descubren mediante los métodos normales y humanísticos de investigación.

Por importantes e intrigantes que puedan ser las profundidades divinas, desafían el descubrimiento por los medios naturales de nuestra mente. Dios reserva esas cosas para aquellos cuyos corazones son completamente de Él... para los que dedican tiempo para esperar delante de Él. Solo de esa manera puede haber intimidad con el Todopoderoso.

Trágicamente, muy poco en esta era apresurada y complicada promueve tal intimidad. Nos hemos convertido en un cuerpo de personas que se parece más a un ganado en estampida que a un rebaño de Dios en pastos verdes y aguas de reposo. Nuestros antepasados sabían, al parecer, cómo tener comunión con el Todopoderoso. . . pero ¿lo sabemos nosotros? Debemos aprender de nuevo a pensar con profundidad, a adorar con sentido, a meditar sin prisa.

Intimacy with the Almighty (Intimidad con el Todopoderoso)

¿Es su relación con el Señor demasiada apresurada?
¿Simplemente necesita reducir la velocidad y disfrutarlo más?

_____

_____

_____

DEJE QUE DIOS SE HAGA CARGO

¡Quédense quietos y sepan que yo soy Dios!

SALMOS 46:10

Siéntese. Tal como lo oye, amigo mío, ¡siéntese!

Usted ha corrido lo suficiente. Ha aguantado lo suficiente. Ha luchado, empujado y manipulado a su manera durante muchos años. Dios finalmente ha captado su atención. Está diciéndole: «¡Basta! ¡Detente! ¡Déjame a mí manejarlo! Siéntate aquí en las arenas candentes del desierto a donde tú mismo te has traído. Mira lo que está junto a ti. Es un pozo, lleno de agua fresca». Pronto será el deleite de Dios sacar un balde y refrescar su alma. Siéntese quieto. Quédese allí. Permanezca callado.

Deje de esforzarse. Tranquilícese. Quédese satisfecho junto a ese pozo, y beba profundamente. Usted tiene más sed de la que cree.

Moisés, un hombre de dedicación total

¿Está cansado? ¿Ha sido largo el viaje? Dios está esperándole para refrescar su espíritu.

_____

_____

_____

_____

_____

_____

VERDADERA EXCELENCIA

Nadie puede servir a dos amos.
MATEO 6:24

Si esperamos demostrar el nivel de excelencia modelado por Jesucristo, entonces tenemos que aceptar el reino al que vamos a servir: el reino eterno que nuestro Señor nos enseñó a buscar (Mateo 6:33) o el reino temporal de hoy.

Hablando en términos generales, *el reino de Dios es sinónimo del gobierno de Dios*. Los que escogen vivir en Su reino, aunque todavía siguen muy vivos en el planeta Tierra, escogen vivir bajo Su autoridad.

Por siglos Dios ha estado obrando para restablecer Su gobierno. Las palabras de Jesús describen el problema: «Nadie puede servir a dos amos. Pues odiará a uno y amará al otro; será leal a uno y despreciará al otro» (Mateo 6:24).

El reino es el campo invisible en donde Dios gobierna como autoridad suprema.... Solo al permitirle que Él reine en su vida puede usted experimentar verdadera excelencia.

Cómo vivir sobre el nivel de la mediocridad

¿A quién está sirviendo con su tiempo, talentos y recursos? ¿Cómo podría someterse mejor al reino de Dios?

_____

_____

_____

_____

PINTADO POR LOS DEDOS DE DIOS

*Cuidas la tierra y la riegas; . . . Coronas el
año con una copiosa cosecha.*
SALMOS 65:9, 11

En alguna parte, a kilómetros de distancia, los cultivos se abren camino hacia la cosecha, y las olas rugen y se estrellan contra la playa. Bosques azotados por el viento entonan sus cantos eternos, y los animales del desierto corren a la sombra de cactus y rocas.

En cuestión de horas caerá la noche, el cielo oscuro brillará con la luna y las estrellas, y el sueño se impondrá sobre nosotros. La vida continuará sin interrupción. Apreciado o no, la obra de la naturaleza seguirá siendo pintada por las manos de Dios.

En medio del ruido ofensivo de nuestro mundo moderno: la gente, los automóviles, los ruidos, la contaminación atmosférica, el calor, las presiones, allí están esos recordatorios de Su paz profunda.

The Finishing Touch (El toque final)

¿Lucha por encontrar la paz en su vida? No se encuentra en el caos del mundo sino en la consistencia de Dios.

_____

_____

_____

_____

_____

_____

Aun así, son pequeños empujones

Pues el Señor corrige a los que ama, tal como un
padre corrige al hijo que es su deleite.
Proverbios 3:12

Qué trae sabiduría a nuestras vidas? Aceptar las represiones de Dios.

La *reprensión* proviene de un término hebreo que significa «corregir... convencer». A menudo pienso en las represiones como insinuaciones de Dios, esos empujones inconfundibles, de Su «silbo apacible y delicado» (1 Reyes 19:12 rv60). Son alicientes internos diseñados para corregir nuestros caminos. Nos alertan del hecho de que nos hemos salido de curso. Comunican, en efecto: «Hijo mío, eso es un error; ¡cambia de dirección!»

Esas represiones dadas por Dios a veces aparecen en las Escrituras.... En otras ocasiones las represiones vienen verbalmente de los que nos aman.

Todos tenemos cualidades de carácter frágiles que necesitan atención. Ignorarlas abre la puerta que conduce a la desobediencia.

Living Beyond the Daily Grind (Cómo vivir más allá de la rutina diaria)

¿Cómo suele responder a la corrección? ¿Cuándo la disciplina de Dios lo ha puesto en el camino correcto?

_____

_____

_____

_____

LA ANSIEDAD ES INÚTIL

En ti busco protección. Me esconderé bajo la sombra
de tus alas hasta que haya pasado el peligro.
SALMOS 57:1

La ansiedad es un total desperdicio de energía. No resuelve nada. Por eso Jesús dijo: «¿Acaso con todas sus preocupaciones pueden añadir un solo momento a su vida?» (Mateo 6:27). En esencia estaba diciendo: «Te vas a la cama esta noche y te afanas y te enfadas porque no mides un metro ochenta centímetros de estatura; solo mides un metro setenta y cinco centímetros. Pero cuando te despiertas por la mañana, sigues midiendo un metro setenta y cinco centímetros». ¡La ansiedad jamás hará que usted se estire! Tampoco resolverá esa ansiedad mental.

Permítame ser completamente sincero aquí. ¿Sabe usted por qué nos afanamos? Tene mos un *amor* secreto y oculto por la preocupación y el afán. ¡Lo disfrutamos! Cuando una preocupación se va, la reemplazamos con otra. Siempre hay una hilera de preocupaciones esperando entrar por la puerta. Así que cuando una sale por la puerta de atrás, hacemos que la siguiente pase por la puerta del frente. Disfrutamos teniéndolas. Las preocupaciones son nuestras compañeras mentales y emocionales. Pero Jesús dice, en efecto, ¡qué son inútiles!

Perfect Trust (Confianza perfecta)

¿Con qué frecuencia se ha arrepentido del tiempo que pasó preocupándose por cosas que nunca sucedieron? ¿O cosas que sucedieron de todos modos? ¡Qué desperdicio!

JUNIO

UNA ACTITUD DE HUMILDAD

La arrogancia va delante de la destrucción;
la humildad precede al honor.

PROVERBIOS 18:12

La humildad no está en cómo uno se viste, ni en el dinero que uno gana, ni en donde uno vive, ni el auto que uno conduce, y ni siquiera en cómo uno se ve. Ni una sola vez Dios nos ordena que «nos veamos» humildes. La humildad es una actitud. Es una actitud del corazón; una actitud de la mente. Es conocer el lugar apropiado de uno. Nunca menosprecie o haga menos a alguien porque tal vez esté en un nivel económico más bajo que el suyo. Es conocer su rol y cumplirlo para la gloria y alabanza de Dios. Repito, es una actitud.

Es la actitud que tuvo Cristo, quien se despojó a Sí mismo del uso voluntario e independiente de Sus atributos divinos. No hay cualidad más parecida a Dios que la humildad.

El lugar de mayor exaltación, como vemos en el Señor Jesucristo, es un lugar de humildad abnegada. No es el estilo falso de piedad fingida. Es verdadera humildad mental. Es poner al otro primero.... Es ser como Cristo.

Ester, una mujer de dignidad y fortaleza

¿Cómo puede comenzar a desarrollar una actitud de humildad que le haga más como Cristo?

_____

_____

_____

ALIVIO DIVINO

Es Dios quien decide tener misericordia. No depende
de nuestro deseo ni de nuestro esfuerzo.
ROMANOS 9:16

P ocos sentimientos traen una mayor sensación satisfacción que el alivio, lo cual la Real Academia Española lo define como «quitar a alguien o algo parte del peso que sobre él o ella carga».

Dios llama a este don divino del alivio misericordia. Como lo oye, la misericordia es gemela junto con la *gracia*.

El eslabón esencial entre la gracia de Dios y nuestra paz es Su misericordia. . . es decir, la compasión infinita de Dios activamente demostrada hacia los desdichados. No es simplemente dolor. No es simplemente tristeza o una comprensión de nuestra situación, sino alivio divino que resulta en una paz interior profunda.

The Finishing Touch (El toque final)

¿Cómo ha experimentado el alivio divino del Señor en su vida?

_____

_____

_____

_____

_____

_____

Días brillantes, días malos

*Te daré fuerzas y te ayudaré; te sostendré
con mi mano derecha victoriosa.*

Isaías 41:10

Nuestro problema no es que hemos fallado. Nuestro problema es que no hemos fallado lo suficiente. No hemos sido humillados lo suficiente como para aprender lo que Dios quiere que aprendamos.

¿Recuerda uno de los cantos de la década de los setenta que solíamos cantar vez tras vez en nuestras iglesias evangélicas? Mencionaba como aprendimos a confiar en Jesús y a confiar en Dios «a través de todo». No alrededor de todo. A *través* de todo.

A través de *todo*, ese es el asunto. A través de las victorias y los fracasos. . . . A través de los días brillantes de logros y en los días malos. . . . A través de los días embriagadores de risas y éxitos y esos intervalos anónimos de contratiempos y desesperanza en blanco. A través de todo, Él está con nosotros, dirigiéndonos, enseñándonos, humillándonos, preparándonos.

Moisés, un hombre de dedicación total

¿Cuál es la mayor lección que ha aprendido a través del fracaso? ¿Hizo crecer su confianza en Dios?

_____

_____

_____

_____

¡CUIDADO CON ESAS DECISIONES!

Entrégate a la instrucción; presta suma atención
a las palabras de conocimiento.
PROVERBIOS 23:12

Vivir en la verdad es tomar las decisiones correctas. Esto es lo que quiero decir. A la luz de la verdad, usted y yo somos capaces de ver tanto la verdad como la mentira, la luz y las tinieblas, lo que es sencillo, puro y claro y lo que es engañoso.

El secreto, por supuesto, es tomar las decisiones correctas todos los días. ¿Entonces? ¡Cuidado con esas decisiones!

Ninguna pareja casada se separa de repente. Nadie se vuelve cínico de la noche a la mañana. Nadie da un salto del pináculo de la alabanza al pantano de la carnalidad. La erosión es un proceso lento y silencioso basado en decisiones equivocadas. ¿No es eso asombroso? Si usted no se detiene en el proceso descendente, la decisión equivocada de la semana pasada no parece tan mala esta semana. Es más, en un lapso de un mes ¡no parecerá una mala elección!

Una fe sencilla

¿Qué decisiones tiene que enfrentar hoy? ¿Está buscando la guía de Dios a través de la oración y Su Palabra para asegurarse de que está tomando buenas decisiones?

_____

_____

_____

_____

OLVÍDESE DEL PASADO

Esto significa que todo el que pertenece a Cristo se
ha convertido en una persona nueva. La vida antigua
ha pasado; ¡una nueva vida ha comenzado!

2 CORINTIOS 5:17

Algunas de las personas más desdichadas que he conocido viven sus vidas mirando hacia atrás. ¡Qué desperdicio! Nada que se encuentra en el pasado se puede cambiar.

¿Qué hay en el pasado? Solo dos cosas: grandes logros y realizaciones que podían hacernos sentir orgullosos al volver a vivirlas o indiferentes al descansar en ellas. . . o fracasos y derrotas que no pueden evitar despertar sentimientos de derrota y vergüenza. ¿Por qué razón alguien va a querer volver a cometer ese error? Nunca he podido entenderlo. Al recordar esos eventos nada gloriosos e ineficaces del ayer, nuestra energía se agota para enfrentar las demandas de hoy. Repasar esos males, ahora perdonados por la gracia, nos descarrila y desmoraliza. Hay pocas cosas que nos roban el gozo de forma más insidiosa que los recuerdos pasados que acosan nuestras mentes. . . . ¡Olvídese del pasado!

Sonríe otra vez

¿Se encuentra constantemente mirando hacia atrás? ¿Qué le impide abrazar la belleza de hoy?

_____

_____

_____

MANEJANDO EL MALTRATO

En cambio, adoren a Cristo como el Señor de su vida. Si alguien
les pregunta acerca de la esperanza que tienen como creyentes,
estén siempre preparados para dar una explicación.
1 Pedro 3:15

Cualquiera puede aceptar una recompensa con gracia y muchas personas pueden incluso recibir su castigo con paciencia cuando han hecho algo mal. Pero ¿cuántos están equipados para manejar el maltrato después de haber hecho el bien? Solo los creyentes están equipados para hacer eso.

Cuando pensamos que nos han hecho un mal que no nos merecemos, podemos responder: «Señor, Tú estás conmigo ahora mismo. Tú estás aquí, y Tú tienes tus razones para que eso suceda. Tú no estás aprovechándote de mí. Tú eres demasiado bondadoso para hacer cruel. Tú eres demasiado bueno para ser injusto. Tú te interesas por mí demasiado como para permitir que esto se salga del carril. Hazte cargo. Usa mi integridad para defenderme. Dame la gracia para mantener la calma. Controla mis emociones. Sé Señor sobre mi situación presente». En tal oración «santificamos a Cristo como Señor» en nuestros corazones (1 Pedro 3:15 LBLA).

El poder de la esperanza

¿Está siendo juzgado incorrectamente o está sufriendo injustamente? ¿Confíe en el Señor para que sea su defensor?

UNA CULTURA ARROGANTE

El amigo verdadero se mantiene más leal que un hermano.

PROVERBIOS 18:24

Un estilo de vida apresurado da como resultado una cultura desechable. Las cosas que deberían ser duraderas y significativas se sacrifican en el altar de lo temporal y superficial.

El principal resultado negativo en tal entorno es el hábito de ver las relaciones personales de manera casual. Esta actitud arrogante paraliza a la sociedad de varias maneras:

Los amigos se alejan en lugar de resolver las diferencias.

Las sociedades se disuelven en lugar de resolverse.

Los vecinos ya no conversan ni pasan tiempo juntos.

A los ancianos se les trata con resentimiento, no con honor.

Los esposos y esposas se divorcian en lugar de perseverar en su relación.

A los hijos se les hace a un lado en lugar de nutrirlos.

¡Relaciones personales! Nunca las subestime. Si por un momento aminoramos la marcha en el estilo de vida apresurado y nos detenemos para recuperar el aliento, nos daremos cuenta de la necesidad de poner fin a nuestra cultura del descarte, donde todo es desechable.

Growing Wise in Family Life (Creciendo en sabiduría en la vida familiar)

¿El ajetreo de la vida ha resultado en una falta de relaciones auténticas en su vida? ¿En quién necesita invertir más tiempo y energía?

_____

_____

SUÉLTELO Y DÉJESELO A DIOS

*No tengan miedo. Solo quédense quietos y observen
cómo el Señor los rescatará hoy.*
ÉXODO 14:13

Cada país utiliza una serie de palabras para describir una situación difícil. En algunos, probablemente sea «estar en apuros». También puede estar «en un lío» o «en un aprieto». En otros, usted se encuentra «entre la espada y la pared». . . . Puede ser que ahora mismo se encuentre en un aprieto.

¿Y cuál debe ser su respuesta?

La mayoría de las personas se inclinan a decir: «Dios ayuda a los que se ayudan a sí mismos». La gente piensa que ese despreciable dicho viene de la Biblia, pero no es así. Es del pozo del infierno. ¡No! Dios ayuda a los desamparados. Mientras nos ayudemos a nosotros mismos, ¿quién necesita a Dios? Es cuando llegamos al fin de nuestra cuerda, y estamos colgando en el espacio, que finalmente gritamos: «¡Dios, ayúdame!» Y Dios dice: «Lo haré. *Suéltalo*».

Soltar va en contra de la naturaleza humana. Pero Dios quiere que hagamos precisamente eso: que caigamos libremente en Sus brazos eternos y que confiemos completamente en Él.

Moisés, un hombre de dedicación total

¿Se ha encontrado creyendo la mentira de que debe salir del lío en el que está metido? ¿Qué pasa si se regresa a Dios mejor?

_____

_____

EL FIN DE LA HISTORIA

Vale más terminar algo que empezarlo. . . . La sabiduría
es aún mejor cuando uno tiene dinero. . . . La sabiduría
y el dinero abren casi todas las puertas.

ECLESIASTÉS 7:8, 11, 12

Mejor es el fin de un asunto que su comienzo (LBLA)». Eso tiene sentido, ¿verdad? Como ve, el fin de un asunto es la máxima realidad. Esos pequeños sueños idealistas se han acabado. Toda la verdad ahora está en exhibición. . . . El panorama completo ha sido revelado. Una vez que llegamos al fin, sabemos toda la historia, y eso es mejor que el principio de una situación en donde el deseo carece de sustancia.

Un abuelo me dijo hace poco que piensa grabar muchos de sus pensamientos porque, dijo: «No sé cuánto tiempo voy a vivir, y no sé cuánto tiempo voy a tener clara mi mente, así que voy a grabar algunos consejos importantes y dejar que mis nietos los oigan más adelante».

El hombre más influyente en mi vida fue el padre de mi madre. Todavía puedo escuchar su sabio consejo. Tal consejo es mejor que la mayoría de los consejos que se le da un niño porque es la información final proveniente de alguien que ha sido experimentado en sabiduría.

Diario de un viajero desesperado

¿Quién ha causado un impacto en su vida con una sabiduría discerniente? ¿Tiene algún consejo que otros necesitan escuchar?

El tiempo libre es gratis

Un rato más de dormir, un poquito más de sueño,
un breve descanso con los brazos cruzados.
PROVERBIOS 24:33

Por favor comprenda que el tiempo libre es más que tiempo libre que no se dedica a ocupaciones remuneradas. Parte del trabajo más valioso que se hace en el mundo se ha realizado durante el tiempo libre. . . y nunca es pagado en efectivo. El tiempo libre es actividad gratis. El trabajo es actividad obligada. En el tiempo libre, hacemos lo que nos gusta, pero en el trabajo hacemos lo que debemos. En nuestro trabajo satisfacemos las necesidades y demandas objetivas de los demás: nuestro empleador, el público, gente que se ve afectada por y a través de nuestro trabajo. Pero en el tiempo libre desarrollamos aquello que produce picazón y curiosidad dentro de nosotros. En el tiempo libre nuestras mentes son liberadas de lo inmediato, de lo necesario. Al incorporar el tiempo libre en la corriente principal de nuestro mundo, adquirimos perspectiva. Nos elevamos por encima del teje y maneje de la mera existencia.

Interesantemente, el tiempo libre viene de la palabra latina *licere*, que quiere decir «ser permitido». Si alguna vez vamos a inculcar diversión en nuestra rutina de otra manera unitaria, debemos darnos permiso para hacerlo.

Afirme sus valores

¿Qué actividad de tiempo libre le trae más alegría? ¿Se permite tiempo en su agenda para disfrutarlo?

ALINEADO CON LA VOLUNTAD DE DIOS

La semilla de las buenas acciones se transforma en un
árbol de vida; una persona sabia gana amigos.
PROVERBIOS 11:30

S i se nos pidiera que respondiéramos con un sí o con un no a la pregunta, todos nosotros diríamos: «Sí, quiero saber la voluntad [de Dios]». Pero *hacer* la voluntad de Dios es un asunto completamente diferente, porque casi sin excepción exige riesgo, ajuste y cambio. Eso no nos gusta. Incluso el usar esas palabras nos hace retorcernos. Experimentar la realidad de ellos es incluso peor. Nos encanta lo familiar. Nos encanta lo cómodo. Nos encanta algo que podemos controlar; algo que podemos apretar en nuestros brazos. Y, sin embargo, mientras más cerca estemos del Señor, menos control tenemos sobre nuestras propias vidas, y más debemos confiar en Él. Darle nuestra voluntad y alinear nuestra voluntad a la de Él requiere el abandono de lo que preferimos, de lo que queremos o de lo que escogeríamos.

El misterio de la voluntad de Dios

¿Desea la voluntad de Dios y se deleita en obedecerla? ¿Por qué a veces es una lucha elegir Su voluntad sobre la suya?

_____

_____

_____

_____

UNA RATA EN UN RINCÓN DE LA VIDA

¿Cuánto cuestan dos gorriones: una moneda de cobre? Sin embargo, ni un solo gorrión puede caer a tierra sin que el Padre lo sepa.
MATEO 10:29

Tal vez usted tenga una preocupación relacionada con algún simple problema cotidiano que le carcome la paz, como una rata en un rincón de su vida. Simplemente carcome y carcome y carcome. Parece que no puede salir de debajo de ella. Tal vez fue un error tonto que cometió y está pagando por eso.

El problema con la preocupación es que *hace que uno se olvide de su valor.* La preocupación hace que uno se sienta inservible, olvidado y sin importancia. Por eso Jesús dice que valemos mucho más que las aves del cielo, que ni se preocupan ni se mueren de hambre porque el Padre celestial las alimenta (Mateo 6:26). Ellas disfrutan lo que está allí. Si Dios puede sustentar a Sus criaturas menores, ¿no va a sustentar a las mayores? Tal vez usted se ha preocupado por cosas que parecen importantes en su vida. Y sin embargo su Padre celestial sabe lo que es esencial mejor que usted. Y usted vale tanto que Él está tomando las cosas una a la vez, y lidiando con cosas más importantes ahora mismo en su vida.

Perfect Trust (Confianza perfecta)

¿Ha olvidado lo valioso que es usted para su Padre celestial?
¿Confía en Él para manejar las cosas difíciles de su vida?

_____

_____

DESINFLANDO EL ORGULLO

*Consideren la piedra de la que fueron tallados,
la cantera de la que fueron extraídos.*

ISAÍAS 51:1

En el texto hebreo la palabra *cantera* en realidad se refiere a «un hueco». La versión Reina Valera lo dice muy bien: «al hueco de la cantera de donde fuisteis arrancados». Nunca se olvide del «hueco de la cantera».

¡Qué excelente consejo! Antes de que nos enamoremos por completo de nuestra gran y poderosa importancia, es buena idea echar un vistazo hacia atrás al «hueco de la cantera» del cual Cristo nos levantó. Y no nos limitemos solo a *pensar* en eso; admitámoslo. Nuestro «hueco de la cantera» tiene una manera de mantenernos a todos en el mismo nivel: recipientes de la gracia. Y no se engañe, incluso aquellos que son exaltados y admirados tienen «huecos» de los que fueron excavados.

- Con Moisés, fue un homicidio.
- Con Pedro, fue una negación pública.
- Con Rahab, fue la prostitución.

La próxima vez cuando nos veamos tentados a enorgullecernos con nuestra propia importancia, echemos un vistazo hacia atrás al hueco de donde fuimos extraídos. Eso tiene una manera de desinflarnos el orgullo.

Afirme sus valores

¿Alguna vez se toma el tiempo para recordar dónde estaba cuando el Señor lo encontró? ¿Está asombrado de lo lejos que le ha llevado?

EL ALMA LE PERTENECE A DIOS

Entonces me alegraré en el Señor; estaré feliz porque él me rescata.
SALMOS 35:9

Nada físico toca el alma. Nada externo satisface nuestras necesidades más profundas. ¡Recuerde eso! El alma le pertenece a Dios. Solo Él puede satisfacernos en ese ámbito.

El alma posee un vacío ineludible en forma de Dios. Y no es sino cuando Él entra allí y lo llena que podemos tener paz por dentro; lo que es otra manera de decir: «Si Dios no está en el primer lugar, uno no puede manejar el éxito». Si Dios llena su alma, si Dios llena su mente, si Él satisface su espíritu, no hay absolutamente ningún problema con la prosperidad. Usted lo tiene todo en orden. Las prioridades serán las debidas, y usted sabrá cómo manejar la vida a modo de impactar al máximo número de personas. Si Dios lo prospera, si le confía éxito material y usted continúa andando con Él, Dios puede utilizarlo poderosamente en Su plan. Es más, si usted lo pierde todo, Él puede darle lo que se necesita para manejar la pérdida y comenzar de nuevo.

Diario de un viajero desesperado

¿Es Dios primero en su vida? ¿Cómo le permite esto manejar mejor tanto el sufrimiento como el éxito?

_____

_____

_____

_____

QUEREMOS ALIVIO

Amo al Señor porque escucha mi voz y mi oración
que pide misericordia. Debido a que él se inclina
para escuchar, ¡oraré mientras tenga aliento!
SALMOS 116:1–2

¿Alguna vez se ha encontrado diciendo algo como esto? «Señor, te doy mi vida, pero estoy muerto de cansancio por esta irritación, esta persona, esta circunstancia, esta situación incómoda. Me siento atrapado, Señor. ¡Quiero alivio, debo tener alivio! Y si no lo traes pronto. . . bueno, estoy harto. Tengo ganas de alejarme de todo».

Puede caminar, amigo mío, pero no hay atajos. Aquí hay un plan mejor: ¡busque la mano de su Guía! Él es el Señor del desierto. Incluso su desierto. El objeto más precioso del amor de Dios es Su hijo en el desierto. Si fuera posible, usted significa más para Él durante este tiempo que en cualquier otro momento. . . . Es Su estudiante amado tomando Sus cursos más difíciles. Él le ama con una cantidad infinita de amor.

Moisés, un hombre de dedicación total

¿Cuándo ha orado fervientemente para salir de una situación difícil pero, mirando hacia atrás, se dio cuenta de la belleza de andar con el Señor a través de ella?

_____

_____

_____

_____

EL MEJOR DON DE UN PAPÁ

Hijos míos, escuchen cuando su padre los corrige.
Presten atención y aprendan buen juicio.
PROVERBIOS 4:1

Papá, ¿es posible que usted se haya comprometido de más, que esté tan involucrado en su trabajo o en algún proyecto o pasatiempo lejos de su casa, que le está robando el tiempo y energía que le pertenece a su familia? Lo entiendo; créame; lo entiendo.

En lugar de presentarles a los padres un reto para dar de sí mismos, nuestro sistema cultural los anima a darles las cosas que salarios grandes pueden comprar: una mejor educación, una membresía en un club, posesiones materiales, casas más bonitas, automóviles. . . . Pero ¿qué hay del propio papá? Y, ¿ese aprendizaje sin precio que solo se aprende en su presencia?. . . Se ha perdido en medio del ajetreo y las ocupaciones.

Vamos, papás, ¡lideremos una rebelión! Rehusémonos a escuchar al sistema. Empecemos a decir que no a más y más de las cosas que nos alejan cada vez más de los que más nos necesitan. Recordemos que los dones más grandes de la tierra que podemos proveer son nuestra presencia e influencia mientras vivimos, y un magnífico recuerdo de nuestras vidas una vez que nos hayamos ido.

Growing Wise in Family Life (Creciendo en sabiduría en la vida familiar)

¿Se han desviado un poco sus prioridades? ¿Entiende que lo más preciado que tiene para ofrecer a su familia es usted mismo?

_____

_____

CARA A CARA CON DIOS

Dios nos juzgará por cada cosa que hagamos, incluso lo que hayamos hecho en secreto, sea bueno o sea malo.

ECLESIASTÉS 12:14

Si Dios dice que traerá a juicio toda acción... sé que Él lo hará. No conozco Su método, y, francamente, eso no me molesta. ¡Lo que debería molestarnos es que Él lo hará! ... De alguna manera, en el tiempo de Dios mismo, y a la manera de Dios, Él hará que se repita nuestra vida. Me hace muchísimo sentido que Aquel que nos hizo tiene todo el derecho para requerirnos rendirle cuentas.

No podemos vivir la vida de un Don Juan irresponsable y salirnos con la nuestra. No somos libres para correr desenfrenados y guiñar un ojo en la dirección de Dios, pensando que, pase lo que pase, el gran oso peluche del cielo bostezará, nos dará una palmadita en la cabeza, y dirá: «Todo va a salir bien». No; no funciona así. Nuestro viaje accidentado se dirige a una parada repentina. Y entonces, totalmente solos, estando frente a frente a Dios en ese momento, nos daremos cuenta de la vida que hemos llevado.

¡Este es un pensamiento serio y aleccionador!

Diario de un viajero desesperado

¿Vive cada día con el entendimiento de que algún día dará cuenta de las elecciones que ha hecho?

_____

_____

_____

AFÉRRESE A LA MANO DE DIOS

Busquen al Señor y a su fuerza; búsquenlo continuamente.
SALMOS 105:4

Descubrir y abrazar la voluntad de Dios nos lleva a hacer serios ajustes; eso requiere que soltemos y nos arriesguemos; soltemos lo familiar y nos arriesguemos a lo que sea que el futuro pueda traer. Ese es el resultado final cuando ponemos en práctica la voluntad de Dios.

Solo somos seres humanos finitos. Solo podemos ver el presente y el pasado. El futuro es algo que nos asusta. Así que necesitamos aferrarnos a la mano de Dios y confiar en Él para que calme nuestros temores. En esas ocasiones cuando somos tercos y resistimos, y Dios tiene que sacudirnos por los hombros para captar nuestra atención y recordarnos que nosotros no determinamos nuestras propias jugadas, que Dios tiene un plan para nosotros, por misterioso que pueda ser, y que Él quiere ser el centro de este.

A pesar de todos los riesgos, ese sigue siendo el lugar más seguro de la tierra en donde estar.

El misterio de la voluntad de Dios

¿Se encuentra a veces luchando por el control de su vida solo para descubrir que no tiene idea de qué hacer a continuación? Deje que Dios tenga las riendas.

_____

_____

_____

SENSIBLES ANTES QUE FUERTES

*Para los maridos, eso significa: ame cada uno a su esposa tal
como Cristo amó a la iglesia. Él entregó su vida por ella.*

EFESIOS 5:25

La meta para nosotros como esposos es ser sensibles en lugar de demostrar lo fuertes y machos que somos. Debemos amar a nuestras esposas, escucharlas y adaptarnos a sus necesidades. Debemos decir que no a más y más en nuestro trabajo para que podamos decir que sí a más y más en nuestra casa... para que podamos decir que sí a las necesidades de nuestros hijos y nuestras familias. ¿De qué manera van sus hijos a aprender lo que quiere decir ser un buen esposo y un buen padre?

Desde luego, este no debe ser el tipo de atención sofocante, el tipo de atención que dice que el esposo es tan inseguro que no puede dejar a su esposa fuera de su vista. Más bien, es la clase de amor que quiere decir que su esposa no puede volver a sus brazos con suficiente rapidez.

El poder de la esperanza

¿Cómo ha tergiversado el mundo lo que significa ser hombre? Cuáles son algunos rasgos piadosos que el mundo tal vez no entienda?

_____

_____

_____

_____

EL PLAN MISTERIOSO DE DIOS

Yo soy el Señor; no hay otro Dios.
ISAÍAS 45:5

Hay momentos en que nos sorprende la voluntad decretada por Dios... como cuando recibimos los resultados de nuestro examen físico y la resonancia magnética revela un tumor el cual no teníamos ni idea que estaba allí.... O cuando el mercado de valores cae en un día a un mínimo histórico en diez años.

A muchos les puede parecer que Aquel que nos creó está demasiado distante como para interesarse en tales detalles diminutos de la vida de este viejo globo. Pero ese no es el caso. Su plan misterioso sigue su curso precisamente según su calendario, exactamente como Él lo decretó.

Este mundo no está fuera de control, dando vueltas alocadamente por el espacio. Tampoco los habitantes de la tierra están a la merced de algún destino ciego y fortuito. Cuando Dios creó el mundo y puso las estrellas en el espacio, también estableció el curso de este mundo y Su plan para la humanidad.

El misterio de la voluntad de Dios

¿Es su respuesta predeterminada el pánico a los problemas terrenales o la certeza de que el Señor todavía está completamente en control de Su creación?

_____

_____

_____

EL PALPITAR DEL HOGAR

Hijo mío, si dejas de escuchar la instrucción,
le darás la espalda al conocimiento.

PROVERBIOS 19:27

Dios no toma a la ligera el nacimiento de un niño. Cada uno es significativo. Dios ve a cada uno como una transferencia de amor de Su corazón a la pareja que recibe el regalo.

Dios nunca desperdicia padres. Él no «arroja» inadvertidamente al azar a los niños en los hogares. Él tampoco entrega «accidentes» en nuestras vidas. Es extremadamente importante que las familias den a los hijos el mismo significado que Dios les da. De nuevo, esto es contrario a la mentalidad de muchos en nuestra sociedad actual. Se considera que estamos en algún punto entre estrafalarios e ignorantes si tenemos este tipo de actitud hacia los hijos, especialmente si tenemos varios de ellos.

Es axiomático. Hogares saludables, bien disciplinados, cariñosos, producen personas que hacen a una nación pacífica y fuerte. Según cómo le va a la familia, le va a la nación. Cuando lo reduce a lo básico, el ritmo de una civilización entera lo determina el palpitar de sus hogares.

Afirme sus valores

¿Cómo puede ayudar a los niños en su vida (dentro de su hogar o comunidad) a crecer y llegar a ser todo lo que Dios quiere que lleguen a ser?

_____

_____

HUMILDE DE CORAZÓN

*Pónganse mi yugo. Déjenme enseñarles, porque yo soy humilde
y tierno de corazón, y encontrarán descanso para el alma.*
MATEO 11:29

Cuál es la actitud más semejante a Cristo aquí en la tierra? Piense antes de responder con rapidez. Estoy seguro de que muchos contestarían *amor*. Eso es comprensible, porque en verdad Él amó al máximo. Otros tal vez digan *paciencia*. De nuevo, no es mala opción. No encuentro evidencia de impaciencia o irritabilidad frenética al estudiar Su vida. *Gracia* también sería una posibilidad. Ningún hombre o mujer jamás modeló o exhibió la gracia que Jesús demostró hasta el mismo momento en que exhaló Su último suspiro.

Por importante que esos rasgos pudieran ser, sin embargo, no son los que Jesús mismo mencionó cuando se describió a Sí mismo por única vez en las Escrituras: «soy manso y humilde de corazón» (Mateo 11:29 LBLA), la cual vez se podría resumir bien con una sola expresión «*abnegado*». De acuerdo al testimonio de Jesús, esa es la actitud más semejante a Cristo que podemos demostrar.

Sonríe otra vez

¿Qué rasgo diría que le define como persona? ¿Cómo lo hace comparar con la descripción de Cristo de Sí mismo?

_____

_____

_____

_____

UN MENSAJE PARA EL MERCADO

Todo lo que hagas, hazlo bien.
ECLESIASTÉS 9:10

Soy lo suficientemente inconforme como para decir que pienso que menos creyentes deberían estar dedicándose al ministerio y más deberían dedicarse a los negocios y a oficios que no tienen nada que ver con el servicio cristiano vocacional. Yo no veo la vida dividida entre pública y privada, secular y sagrada. Todo es un lugar abierto para el servicio delante de nuestro Dios. Mi esperanza es ver... a un grupo de creyentes que se infiltra en nuestra sociedad —en verdad, en nuestro mundo entero— con un mensaje puro, hermoso, de gracia y honradez en el mercado de trabajo.

Hace poco tuve una conversación encantadora con un joven pensador... en nuestra iglesia. Al conversar, le pregunté sobre sus planes futuros. «Pues bien, acabo de graduarme de la escuela de leyes», dijo. Cuando le pregunté cómo esperaba usar su educación, él dijo: «Quiero ser un hombre de integridad que ejerce leyes». ¡Qué palabras más refrescantes! Reflejaban la prioridad debida.

Una fe sencilla

¿Ve toda su vida como un lugar de ministerio? ¿Cómo puede honrar al Señor en todo lo que hace?

_____

_____

_____

_____

FE PARA EL FUTURO

*Y me alegro de que viven como deben hacerlo y
de que su fe en Cristo se mantiene firme.*
COLOSENSES 2:5

La naturaleza de la bestia que tenemos dentro de nosotros se resiste al cambio. Aunque nuestro pasado ha sido doloroso y en cierta forma poco gratificante, e incluso improductivo, sería interesante saber cuántos de nosotros preferiríamos volver a nuestro pasado que enfrentar la incertidumbre de nuestro futuro. Siendo criaturas de hábito, preferiríamos tener la seguridad de nuestro ayer que la incertidumbre de nuestro mañana.

Pero es la incertidumbre de nuestro futuro lo que en realidad fortalece nuestra fe. Quiero decir, si supiéramos de qué se trata, entonces no se necesitaría tener fe. Todo lo que se necesitaría es obediencia. Si supiera lo que va a suceder en los próximos diez años de su vida, ¿qué clase de fe necesitaría para seguir por ese sendero?

Es el misterio de todo lo que le da el poder, el misterio, de todo el proceso llamado la obra de Dios lo que hace que el poder sea tan magnífico.

¡Baje la guardia!

¿Está preocupado por la belleza o el quebrantamiento del ayer? ¿Vive con miedo al futuro? ¿Qué pasaría si solo se concentrara en este día?

_____

_____

¿SUS HUELLAS DIGITALES O LAS DE DIOS?

El camino del Señor es una fortaleza para los que andan
en integridad, pero destruye a los que hacen maldad.

PROVERBIOS 10:29

No se puede sembrar una semilla carnal y cosechar una planta espiritual. No se puede sembrar un acto carnal y cultivar fruto espiritual. Si usted manipula, conspira, usa artimañas y miente para llegar a la cima, ¡no le agradezca a Dios por la promoción! Dios sabe, tanto como usted, que usted usó de artimañas y movió cuerdas.... Así que cuando usted recibe esa oficina más grande y la llave del salón de baño de ejecutivos, no le dé a Dios el crédito. Él no lo quiere. Son las huellas digitales de sus manos las que están en toda la conspiración, y no las de Él.

A veces le decimos al Señor: «Gracias por eso, Padre». Y el Señor debe responder: «¿Quién? ¿Yo? Yo no hice eso. Eso lo *hiciste tú*».... Usted manipula la declaración de impuestos, recibe un buen reembolso y le agradece a Dios por el dinero adicional que puede dar para el fondo de construcción.

No funciona de esa manera, amigo. Él le dice: «Esto no lo hice yo. Esto fue tu plan».

Moisés, un hombre de dedicación total

¿Alguna vez ha sido culpable de darle a Dios «crédito» por algo que usted hizo? ¿O tomar crédito por algo que vino de Su mano?

_____

_____

UN CORAZÓN ALEGRE

Me has dado más alegría.
SALMOS 4:7

Necesitamos tomarnos menos en serio! Sí, la espiritualidad y la diversión marchan de la mano. La Biblia habla directamente de ese asunto, como sabe: «El corazón gozoso alegra el rostro, pero en la tristeza del corazón se quebranta el espíritu» (Proverbios 15:13 LBLA).

No está hablando aquí acerca de la cara de una persona, como del corazón. El gozo interno se hace público. No podemos esconderlo. La cara sigue el ejemplo de una señal interna.

Un sentido del humor bien desarrollado revela una personalidad bien balanceada. La capacidad de reírnos de situaciones cotidianas es una válvula de escape. Nos libera de las tensiones y preocupaciones que de otra manera dañarían nuestra salud.

¿Piensa que estoy exagerando los beneficios? Si es así, tal vez usted se haya olvidado de este otro proverbio: «El corazón alegre es una buena medicina» (Proverbios 17:22). ¿Qué es lo que trae sanidad a las emociones, sanidad al alma? ¡Un corazón alegre!

Cómo vivir sobre el nivel de la mediocridad

¿A quién conoce que rebosa alegría cuando está cerca de ellos? ¿Cómo se siente estar en su presencia?

_____

_____

_____

_____

LA VOLUNTAD Y LOS CAMINOS DE DIOS

Como el ciervo anhela las corrientes de las
aguas, así te anhelo a ti, oh Dios.
SALMOS 42:1

La santidad es algo que está debajo de la superficie de la vida, en lo más profundo del terreno de la actitud; una actitud hacia Dios mismo.

Mientras más pienso en esto, estoy más convencido de que la persona piadosa es la que tiene un corazón sensible hacia Dios, la que toma Dios en serio. . . . El individuo piadoso tiene hambre y sed de Dios. En las palabras del salmista, la persona piadosa tiene un alma que «brama» por el Dios vivo (Salmos 42:1-2 RV60).

Las personas piadosas poseen una actitud de sumisión dispuesta a la voluntad y caminos de Dios. Lo que sea que Él diga, se hace. Y lo que sea que se necesite para ponerlo en práctica es lo que el piadoso desea hacer.

The Finishing Touch (El toque final)

¿De qué tiene sed en esta vida? ¿Cómo haría para aumentar su deseo de Dios?

_____

_____

_____

_____

_____

Nuestra debilidad, la fuerza de Dios

Espera con paciencia al Señor; sé valiente y
esforzado; sí, espera al Señor con paciencia.
Salmos 27:14

Veamos este término «esperar». Viene de la palabra hebrea *kaj-uaj*, que quiere decir «torcer, estirar». El sustantivo quiere decir «línea, cuerda, hebra». Una imagen vívida surge aquí. Es un verbo que describe la fabricación de una cuerda fuerte, poderosa, o un cordel, al que torcemos y entretejemos tan fuertemente alrededor del Señor que nuestras debilidades y características frágiles son reemplazadas por Su poder y fuerza sin igual. Describe muy literalmente la verdad de lo que se ha denominado la «vida intercambiada». Conforme esperamos en Dios, nuestra debilidad es cambiada por Su fuerza.

La fortaleza y el valor se desarrollan *durante* una prueba, y no después de que se acaba.

Living Beyond the Daily Grind (Cómo vivir más allá de la rutina diaria)

¿Puede recordar un momento en el que soportó una prueba y supo que solo el Señor podría haberle ayudado?

_____

_____

_____

_____

_____

ANDAR CON DIOS

Es mejor refugiarse en el Señor que confiar en la gente.

SALMOS 118:8

Andar con Dios es la más emocionante y satisfactoria de todas las experiencias en la tierra. Debo añadir que también es la más difícil. No pienso que jamás haya encontrado una excepción a la regla, como la de que aquellos que más cerca andan de Dios que, como Jesús, llegan a experimentar mucho más con las pruebas y las adversidades. Dios nos lleva a atravesar conflictos y dificultades para que podamos llegar a ser cada vez más consagrados a Él.

Dios puede conducirle a algún punto. . . que no tiene mucho sentido. Quiero animarle: no trate de encontrarle sentido; simplemente vaya. Si Dios le guía a quedarse en una situación difícil, y usted tiene paz en cuanto a que debe quedarse, no lo analice; quédese. Haga su parte. Haga lo que Él le dice que haga, porque Sus promesas a menudo dependen de la obediencia.

Usted puede andar con Él en confianza perfecta. Esa es su parte.

Perfect Trust (Confianza perfecta)

¿Se encuentra obsesionado con el «por qué» de una situación? ¿Podría ser que Dios solo quiere que confíe y obedezca?

_____

_____

_____

_____

EL DOMINIO PROPIO ES FUERZA INTERNA

Mas el fruto del Espíritu es amor, gozo, paz, paciencia,
benignidad, bondad, fidelidad, mansedumbre,
dominio propio; contra tales cosas no hay ley.
GÁLATAS 5:22–23

Cada uno de nosotros, alguna vez, nos hemos enfurecido y perdido los estribos, solo para después lamentarlo. Todos hemos permitido que nuestras agendas se sobrecarguen al punto de que, al mirar hacia atrás en la semana, debemos admitir, si somos francos, que no nos hemos detenido para orar ni siquiera una vez. Todos hemos comido demasiado, aun cuando hemos jurado no hacerlo. ¿Quién no ha librado de nuevo la vieja batalla con la codicia, la lujuria, el materialismo, la cólera o la envidia? Hay una respuesta a este dilema diario, una solución que es fácil de identificar. Hay un secreto para contenerse.

«Dominio propio». . . esa es la clave. . . esa es la respuesta.

El mejor sinónimo de dominio propio es la «disciplina». . . Dominio propio quiere decir «fuerza interna».

El fruto del Espíritu es dominio propio. El dominio propio nos libra de la esclavitud. El dominio propio detiene los malos hábitos. Nos exige cuentas. Nos detiene.

Ester, una mujer de dignidad y fortaleza

¿Se ha dicho a si mismo que es demasiado débil para resistir alguna área de tentación? Como creyente, tiene el fruto del dominio propio a su disposición.

JULIO

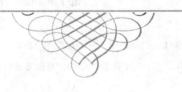

DILIGENCIA Y FIDELIDAD

Adoren al Señor con gozo. Vengan ante él cantando con alegría.
SALMOS 100:2

El servicio implica diligencia, fidelidad, lealtad y humildad.
Los siervos no compiten. . . ni fanfarronean. . . ni pulen su imagen. . . ni se apoderan de los reflectores. Saben su trabajo, admiten sus limitaciones, hacen lo que hacen en forma callada y consistente.

Los siervos no pueden controlar a alguien o todo, y no deberían intentarlo.

Los siervos no pueden cambiar o «arreglar» a las personas.

Los siervos no se preocupan de quién recibe el crédito.

Sirvamos. . . en el nombre de Jesús.

The Finishing Touch (El toque final)

¿Usted sirve con la expectativa de recompensa o reconocimiento? ¿Qué pasaría si no pensara en nada más que en honrar al Señor?

_____

_____

_____

_____

_____

_____

SOLO EL CARÁCTER PERDURA

Porque he actuado con integridad; he confiado en el Señor sin vacilar.

SALMOS 26:1

N ada habla más fuerte o más poderosamente que una vida de integridad. ¡Absolutamente nada! Nada resiste las pruebas como un carácter sólido. Uno puede hacerle frente a la tormenta ártica como un buey en una ventisca. El hielo tal vez se forme en los cuernos, pero uno logra mantenerse de pie contra el viento y la tormenta que ruge y retumba, porque Cristo está obrando en nuestro espíritu. El carácter siempre asegura el éxito. Como el fundador del periódico *New York Tribune*, Horace Greeley, escribió: «La fama es un vapor, la popularidad un accidente, las riquezas vuelan y solo el carácter perdura».

No hay defensa más elocuente y eficaz que una vida que se lleva continua y consistentemente en integridad. Posee un poder invencible para silenciar a los difamadores.

El poder de la esperanza

Al final de todo, cuando la salud y la riqueza se olvidan y desaparecen, ¿ha vivido de una manera que hizo una diferencia en el reino?

_____

_____

_____

_____

¿HOGARES APRESURADOS Y AJETREADOS?

Mantente al tanto del estado de tus rebaños y
entrégate de lleno al cuidado de tus ganados.
PROVERBIOS 27:23

C ómo está el ambiente en su casa en estos días?... ¿Está usted en peligro de criar un «hijo apresurado?» Tome algo de tiempo esta semana y eche un vistazo sincero a la calidad de niñez que el estilo de vida de su familia le está ofreciendo a sus pequeños. ¿Qué será memorable para sus hijos cuando ellos, al ser adultos, miren hacia sus años de infancia? ¿Les parecerá todo como un sueño borroso... como una maratón larga y sin aliento? ¿Ha permitido que la televisión le robe muchos de los minutos no programados... y *horas*, de sus hijos?

Mientras busca la sabiduría de Dios, pregúntese: «¿Qué podemos hacer como mamá y papá para animar a nuestros hijos para que disfruten el hecho de ser *niños*?» ¿Está usted fomentando una atmósfera de relajación y flexibilidad... o acaso las palabras *prisa* y *rigidez* caracterizan mejor a su hogar? ¿Tiene algún plan para unas vacaciones relajadas en familia en el futuro inmediato?... Al planear, recuerde que la niñez es un bien básico infinitamente precioso. Sus hijos crecerán solo una vez.

Growing Wise in Family Life (Creciendo en sabiduría en la vida familiar)

¿Cómo puede ayudar a sus hijos a reducir la velocidad? ¿Están sus agendas demasiado llenas? ¿Hay tiempo para la imaginación y la creatividad?

_____

_____

LA BELLEZA DE LA SANTIDAD DE DIOS

«Santo, santo, santo es el Señor Dios, el Todopoderoso, el que siempre fue, que es, y que aún está por venir».

APOCALIPSIS 4:8

Vivimos en una época en donde el concepto de Dios es lamentablemente superficial. Una parte de la música cristiana contemporánea deja la impresión de que Dios es nuestro compadre; un gran amigote que es bueno tener cuando estamos en apuros. . . Un canto popular pregunta: «¿Qué tal si Dios fuera un vago como nosotros?» Esa no es la noción bíblica de Dios. Eso es un débil intento del hombre de hacer a Dios *relevante*.

¿Escucha el sonido vulgar de tal concepto de Dios? Esas ideas pequeñas de Él disminuyen la belleza de Su santidad. . .

Los puritanos, ese riguroso pueblo de antaño, poseían un concepto sólidamente bíblico de Dios. ¿Saben por qué es tan esencial que nosotros recuperemos un entendimiento así de respetuoso de Dios? Porque una noción superficial de Dios conduce a una vida superficial. Abarate a Dios y usted abarata la vida misma. Trate a Dios superficialmente, y usted se vuelve superficial.

Moisés, un hombre de dedicación total

¿Cómo es culpable el mundo de tratar de rebajar a Dios al nivel del hombre? ¿Qué dice Su Palabra acerca de Su santidad?

_____

_____

_____

BONDAD INMERECIDA

Nosotros creemos que todos somos salvos de la misma manera,
por la gracia no merecida que proviene del Señor Jesús.
HECHOS 15:11

S i usted ha viajado alguna vez a Londres, tal vez haya visto a la realeza. Si es así, tal vez haya notado sofisticación, alejamiento, distancia. En ocasiones, la realeza de Inglaterra aparecerá en las noticias porque alguien de las filas de la nobleza se detiene, se arrodilla y toca o bendice a algún individuo común. Esto es gracia. No hay nada en el individuo común que merezca que la familia real lo note, lo toque o lo bendiga. Pero debido a la gracia en el corazón del miembro real , hay un deseo en ese momento de hacer una pausa, inclinarse, tocar, incluso bendecir.

Mostrar gracia es extender favor o bondad a quien no lo merece y nunca puede ganárselo. Recibir la aceptación de Dios por gracia siempre está en agudo contraste a ganársela con base a obras. Cada vez que aparece el pensamiento de la gracia, hay la idea de que es inmerecida. No hay manera de que el receptor reciba lo que se merece. El favor se extiende simplemente debido a la bondad del corazón del dador.

El despertar de la gracia

¿Está agradecido de que Dios no le dé lo que merece? ¿Cómo ve evidencia de la gracia de Dios en su vida?

_____

_____

DEJAR DE ECHARNOS LA CULPA

*Los que encubren sus pecados no prosperarán, pero si los
confiesan y los abandonan, recibirán misericordia.*

PROVERBIOS 28:13

No nos engañemos. Cuando deliberadamente escogemos no mantenernos positivos y le negamos al gozo un lugar en nuestras vidas, por lo general gravitamos en una de dos direcciones, a veces en ambas: la dirección de la culpa o de la autocompasión.

Una actitud agresiva reacciona ante las circunstancias echándose la culpa. Nos culpamos a nosotros mismos o alguna otra persona, o a Dios, y si no podemos hallar un chivo expiatorio tangible, le echamos la culpa «al destino». ¡Un desperdicio absoluto! Cuando nos culpamos nosotros mismos, multiplicamos nuestra culpa, nos amarramos al pasado (otro «colgante» incambiable) y reducimos nuestra ya baja autoestima.

Si escogemos echarle la culpa a Dios, cortamos nuestra única fuente de poder. La duda reemplaza a la confianza, y echamos raíces de amargura que pueden hacernos cínicos. Si culpamos a otros, agrandamos la distancia entre nosotros y ellos.... Nos conformamos con algo mucho menor de lo que Dios jamás propuso. Y encima de eso, ¡no encontramos alivio!

Afirme sus valores

¿Alguna vez ha considerado que la alegría es una elección que hace? ¿Qué le parecería elegirla hoy?

_____

_____

DÉ LA BIENVENIDA A LOS REPROCHES SABIOS

¡Una reprensión franca es mejor que amar en secreto!
PROVERBIOS 27:5

Escuchar la represión de un sabio es mucho mejor que entonar el canto del necio. Esa es la idea. La mayoría de nosotros no oímos las reprensiones del sabio. A veces el sabio es un jefe que trata de evaluar nuestro trabajo. En otras ocasiones es nuestro padre quien nos sienta a su lado, en uno de esos encuentros cara a cara, y nos dice algunas cosas que necesitamos escuchar. Pero esas situaciones son difíciles de soportar.

¿Estamos escuchando la reprensión del sabio? A veces la reprensión del sabio viene de un excónyuge. O el sabio puede ser un pastor, un terapeuta, un médico o un abogado. Debemos estar abiertos y dispuestos a aprender de las represiones.

Diario de un viajero desesperado

¿Cuándo alguien le ha amado lo suficiente como para decirle una dura verdad?

_____

_____

_____

_____

_____

_____

OBSTINADO A VECES

No seas como el mulo o el caballo, que no tienen entendimiento,
que necesitan un freno y una brida para mantenerse controlados.

SALMOS 32:9

U sted ha oído que se habla de los hijos de Dios como ovejas. No es una mala comparación, considerando todas las opciones. La imagen evoca visiones de pastos verdes, aguas de reposo y un Pastor bondadoso, vigilando sobre el rebaño.

Pero Dios también se refiere a nosotros como mulas. A veces pienso que es una mejor analogía.

¡No sea como una mula obstinada! No sea terco cuando Dios le habla. No luche contra Él, ni le resista continuamente. No persista en alejarse corriendo de Dios de modo de que no pueda hablarle. No le obligue a enlazarlo antes de permitirle que lo acerque.

¿Porque resistimos a un Dios tan magnífico que nos ama? ¡No tiene sentido!

Moisés, un hombre de dedicación total

Piense en su actitud últimamente. ¿Se parece a una oveja que permanece cerca del Pastor o a una mula obstinada?

_____

_____

_____

_____

_____

Cultivando hijos seguros

El hombre que ama la sabiduría hace feliz a su padre.
Proverbios 29:3

Si un padre me preguntara: «¿Cuál es el mejor regalo que pudiera darle a nuestro hijo pequeño?» Le respondería rápidamente: un espíritu sensible. Esto es especialmente raro entre padres ocupados que viven bajo las exigencias de los horarios atiborrados, constantemente batallando con la tiranía de lo urgente. Sin embargo, mi consejo para usted sería, dele a su hijo o hija el tiempo que se necesita para descubrir cómo es él o ella. Ayude a su hijo a saber quién es él o ella. Hable de esas cosas con sus hijos. Ayúdeles a conocerse para que puedan aprender a amarse y aceptarse a sí mismos tal como son. Entonces conforme ellos pasan a una sociedad que parece dedicada a darles otra forma, ellos seguirán fieles a sí mismos, seguros en su andar independiente con Dios.

He empezado a darme cuenta de que las personas seguras, maduras, se describen mejor en quince palabras. Ellos saben quiénes son… Les gusta lo que son… y ellos son lo que son. Ellos son *auténticos*.

Growing Wise in Family Life (Creciendo en sabiduría en la vida familiar)

¿Qué características específicas ha puesto Dios en sus hijos? ¿Les está ayudando a ellos ver y aceptar estas características?

_____

_____

_____

_____

LA FLOR MÁS LINDA

Señor, mi corazón no es orgulloso; mis ojos no son
altivos. No me intereso en cuestiones demasiado
grandes o impresionantes que no puedo asimilar.

SALMOS 131:1

La humildad genuina no es algo que podemos anunciar con facilidad. Otorgarse esta virtud es, por regla general, perderla. La humildad es la flor más linda y más rara que florece. ¡Póngala en exhibición e instantáneamente se marchita y pierde su fragancia! . . . No, la humildad no es algo que se anuncia. Simplemente pertenece a la vida de uno, al diario privado de nuestro andar con Dios.

Dios dice que hay dos maneras sencillas y rápidas en las que se revela la verdadera condición del corazón. La primera es por los ojos y la segunda es por la boca (Lucas 6:45). . . . Los consejeros entusiastas y las personas sabias escuchan con atención las palabras (lo que se dice tanto como lo que *no* se dice) y observan los ojos de los demás. Pronto se descubre que el corazón es como un pozo y los ojos y la lengua son como baldes que sacan agua de ese pozo. Si en el corazón no hay verdadera humildad, los ojos lo mostrarán.

Living Beyond the Daily Grind (Viviendo más allá de la rutina diaria)

¿Cómo interactúa con las personas que le rodean? ¿Tiene ojos que son altivos o humildes?

_____

_____

_____

Dios es Todo en Todo

El corazón del rey es como un arroyo dirigido por
el Señor, quien lo guía por donde él quiere.
Proverbios 21:1

D ios gobierna, Dios reina. Dios y solo Dios. Su camino es correcto. Y conduce a Su gloria.

En lo profundo de los corazones de los hombres y mujeres, aun cuando la mayoría nunca lo reconocería, está el entendimiento de que en realidad no tenemos la respuesta final. Hay una pequeña cláusula escondida en los profundos recovecos de la mayoría de las mentes pensantes que dice: «Tiene que haber un Dios, después de todo».

Cuando tomamos esto como el futuro final para la humanidad, Dios está soberanamente a cargo. Un segundo después de morir, los hombres y mujeres que han rechazado y resistido al Señor por años entrarán a la eternidad. Un segundo. . . y no tendrán absolutamente ninguna posibilidad de determinar su futuro. La soberanía de Dios pasa a sus vidas y establece Su decreto: «Para que Dios sea todo en todos» (1 Corintios 15:28 rv60).

El misterio de la voluntad de Dios

¿Hay alguien en su vida que necesita que le recuerden que Dios es todo en todos? ¿Tal vez es usted?

_____

_____

_____

_____

DEJE QUE DIOS EDIFIQUE SU CASA

Si Jehová no edificare la casa, en vano trabajan los que la edifican.
SALMOS 127:1

Aquí está la idea. Durante esos meses y años tempranos tan importantes del matrimonio, asegúrese que el Señor su Dios es el corazón y centro de su familia. Si no es así, toda la experiencia es un estudio en futilidad; un esfuerzo desperdiciado, vacío, contraproducente. Todo será en vano. Dios no tiene en mente un hogar que cuelga un montón de lemas religiosos en las paredes, o una pareja que simplemente va a la iglesia con regularidad y eleva una oración fugaz antes de las comidas, o pone una Biblia grande en la mesa en la sala. No, el ingrediente esencial es «el Señor».

Una familia empieza con pie derecho cuando Jesucristo está en cada vida, esposo y esposa han nacido de nuevo, y cuando la sombra alargada de Su señorío penetra en esa relación. Cuando una pareja hace de Cristo una parte vital de su vida, en los términos del salmo, es entonces cuando «el Señor edifica la casa».

Afirme sus valores

Independientemente de cuánto tiempo haya estado casado, o incluso si es soltero, no es demasiado tarde para pedirle al Señor que construya o reconstruya su casa.

_____

_____

_____

_____

NADA AYUDA COMO LA ESPERANZA

Mantengámonos firmes sin titubear en la esperanza que afirmamos, porque se puede confiar en que Dios cumplirá su promesa.
HEBREOS 10:23

La esperanza es un regalo maravilloso de Dios, una fuente de fortaleza y valor frente a las pruebas más duras de la vida.

Cuando estamos atrapados en un túnel de desdicha, la esperanza señala la luz al final.

Cuando estamos agotados y exhaustos, la esperanza nos da energía fresca.

Cuando estamos desalentados, la esperanza eleva nuestro espíritu.

Cuando nos vemos tentados a renunciar, la esperanza nos mantiene avanzando.

Cuando luchamos con una enfermedad debilitante o una enfermedad que persiste, la esperanza nos ayuda a perseverar más allá del dolor.

Cuando tememos lo peor, la esperanza nos trae recordatorios de que Dios sigue en control.

Cuando nos vemos obligados a tomar asiento y esperar, la esperanza nos da paciencia para confiar.

Dicho en forma sencilla, cuando la vida duele y los sueños se esfuman, nada ayuda tanto como la esperanza.

El poder de la esperanza

¿Se está aferrando fuertemente a la esperanza en este momento? ¿Qué promesas está confiando que Dios cumplirá?

LA BÚSQUEDA DE LA FELICIDAD

Pues, para mí, vivir significa vivir para Cristo y morir es aún mejor.

FILIPENSES 1:21

Cuando el dinero es nuestro objetivo, vivimos con el temor de perderlo, lo que nos hace paranoicos y suspicaces.

Cuando la fama es nuestro objetivo, nos volvemos competitivos a fin de que otros no nos superen, lo que nos hace envidiosos.

Cuando el poder y la influencia nos impulsan, nos volvemos egocéntricos y obstinados, lo que nos hace arrogantes.

Y cuando las posesiones se convierten en nuestro dios, nos volvemos materialistas, pensando que su creciente nunca será suficiente, lo que nos hace avaros.

Todas estas búsquedas hacen caso omiso del contentamiento. . . y la alegría.

Solo Cristo puede satisfacer, sea que tengamos o no, seamos conocidos o desconocidos, si vivimos o morimos. . . . La búsqueda de la felicidad es el cultivo de una vida Cristo céntrica, controlada por Cristo.

Sonríe otra vez

¿Está persiguiendo cosas que se pueden soltar y tomar o está buscando la satisfacción encontrada solo en Cristo?

_____

_____

_____

_____

MANO A MANO

Entonces, háganme verdaderamente feliz poniéndose de acuerdo de todo corazón entre ustedes, amándose unos a otros y trabajando juntos con un mismo pensamiento y un mismo propósito.
FILIPENSES 2:2

Solo cuando les *cuento* a otros las experiencias de mi vida es que puedo disfrutarlas y soportarlas con mayor agrado. Eso fue lo que hicieron los primeros creyentes. Aprendieron rápidamente que la supervivencia iba mano a mano con el compañerismo.

Como ve, tener una relación personal exige estar en comunión con otros, y eso no se puede hacer muy fácilmente a un brazo de distancia. Implica ponerse en contacto, sentir los dolores, ser un instrumento de estímulo y sanidad. Hay que derribar las cercas. Es preciso quitarse las máscaras. Es preciso poner letreros de bienvenida fuera de la puerta. Hay que duplicar y repartir las llaves de la cerradura de nuestra vida. Es preciso bajar los puentes que permiten que otros crucen el foso y luego compartan nuestras alegrías y nuestras tristezas.

¡Baje la guardia!

¿Cuáles son sus temores relacionados con el compañerismo? ¿Necesita soltarlos y permitirse ser conocido?

_____

_____

_____

_____

LA VIDA BENDECIDA

Bienaventurados los de limpio corazón, porque ellos verán a Dios.

MATEO 5:8 LBLA

Q ué quiere decir *bienaventurado*? Algunos dicen que es casi un sinónimo de «dichoso», pero es mucho más profundo que eso. . . . La palabra griega que traduce «bienaventurado» se usaba para describir dos condiciones diferentes. Primero, se le usaba para describir al. . . rico que, en virtud de sus riquezas, vivía por encima de los cuidados y preocupaciones normales de los menos favorecidos. Segundo, el término también se usaba para describir la condición de los dioses griegos que, debido a que tenían todo lo que deseaban, existían en un estado increíble de bienestar, satisfacción y contentamiento.

Al repetir esa misma palabra al grupo de Sus seguidores leales y de corazón sencillo, [Jesús] les aseguró que cualidades envidiables tales como el deleite, el contentamiento, la satisfacción y. . . el gozo eran de ellos para que los hicieran suyos. . . . Dios prometió que al echar a un lado todo el equipaje extra que acompaña la hipocresía religiosa y el estilo de vida orientado al desempeño, recorremos el camino que lleva a la paz interna. Al hacerlo así, llegamos a ser «bienaventurados».

Una fe sencilla

¿No se alegra que es la pureza y no el desempeño lo que trae bendición? ¿Cómo sería una vida bendecida para usted?

_____

_____

_____

HAGA EL BIEN QUE PUEDA

No dejes de hacer el bien a todo el que lo merece,
cuando esté a tu alcance ayudarlos.

PROVERBIOS 3:27

El finado ministro y autor inglés, Matthew Henry escribió: «Donde sea que nos ponga la providencia de Dios, debemos desear y procurar ser útiles; y, cuando no podamos hacer el bien que queremos debemos estar listos para hacer el bien que podamos. Y aquel que es fiel en lo poco se le confiará más».

Ese pensamiento me conmueve. Si no se puede hacer el bien que se *quisiera*, hay que hacer el bien que se *pueda*. Usted tal vez haya tenido grandes planes en su vida, sueños de ligas mayores que no se han realizado. Usted iba a escribir un éxito de librería, pero las oportunidades simplemente no se le han presentado. ¿Está dispuesto a escribir para el boletín de su iglesia?

Tal vez usted quería enseñar en un seminario o instituto bíblico, pero las presiones de la vida lo llevaron en una dirección diferente. ¿Está dispuesto a enseñar en una clase de estudio bíblico?. . . Tal vez usted esperaba ser misionero. . . pero por alguna razón u otra, esa puerta nunca se abrió. . . . ¿Está dispuesto a trabajar con personas menos favorecidas en su propia ciudad?

Moisés, un hombre de dedicación total

¿Se ha estado esforzando por hacer grandes cosas y ha fallado en hacer cosas buenas? ¿Qué bien puede hacer donde Dios le tiene?

Dios tiene el control

No te dejes impresionar por tu propia sabiduría.
En cambio, teme al Señor y aléjate del mal.
PROVERBIOS 3:7

Lo que a menudo parece que ha llegado para quedarse... puede ser aterradoramente temporal. Cuando Dios dice: «Se acabó; abajo el telón», es solo cuestión de tiempo. Es la perspectiva de todo esto lo que nos mantiene unidos. Nuestro Dios tiene el control completo. Él no permite que nada se le escape de Su mano.

Sin embargo, nuestro Señor no es un Dios tirano que anda pisando fuerte por el cielo como el gigante de *Juan y la mata de habas*, enarbolando un garrote y esperando asestarnos tremendo garrotazo en la cabeza. No. Más bien es como si Él nos dijera: «Tú eres Mío, y quiero que andes conmigo. He dispuesto un plan para que tu andar conmigo resulte en un estilo de vida recto. Si tomas la decisión de no andar conmigo, también he dispuesto las consecuencias que sucederán y que tendrás que vivir con ellas».

Sí, la vida es corta. Sí, nuestros pecados son obvios. ... Pero en lugar de pensar que estos días son tan inútiles como vaciar cestos de basura, vea el significado de ellos a la luz del plan de Dios. ... Él tiene una manera de equilibrar lo bueno con lo malo.

Cómo vivir sobre el nivel de la mediocridad

¿Encuentra libertad al saber que Dios tiene el control? ¿Qué todo lo que debe hacer es seguir Sus pasos?

_____

_____

NUESTRA TAREA ES OBEDECER

Pero que se alegren todos los que en ti se refugian;
que canten alegres alabanzas por siempre.
SALMOS 5:11

Mientras usted recorre el camino de la confianza, experimentará situaciones que simplemente desafían toda explicación. Cuando mira hacia atrás, después del hecho, nunca podría haberse figurado un mejor plan. A veces parece extraño, misterioso... incluso ilógico. Permítame asegurarle que Dios está obrando. Sucederán cosas que parece que son totalmente contradictorias, pero son arreglos de Dios. Fue un día maravilloso cuando finalmente me di cuenta de que no tengo que explicar o defender la voluntad de Dios. Mi tarea es simplemente obedecerla.

Es un desperdicio de tiempo tratar de desentrañar las obras inescrutables de Dios. Usted jamás podrá hacerlo. Eso es simplemente la manera en que Dios obra. Él honra la fe y la obediencia. Dios honrará su fe cuando usted confía en Él y camina en obediencia. Y cuando usted confía en Él por completo, disfrutará quietud y seguridad interna. Tendrá la confianza segura de que está caminando en la voluntad de Dios. Y la paz de Dios le rodeará.

Perfect Trust (Confianza perfecta)

¿Se ha causado estrés tratando de entender los caminos de Dios? ¿Qué pasaría si aceptara que algunas cosas no son suyas para saberlas?

_____

_____

UNA BODEGA DE PROMESAS

Estaba la promesa que Dios. . . hizo: «Ciertamente te bendeciré
y multiplicaré tu descendencia hasta que sea incontable».
HEBREOS 6:13–14

E l Libro de Dios es una verdadera bodega de promesas; más de siete mil de ellas. No son sueños y ni esperanzas vacías, ni tampoco pensamientos que suenan lindo, expresados elocuentemente, que hacen que uno se sienta abrigado, sino promesas. Garantías verbales por escrito, firmadas por el mismo Creador, en las cual Él declara lo que hará o que se abstendrá de hacer cosas específicas.

En un mundo de mentirosos, engañadores, farsantes y embusteros, ¿no es un alivio saber que hay alguien en quien se puede confiar? Si Dios lo dijo, usted puede contar con eso. A diferencia de la retórica de los políticos que prometen cualquier cosa que quieran oír para conseguir que los elijan, lo que Dios dice, Dios lo hace.

The Finishing Touch (El toque final)

¿Alguna vez le ha defraudado alguien en quien creía que podía confiar? ¿No es un consuelo saber que Dios es un cumplidor de promesas?

_____

_____

_____

_____

_____

UN CIMIENTO INMOVIBLE

Aunque un ejército poderoso me rodee, mi corazón
no temerá. . . permaneceré confiado.
SALMOS 27:3

E l término hebreo que David utilizó en este salmo y que se traduce como «confiado» no quiere decir confianza propia ni valentía, hablando humanamente. En el hebreo significa «confiar, estar seguro, tener seguridad». Su equivalente árabe es pintoresco: «postrarse sobre la cara, yacer sobre el suelo». El punto aquí es que la fuente de la confianza y la estabilidad de David no era su propia fuerza, sino la del Señor. Dios era el único cimiento para su estabilidad como de roca. ¡Qué cimiento más inquebrantable!

Cuando la presión sube, cuando una oleada de temor invita al pánico, ¿a quién acude usted?

Living Beyond the Daily Grind (Viviendo más allá de la rutina diaria)

¿A qué enemigos o desafíos se enfrenta hoy? ¿Está confiando en el fundamento inquebrantable del Señor?

_____

_____

_____

_____

_____

_____

USTED ES INTERÉS PERSONAL DE DIOS

Cuando la vida de alguien agrada al Señor, hasta
sus enemigos están en paz con él.
PROVERBIOS 16:7

S abe una cosa? Dios se interesa personalmente por las cosas que nos preocupan. Dios se preocupa más por ellas de lo que nosotros nos preocupamos: esas cosas que se atascan en nuestra mente como pensamientos hostigosos, que duelen, que preocupan.

Moisés tuvo algunos pensamientos que le preocupaban y le agobiaban. ¿Recuerda por qué salió de Egipto...? Huyó para salvar su vida. El faraón y algunos de los hombres estaban buscando a Moisés, para matarlo (Éxodo 2:15). Luego, cuarenta años después Dios le dijo a Moisés que volviera a Egipto (Éxodo 3-4). Naturalmente, Moisés se preocupó por los hombres de Egipto que querían su cabeza. Estaba renuente a volver. Pero una vez que accedió a la voluntad de Dios, dijo: «Señor, estoy disponible. Voy a confiar en Ti de todo corazón. No voy a apoyarme en mi propio entendimiento». Entonces, mientras todavía estaba en Madián, Dios le dijo: «Ah, por cierto, Moisés, ¿sabes de todos los hombres que te buscaban? Pues, ya están muertos». ¿No es eso asombroso? ¡Qué tremendo alivio!

Perfect Trust (Confianza perfecta)

¿Dios le está llamando a algo aterrador? ¿Confíe en que Él le cuida y sabe cómo cuidarle?

_____

_____

TODOS LOS MUROS CAEN FINALMENTE

Pues Cristo mismo nos ha traído la paz. . . derribó
el muro de hostilidad que nos separaba.
EFESIOS 2:14

Todos los muros caen. . . a la larga. Sin que importe cuán bien construido esté o cuánto tiempo haya tomado, el muro caerá. Puede ser tan intimidante como un gigante enojado o tan silencioso como el aire y tan invisible como la voluntad obstinada de una persona o el espíritu amargado de un individuo. Pero todos los muros finalmente caen.

Cualquiera que conozca, aunque sea un poco de historia sabe cuán cierto es eso. Hasta el día de hoy, las palas de los arqueólogos continúan desenterrando los muros caídos de los grandes imperios del mundo. Muros egipcios. Muros griegos. Muros romanos. Muros franceses. Muros alemanes. Muros rusos.

Todos los muros finalmente caen. Incluso los nuestros. Incluso los que se levantan contra nosotros. En el análisis final, ¡Cristo vence! . . . No hay muro tan grande que Él no sea incluso más grande.

Ester, una mujer de dignidad y fortaleza

¿Puede imaginar el muro que le separaba de Dios y la grandeza de Dios que pudo derribarlo?

_____

_____

_____

_____

UNA ACTITUD DE SATISFACCIÓN

No te desgastes tratando de hacerte rico. Sé lo
suficientemente sabio para saber cuándo detenerte.

PROVERBIOS 23:4

Para sorpresa de muchos, la Biblia habla bastante acerca del dinero. Habla acerca de ganar y gastar, ahorrar y dar, invertir e incluso desperdiciar nuestro dinero. Pero en cada uno de estos pasajes ni siquiera se acerca a sugerir que el dinero da la seguridad máxima.

Si hubiera un gran mensaje que pudiera dar a los que luchan con no tener abundancia de los bienes de este mundo, sería esta promesa sencilla y sin embargo profunda de felicidad. Por un momento, vayamos al revés, de derecha a izquierda.

Lo que constituye una gran riqueza no está relacionado con el dinero. Es una actitud de satisfacción («ya es suficiente») junto con la paz interior (la ausencia de preocupación) más un caminar día a día, momento a momento con Dios. Suena tan simple, tan correcto, tan bueno, ¿no? En nuestro mundo de más, más, más. . . empuja, empuja, empuja. . . agarra, agarra, agarra, este consejo está muy atrasado. En una palabra, el secreto está en el *contentamiento*.

Afirme sus valores

¿Es usted rico en las cosas que importan? ¿Cómo podría buscar más efectivamente el contentamiento y la intimidad con Cristo?

_____

_____

_____

ESPERANZA REVIVIDA

Pues a ti te espero, oh Señor. Tú debes
responder por mí, oh Señor mi Dios.
SALMOS 38:15

S i se nos quita nuestra riqueza, nos vemos impedidos. Si se nos quita nuestra salud, quedamos discapacitados. Si se nos quita nuestro propósito, nos movemos más lento, temporalmente confundidos. Pero si se nos quita nuestra esperanza, nos hundimos en la más profunda oscuridad... nuestros pasos se detendrán en seco, estaremos paralizados. Entonces comenzaremos a preguntarnos: «¿por qué?» «¿Hasta cuándo? ¿Acabará alguna vez esta oscuridad? ¿Sabe Dios dónde estoy?»

Entonces el Padre celestial dice: «Eso ya es suficiente», y ¡qué dulce es Él! Como flores en la nieve, el color largamente esperado vuelve a nuestra vida. El arroyo, en un tiempo congelado, comienza a deshelarse. La esperanza revive y nos baña.

Inevitablemente, la primavera llega después del invierno. Todos los años. Sí, incluyendo este.

The Finishing Touch (El toque final)

¿De qué manera la esperanza le ha permitido soportar las duras circunstancias de la vida? ¿A qué promesas se aferra en tiempos difíciles?

_____

_____

_____

LA URGENCIA DEL MOMENTO

Yo vengo pronto. Aférrate a lo que tienes,
para que nadie te quite tu corona.
APOCALIPSIS 3:11

Si usted vive a la luz del regreso de Cristo cada día de la vida, eso hace maravillas a su perspectiva. Si usted se da cuenta de que debe rendir cuentas por cada palabra ociosa y acción cuando comparezca ante el Señor Jesús, eso hará cosas asombrosas a su conducta. También le hace reconocer en cuántas actividades innecesarias participamos en esta tierra. Es algo así como reorganizar las sillas de la cubierta del Titanic. ¡No se moleste! ¡No se pierda en detalles insignificantes! ¡Jesús viene pronto! ¡Reconozca la urgencia y la sencillez del momento!

El poder de la esperanza

¿Cómo viviría, hablaría y trataría a los demás si supiera que hoy es el día del regreso de Cristo?

_____

_____

_____

_____

_____

_____

PLACER Y DOLOR

¡Confío en ti, mi Dios! No permitas que me avergüencen,
ni dejes que mis enemigos se regodeen en mi derrota.
SALMOS 25:2

E s imposible pasar por la vida sin experimentar momentos en los
que uno no puede dejar de ver el camino a través de un valle
profundo. Tiempos cuando el paquete que se nos entrega por la
puerta de atrás viene en el feo envoltorio de muerte o de aflicción o
de enfermedad o incluso divorcio.... John Selden, un jurista y erudito
británico, lo dice incluso más contundentemente: «El placer no es otra
cosa que el interludio del dolor».

Tal vez usted se halle disfrutando del interludio. Tal vez usted
esté sonriendo hoy. Tal vez su corazón está alegre y contento. Tal vez
las respuestas a la oración han venido en forma hermosa y deliberada.
Usted se deja llevar por el deleite. Pero también es muy posible que
usted se esté viendo atrapado por las garras de la aflicción. A lo mejor
está atravesando algunos de los días más duros de su vida. A lo mejor
se está preguntando: «*¿Por qué? ¿Por qué yo? ¿Por qué esta prueba?*»

Cuando usted persevera en la prueba, Dios le da una medida
especial de perspectiva. Usted se vuelve receptor del favor de Dios
cuando Él le da algo que usted no aprendería de otra manera.

Perfect Trust (Confianza perfecta)

¿Sus lecciones más importantes le han llegado en momentos de
placer o en momentos de dolor? ¿Por qué cree que esto es así?

_____

_____

Mire al cielo

Pues el Señor ve con claridad lo que hace el
hombre; examina cada senda que toma.
Proverbios 5:21

Dios es cabal en Su conocimiento. . . . Ni un solo detalle escapa de Su atención. . . . Él sabe todo en cuanto a nosotros. Somos un libro abierto delante de Él. Es más, Dios es inmutablemente fiel. Y sin embargo deliberadamente nos sorprende con tareas difíciles, muertes prematuras o inesperadas, trabajos que se pierden y circunstancias desalentadoras en el camino, incluso mientras estamos en el núcleo de Su voluntad. Digámoslo tal como es, es un misterio.

En donde quiera que se encuentre en este peregrinaje llamado vida, en donde quiera que esté trabajando, en donde quiera que esté en su situación doméstica, en cualquier punto en que pueda estar en cuanto a edad, salud, o estilo de vida, Dios puede estarlo preparando para una gran sorpresa a fin de hallarlo fiel. En lugar de huir de Él, permítame sugerirle lo opuesto: corra *hacia* Él. . . . Mire al cielo y dese cuenta de que este arreglo está preparado en forma soberana para su bien y para la gloria de Dios.

El misterio de la voluntad de Dios

¿Qué pasaría si viera las pruebas de hoy como oportunidades para ser hallado fiel? ¿Cómo puede acercarse a Dios en medio de ellos?

_____

_____

Tierno y tolerante

La sabiduría fluye del sabio como un arroyo burbujeante.
PROVERBIOS 18:4

George Washington Carver, un científico norteamericano dijo: «Hasta donde llegues en la vida depende de que seas tierno con los jóvenes, compasivo con los viejos, muestres simpatía al que se esfuerza y seas tolerante con los débiles y los fuertes. Porque algún día en la vida tú habrás sido todo esto».

He admirado estas palabras durante años. Reflejan una perspectiva que se olvida fácilmente en una atiborrada agenda de demandas y fechas límites. Es fácil en tal escena quedarse miope, pensar que ahora es para siempre. Pero los que sostienen una estrecha comunión con la sabiduría tienden a ser más tiernos, compasivos, compresivos y tolerantes que aquellos cuyo mundo gira alrededor de sí mismos.

Con la sabiduría viene profundidad y estabilidad. Cuando navegamos por la vida con las velas bien izadas y la sabiduría al timón, tal vez no esquivemos todas las tormentas, pero tendremos la fuerza para perseverar. Podemos enfrentar lo imprevisto sin temer hundirnos.

Growing Wise in Family Life (Creciendo en sabiduría en la vida familiar)

¿De qué manera sus experiencias de la vida le han dado más paciencia con otros que luchan y más perseverancia en medio de sus propias luchas?

_____

_____

LUZ PARA EL SENDERO

Tu palabra es una lámpara que guía mis
pies y una luz para mi camino.
SALMOS 119:105

Un temor saludable de Dios hará mucho para impedir que pequemos. Cuando tenemos un temor apropiado del Señor viviente, viviremos una vida más limpia. Cualquier persona que ha nacido de nuevo y que peca voluntariamente ha bloqueado momentáneamente su temor de Dios. Usted y yo podemos hacer eso. Cuando nos dedicamos activamente al pecado, conscientemente dejamos de lado lo que sabemos que es la verdad acerca de Dios. Suprimimos el conocimiento de Él en nuestros corazones y mentes. Nos mentimos a nosotros mismos diciendo: «Saldremos adelante. A Dios no le importaba esto tanto».

Debo decir que este saludable temor del Todopoderoso ha resultado faltante en nuestra era. Y cuando está ausente, pensamos que podemos hacer lo que se nos antoje. Usted puede vivir como se le antoje si sabe que nadie lo ve y que no lo van a descubrir. Pero si, en el fondo, usted sabe que hay un Dios vivo y Santo que no va a permitir que usted se salga con la suya en cuanto al pecado, usted evadirá el pecado a toda costa.

Moisés, un hombre de dedicación total

¿Cuándo ha sido tentado a desviarse de la voluntad de Dios, pero la convicción del Espíritu le mantuvo en el camino correcto?

ESCOJA SU ACTITUD

Los que confían en su propia inteligencia son necios,
pero el que camina con sabiduría está a salvo.
PROVERBIOS 28:26

E sto tal vez le sorprenda, pero pienso que la decisión singular más significativa que puedo tomar día tras día es mi selección de actitud. Es más importante que mi pasado, mi educación, mi cuenta bancaria, mis éxitos o fracasos, fama o dolor, lo que otros piensen de mí, o digan de mí, mis circunstancias o mi posición. La actitud me mantiene avanzando o estorba mi progreso. Ella sola alimenta mi fuego o ataca mi esperanza. Cuando mis actitudes son las debidas, no hay barrera demasiada alta, ningún valle demasiado profundo, ningún sueño demasiado extremo, ni ningún reto demasiado grande para mí.

Sin embargo, debemos admitir que gastamos mucho más de nuestro tiempo concentrándonos y afanándonos por las cosas que no se pueden cambiar, que prestando atención a lo único que podemos cambiar: nuestra elección de actitud.

Afirme sus valores

¿Permite que las preocupaciones diarias de la vida determinen su actitud, o elige la paz y el gozo que son suyos en Cristo?

_____

_____

_____

_____

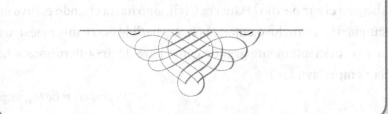

AGOSTO

USTED PERDIÓ; OLVÍDELO

Por lo tanto, acéptense unos a otros, tal como Cristo los
aceptó a ustedes, para que Dios reciba la gloria.
ROMANOS 15:7

S i usted no se sale con la suya, supérelo, y siga con su vida. Si no logra lo que quiere en una votación en la iglesia, olvídelo. La votación ya se hizo (si la iglesia tiene integridad, la votación se manejó con equidad), ahora déjelo. Simplemente avance. Y no repase la pelea o la votación año tras año. La obra de Dios se estanca cuando no somos lo suficientemente maduros como para aceptarlo y decir: «¡Perdimos!»

Habiéndome criado en el sur de los Estados Unidos de América, no sabía que el sur perdió la Guerra Civil, sino hasta cuando estuve en la secundaria. . . e incluso entonces era debatible entre mis maestros.

Sea lo suficientemente grande como para decir: «¡Perdimos!» La gracia siempre ayudará.

El despertar de la gracia

¿Ha sido un mal perdedor en su vida? ¿Hay algo que deba dejar ir y superar?

_____

_____

_____

_____

_____

LA ALEGRÍA COMPARTIDA ES ALEGRÍA DOBLE

Es mejor ser dos que uno, porque ambos pueden
ayudarse mutuamente a lograr el éxito.
ECLESIASTÉS 4:9

Hay un antiguo refrán sueco que he visto en muchas cocinas: «la alegría compartida es alegría doble. La tristeza compartida es la mitad de la tristeza». . . . El secreto de la supervivencia no es simplemente disfrutar de las alegrías de la vida y soportar sus tristezas; está en compartir ambos con los demás.

Adquirimos perspectiva al tener a alguien a nuestro lado. Tenemos objetividad. Tenemos valor en situaciones amenazadoras. El tener a alguien cerca modera nuestro dogmatismo y ablanda nuestra intolerancia. Adquirimos otro parecer. Adquirimos lo que hoy, en nuestro mundo técnico, se llama «entrada».

En otras palabras, es mejor no trabajar ni vivir la vida solos. Es mejor no ministrar solos. Es mejor tener a alguien al lado nuestro en la batalla. Por esta razón, en mis días en la marina, se nos enseñó que, si se daba la orden «a cavar», debíamos cavar un agujero en donde cupieran dos.

Diario de un viajero desesperado

En una sociedad que a veces promueve el individualismo y el aislamiento, ¿qué está haciendo para mantener el compañerismo con otros creyentes?

_____

_____

Dios nunca nos hace descarriar

Guíame por el camino correcto, oh Señor...
allana tu camino para que yo lo siga.
Salmos 5:8

L a voz de Dios no es nada difícil de escuchar. Es más, uno casi tiene que cerrar los ojos y taparse los oídos para perdérsela. Dios a veces nos grita mediante nuestro dolor, nos susurra cuando estamos descansando de vacaciones, ocasionalmente nos canta una canción y nos advierte mediante los sesenta y seis libros de Su Palabra escrita. Está allí mismo, con tinta y sobre el papel. Cuente con eso; ese libro nunca le hará descarriar.

Además de Su fuente infalible de sabiduría, Él le ha dado asesores sabios, amigos, conocidos, padres, maestros y mentores que se han ganado su cariño y respeto a través de largos años. Examine lo que usted piensa que es la voluntad de Dios mediante sus pensamientos, sus perspectivas. ¿Crece su convicción en cuanto a la dirección a la que se dirige, o está viendo muchas banderas rojas y letreros de precaución? Antes de hacer un cambio serio en su vida, tenga mucho cuidado de que es la voz de Dios, y que es el llamado de Dios lo que está oyendo.

Moisés, un hombre de dedicación total

¿Se ha preguntado recientemente por qué Dios no está hablando en cierta situación? ¿Podría ser que simplemente no le gusta lo que Él está diciendo?

CONOCIENDO A SU HIJO

Dirige a tus hijos por el camino correcto, y cuando
sean mayores, no lo abandonarán.

PROVERBIOS 22:6

En lo que tiene que ver con criar hijos, cultivar un hogar fuerte en donde la felicidad y la armonía puede florecer, hay un punto primario de partida: *conocer* a su hijo. Esa es la noción más profunda, el único secreto más útil que puedo darle sobre el tema de criar hijos.

No piense que simplemente porque usted concibió, esperó y finalmente dio a luz a su pequeño, automáticamente conoce a su hijo. Tampoco puede decir que conoce a su hijo o hija solo porque viven en la misma casa. Debo decir, categóricamente, que *no le conoce.* Conocer al hijo o hija exige tiempo, observación cuidadosa, estudio diligente, oración, concentración, ayuda de lo alto y, sí, sabiduría. Note que no incluyo en esta lista un alto coeficiente de inteligencia ni algún curso en alguna universidad. Los dos ingredientes esenciales son deseo y tiempo. Si realmente quiere conocer a su hijo o hija, y si está dispuesto a invertir el tiempo, Dios honrará sus esfuerzos y le permitirá conocer a su hijo.

Growing Wise in Family Life (Creciendo en sabiduría en la vida familiar)

¿Su agenda actual de actividades le da tiempo para simplemente conocer a su hijo? ¿Es necesario que la conversación reemplace el entretenimiento?

_____

_____

UN LUGAR PARA LA ORACIÓN

Por lo tanto, que todos los justos oren a ti.
SALMOS 32:6

Nunca subestime el lugar de la oración. . . . Estoy convencido de que una de las razones por las que somos tan flojos en la oración es porque nunca hemos preparado un lugar en el cual encontrarnos con Dios. Cuando uno quiere acercarse al corazón de Dios, tiene que alejarse del ajetreo, de la confusión, del ruido y las distracciones. . . . Usted necesita un lugar aparte; un lugar en el que pueda separarse usted mismo de las distracciones de la vida diaria y encontrarse, a solas, con Dios.

Entonces, sea específico en su vida de oración. Si necesita un trabajo, ore por un trabajo. Si es ingeniero, pídale a Dios que abra un cargo de ingeniería para usted, o algo relacionado para lo cual usted esté calificado. . . . Si necesita cierta cantidad de dinero para su colegiatura, pídale esa cantidad. Si algún temor lo tiene en sus garras, mencione ese temor y pida específicamente alivio del mismo. . . . «Necesitamos», como solía decir uno de mis mentores, «protegernos del lodo viscoso de lo indefinido».

Ore de manera específica en sus oraciones.

Elías, un hombre de heroísmo y humildad

¿Es culpable de oraciones genéricas y poco entusiastas? ¿Qué necesidad específica necesita traerle al Señor hoy?

ALEGRÍA EN TODOS NUESTROS DÍAS

Si alguien llega a la ancianidad, que disfrute de cada día de vida.

ECLESIASTÉS 11:8

La felicidad es para hoy. Hay alegría disponible ahora. No nos deja esperando. La felicidad no es algo que secretamente se abre para nosotros cuando cumplimos cincuenta y cinco años, o cuando alcanzamos alguna meta, o encontramos al cónyuge apropiado. La felicidad es para *hoy*. Está ligada inseparablemente al Señor viviente.

Un libro doctrinal de la iglesia presbiteriana empieza con la pregunta: «¿Cuál es el principal fin del hombre?» La respuesta a esa pregunta es familiar para muchos: «El fin principal del hombre es amar a Dios y disfrutar de Él para siempre». No simplemente servirle, no simplemente obedecerle, no simplemente ofrecerle sacrificios, no simplemente entregarnos a Él, sino disfrutar de Él: «reírse por la vida con Él». Sonreír en Su presencia. Disfrutar de Él para siempre incluye mucho más de lo que la mayoría creería.

La felicidad debe impregnar todos los años de nuestra vida. No tenemos que esperar hasta que lleguemos a alguna edad mágica en la que se nos permite abrir una rendija de la puerta y en silencio deslizarnos al campo de la felicidad. Está allí para que la disfrutemos todos nuestros días.

Diario de un viajero desesperado

¿Está usted actualmente disfrutando de Dios? ¿Por qué podría estar poniendo su felicidad en espera?

_____

_____

¿DESEOS EGOÍSTAS O LOS DESEOS DE DIOS?

El fuego prueba la pureza del oro y de la plata,
pero el Señor prueba el corazón.
PROVERBIOS 17:3

Hágase usted mismo tres preguntas sobre el discipulado:
Al pensar en las decisiones principales que ha tomado recientemente durante los pasados seis a ocho meses, ¿han agradado ellas al Señor o han alimentado su ego?

¿Ha empezado usted a llevar delante del Señor sus metas personales y deseos, o ha alimentado su ego?

¿Está en realidad dispuesto a cambiar esas metas si, al orar por ellas, el Señor le guía a hacerlo?

El discipulado rehúsa dejarnos patinar por la vida salpicando por aquí y por allá unos pocos comentarios religiosos mientras vivimos como nos da la gana. Y nos dice: «No puede haber relación personal más importante para ti que la que tienes con Jesucristo». Y también dice: «Cuando fijes tus metas y deseos en la vida, di que no a las cosas que solo acarician tu ego, y di que sí a las cosas que profundizaran tu entrega a Cristo».

Afirme sus valores

¿Puede pensar en un momento en que, después de orar, el Señor cambió su corazón sobre un asunto?

_____

_____

_____

MISERICORDIA MÁS ALLÁ DE LA DESDICHA

Él muestra misericordia de generación en
generación a todos los que le temen.
LUCAS 1:50

Un amigo mío muy querido permaneció junto a su esposa por casi un año mientras ella moría de cáncer en los ovarios. Me contó que en algunas ocasiones el Señor le dio un misericordioso alivio al dolor. Dijo que era casi como si un ángel de misericordia estuviera volando en el cuarto. Cuando sufrimos las consecuencias de un trato injusto hay misericordia de Dios. Cuando soportamos la aflicción de la pérdida, hay misericordia. Cuando luchamos con las limitaciones de una discapacidad, hay misericordia. Cuando sentimos dolor físico, hay misericordia. Todas estas luchas terrenales que ocurren no son accidentes. Dios está en medio de ellas, obrando Su voluntad soberana. Sí, es un misterio, lo que quiere decir que necesitamos misericordia especial para soportar la angustia y desdicha del dolor.

El misterio de la voluntad de Dios

¿Cuándo le ha permitido la misericordia del Señor soportar el dolor y perdida terrenal?

_____

_____

_____

_____

_____

CULTIVANDO LA BELLEZA INTERNA

El encanto es engañoso, y la belleza no perdura, pero la
mujer que teme al Señor será sumamente alabada.
PROVERBIOS 31:30

La belleza externa es efímera. La belleza interna es eterna. La primera es atractiva ante el mundo; la otra agrada a Dios. Pedro describe esta belleza interna como «un espíritu tierno y sereno» (1 Pedro 3:4). Esto se pudiera parafrasear como «una tranquilidad gentil». Sin duda, esta es la cualidad más poderosa de cualquier mujer: verdadero carácter. Y tal carácter viene desde adentro —de la persona que hay profundamente en el corazón— porque usted sabe quién es, y sabe que a quién adora y sirve, es al Señor Jesucristo.

El adorno externo no exige mucho tiempo. Sé que hay mujeres que lo hacen en pocos minutos al salir para el trabajo por la mañana. . . pero requiere toda una vida prepararse y cultivar a la persona oculta en cada corazón.

El poder de la esperanza

En un mundo que celebra la belleza externa, ¿cómo está cultivando una belleza interior que agrada al Señor?

_____

_____

_____

_____

_____

LA IMAGEN DEL HIJO DE DIOS

El Señor, quien es el Espíritu, nos hace más y más parecidos a
él a medida que somos transformados a su gloriosa imagen.
2 CORINTIOS 3:18

Tal vez usted nunca se ha detenido a pensar que Dios se ha comprometido a un objetivo principal en las vidas de todos los suyos: conformarnos a la «imagen» de Su Hijo. Necesitamos sacudir el polvo de esa meta eterna ahora que nuestra jaula está atiborrada y nuestras vidas están distanciándose cada vez más unas de otras.

Exactamente, ¿qué quiere nuestro Padre celestial desarrollar en nosotros? ¿Qué es esa «imagen» de Su Hijo? Pienso que la respuesta sencilla se encuentra en las propias palabras de Cristo. Escuchen mientras Él declara la razón primordial de Su venida: «Porque ni aun el Hijo del Hombre vino para ser servido, sino para servir, y para dar su vida en rescate por muchos» (Marcos 10:45).

Nada de palabrería. Una admisión clara y directa. Vino para servir y dar. Tiene sentido, entonces, decir que Dios desea lo mismo en nosotros.

¡Baje la guardia!

¿Cuánto de su tiempo y recursos se dedican a servir a los demás en lugar de sí mismo? ¿Sus actividades le hacen más como Cristo?

_____

_____

_____

UN PLAN PERFECTO

Jesús dijo: «¡Todo está cumplido!». Entonces
inclinó la cabeza y entregó su espíritu.
JUAN 19:30

Aunque hombres no creyentes clavaron a Jesús a la cruz, la crucifixión ocurrió «por el plan predeterminado y el previo conocimiento de Dios» (Hechos 2:23 LBLA). Fue exactamente en el momento y en el lugar y por los medios que Dios había determinado. Y lo que les pareció misterioso a los once confundidos discípulos, así como también injusto (humanamente hablando, era todo lo anterior y más), Dios lo miró y dijo: «¡Eso es lo que yo había planeado! Esa es la misión que Mi Hijo vino a realizar».

Por eso las palabras finales de Jesús desde la cruz antes de morir fueron «¡Todo está cumplido!» El plan divino de redención había quedado completo: el pago de Jesús por nuestros pecados. Y entonces Él se entregó a la muerte.

El misterio de la voluntad de Dios

¿Qué significa para su vida que Cristo cumplió lo que vino a hacer? ¿Qué no hay forma de detener el plan perfecto de Dios?

_____

_____

_____

_____

_____

VELAS IZADAS HACIA LA ALEGRÍA

El corazón contento alegra el rostro.

PROVERBIOS 15:13

He descubierto que una cara alegre no tiene nada que ver con la edad de uno ni la ocupación de uno (o la falta de la misma), o la geografía de uno, o la educación, o el estado civil, o la buena apariencia, o las circunstancias. . . . La alegría es una decisión. Es cuestión de actitud que brota de la confianza que uno tiene en Dios de que Él está obrando, que tiene todo el control y que Él está en medio de lo que sea que ha sucedido, está sucediendo, o va a suceder. O fijamos nuestras mentes en eso y decidimos reírnos de nuevo, o lloramos y nos lamentamos a lo largo de la vida, quejándonos de que nunca recibimos un trato justo. Nosotros somos los que conscientemente determinamos qué camino tomaremos.

Sin que importe cuán fuertemente puedan soplar los vientos de la adversidad, despleguemos nuestras velas hacia la alegría.

Sonríe otra vez

¿Ha experimentado alegría en los momentos más inverosímiles? ¿Qué le dice esto acerca de la naturaleza del gozo?

_____

_____

_____

_____

_____

LA VOLUNTAD PARA HACER LA VOLUNTAD DE DIOS

Padre nuestro que estás en el cielo, que sea siempre santo tu nombre.
MATEO 6:9

Meramente al repasar las primeras líneas del Padre Nuestro, ganamos un respeto renovado. . . un sentido saludable e integral de reverencia por nuestro Dios y Padre Todopoderoso. En lugar de hacernos huir y escondernos con miedo, yo hallo que tal respeto asombroso hace que yo quiera acercarme más a Él, esperar quietamente que Él obre. Así que le animo a que usted reduzca su paso, a que se acerque a Su «nombre santificado» por completo. ¡Dedíquele tiempo! Dele el respeto que se merece. Espere en Dios. A su vez, Él le dará una visión más clara. Es más, ablandará su voluntad y le hará querer saber y hacer la voluntad de Él.

Una fe sencilla

¿Cuánto tiempo le dedica a la oración cada día? ¿Qué actividades puede acortar o eliminar para dedicar más tiempo a sentarse en la presencia de Dios?

_____

_____

_____

_____

_____

CORAZONES SENSIBLES

Pues la clase de tristeza que Dios desea que suframos
nos aleja del pecado y trae como resultado salvación.
No hay que lamentarse por esa clase de tristeza.

2 CORINTIOS 7:10

Puede usted mencionar personas hoy que parecen escuchar con atención a Dios: ¿Personas cuyos corazones son sensibles en forma especial al Espíritu Santo? Casi puedo garantizarle que son hombres y mujeres que saben lo que es estar quebrantados y lastimados. Tienen las cicatrices para demostrarlo.

Tal vez al leer estas palabras usted lleva las marcas de una semana carnal, día tras día en los cuales usted ha hecho lo que se le antoja y ha entristecido al Espíritu de Dios. Ahora llega a estas páginas con desesperación para cambiar de corazón; para aprender de Dios y renovar su comunión con Él. ¿Se da cuenta de lo que ha sucedido? Su fracaso le ha dado un espíritu sensible, enseñable. Ha roto la barrera del orgullo en su vida. Es lo que Pablo llamó una «tristeza según Dios» (2 Corintios 7:10).

Moisés, un hombre de dedicación total

¿Cómo sabe si es convicción o condenación? ¿Le está acercando o alejando de Dios? La tristeza según Dios le acerca más.

_____

_____

_____

DÉ TODO LO QUE TENGA

El temor del Señor es la base de la sabiduría. Conocer
al Santo da por resultado el buen juicio.
PROVERBIOS 9:10

Si usted es de los creyentes que en realidad quiere el propósito completo de Dios, entonces no se atreva a dejar de lado el compromiso del reino. Eso quiere decir que hay que investigar sus motivos. Por ejemplo, cada vez que usted planea adquirir una posesión considerable, un auto, un bote costoso, una casa y cosas así, debe consultarlo primero con el Señor y preguntarse: ¿Es esta Su voluntad? ¿Le honrará esto? ¿Le glorificará esto a Él?

¿Estoy sugiriendo que haga un voto de pobreza? No, no es eso. Mi mensaje no es que usted pase hambre y renuncie a todo lo bonito. Simplemente digo que le entregue el *control* de esas cosas. Dele al Señor Dios todo lo que tiene y confíe en que Él le devolverá todo lo que usted necesita.

Cómo vivir sobre el nivel de la mediocridad

¿Están sus posesiones al servicio de los propósitos de Dios o de su placer? ¿Necesita reevaluar los motivos detrás de sus compras?

_____

_____

_____

_____

VISIÓN, VITALIDAD Y VICTORIA

Que la integridad y la honestidad me protejan,
porque en ti pongo mi esperanza.
SALMOS 25:21

Los pensamientos son el termostato que regula lo que realizamos en la vida. Mi cuerpo reacciona y responde a lo que mi mente dice. Si alimento mi mente con dudas, incredulidad y desaliento, ese es precisamente el tipo de día que mi cuerpo experimentará. Si ajusto mi termostato hacia adelante con pensamientos llenos de visión, vitalidad y victoria, puedo contar con esa clase de día.

Los pensamientos positivos o negativos se fortalecen cuando se los abona con repetición constante. Eso tal vez explica por qué tantos que están tristes y taciturnos siguen en ese talante. . . y por qué los que son alegres y entusiastas continúan siéndolo.

Usted necesita solo un capataz en su fábrica mental; Señor Triunfo es Su nombre. Él está con ganas de ayudarle. . . . Su verdadero nombre es Espíritu Santo, el Ayudador.

The Finishing Touch (El toque final)

¿Cómo regula lo que entra en su mente? ¿Está evaluando y separando constantemente la basura del evangelio?

_____

_____

_____

_____

CORAZONES PARA CONFIAR, MENTES PARA DESCANSAR

Entrégale tus cargas al Señor, y él cuidará de ti; no permitirá que los justos tropiecen y caigan.
SALMOS 55:22

Dios nos ha confiado mucho. Él sabe que podemos hacer todas las cosas por Su gracia, así que Él confía en que nosotros confiemos en Él. Sin embargo, Él sabe nuestros temores también, de otra manera no nos garantizaría tan a menudo Su propósito y Su presencia.

Si nos sentimos lastimados y solos; Dios nos asegura que Él se interesa.

Si nos sentimos furiosos y resentidos; Dios provee la sabiduría y fuerza.

Si nos sentimos avergonzados; Dios concede perdón y consuelo.

Si nos sentimos llenos de ansiedad; Dios promete suplir todas nuestras necesidades.

Qué Dios nos dé oídos para oír, corazones para confiar y mentes para descansar en Él. ¡Nuestro Dios es singular y completamente digno de confianza!

Perfect Trust (Confianza perfecta)

¿Qué carga necesita entregarle al Señor? ¿Confía en Él para que la lleve por usted?

_____

_____

_____

LENTAMENTE PERO SEGURO

*De algo pueden estar seguros: el Señor ha separado para sí
a los justos; el Señor me responderá cuando lo llame.*

SALMOS 4:3

En dónde se encuentra hoy en su propio peregrinaje? ¿Está descontando la importancia de sus días? ¿Está suspirando en lugar de cantar? ¿Se pregunta qué bueno puede salir de todo aquello con lo que tiene que vivir?

Tendemos a pensar que, si Dios en realidad interviniera, Él cambiaría las cosas en la próxima hora o algo así. Ciertamente antes de que se ponga el sol. Absolutamente antes de que se acabe la semana. Pero Dios no es el esclavo del reloj humano. Comparado con las obras de la humanidad, Él es extremadamente deliberado y dolorosamente lento. Como el poeta religioso George Herbert sabiamente escribió: «El molino de Dios muele lentamente, pero seguro».

La mano de Dios no es tan corta que no pueda salvar, ni tampoco Su oído tan pesado que no pueda oír. Sea que usted le vea o no, Él está obrando en su vida en este mismo momento. Dios se especializa en convertir lo mundano en significativo. . . . Uno de mis amigos de toda la vida, a menudo dice con una sonrisa: «Dios se mueve entre los guisos».

Ester, una mujer de dignidad y fortaleza

¿Hay algo por lo cual ha estado orando durante años? Dios siempre está obrando entre bastidores.

_____

_____

ALABANZA Y ADORACIÓN

Tu amor inagotable es mejor que la vida misma; ¡cuánto te alabo!
SALMOS 63:3

La alabanza es un aspecto profundamente significativo de nuestra relación personal, y perdemos mucho si la ignoramos. . . . *Alabamos* a Dios al expresarle palabras de honor por Su carácter, Su nombre, Su voluntad, Su Palabra, Su gloria, etcétera.

Esposo, cuando usted estaba cortejando a su esposa, ¿puede recordar haber hecho esto? Usted miraba el cabello de ella. . . y expresaba admiración por su cabello. Usted la elogiaba por su belleza, su selección de perfume y ropa y su excelente gusto. . . . La admiración surgía naturalmente porque era una parte genuina, estimulante del romance. De paso, ¡espero que no haya *dejado* de admirarla! Su esposa aprecia grandemente que la admire, y de igual manera nuestro Señor.

La alabanza debe brotar desde adentro. La alabanza es un aspecto de la adoración; adoración dirigida de Dios.

Living Beyond the Daily Grind (Viviendo más allá de la rutina diaria)

¿Cuánto de su tiempo de oración se dedica simplemente a alabar? Tómese un momento y simplemente adore al Señor.

_____

_____

_____

_____

_____

NOS NECESITAMOS LOS UNOS A LOS OTROS

Efectivamente, hay muchas partes, pero un solo cuerpo.

1 CORINTIOS 12:20

Nadie es una cadena completa. Cada uno es un eslabón. Pero quítese un eslabón, y la cadena queda rota.

Nadie es un equipo completo. Cada uno es un jugador. Pero quítese un jugador y el juego se pierde.

Nadie es una orquesta entera. Cada uno es un músico. Pero quítese un músico y la sinfonía queda incompleta.

Lo adivinó. Nos necesitamos unos a otros. Usted necesita de alguien y alguien necesita de usted. No somos islas aisladas.

Para hacer que esto que se llama vida funcione, tenemos que apoyarnos y respaldarnos, relacionarnos y responder, dar y tomar, confesar y perdonar y extendernos y abrazar.

The Finishing Touch (El toque final)

¿Quién en su vida le hace más como Cristo? ¿De qué manera el compañerismo con otros creyentes enriquece su vida?

_____

_____

_____

_____

_____

_____

SÓLIDA COMO PIEDRA

Porque Dios los compró a un alto precio. Por lo
tanto, honren a Dios con su cuerpo.
1 CORINTIOS 6:20

L as personas comprometidas viven con estacas poco profundas. Pueden poseer sus propias cosas, pero nada los posee a ellos. Se han puesto de acuerdo con mercadería que tiene una etiqueta de precio y han optado por el compromiso a los valores que no tienen precio.

Negarse a uno mismo no es lo mismo que perder la singularidad de uno y convertirse en algo sin valor. Han habido grandes personas en toda generación que han modelado la negación propia al hacer contribuciones significativas a la humanidad.

Por años enseñé que debemos «considerar el costo». Parecía posible. Pero de repente, un día, se me ocurrió que Jesús ni una sola vez les dijo a Sus seguidores que consideraran el costo. No; Él es el que ya había hecho eso. Es el Rey que ya ha determinado lo que se necesita para enfrentar y triunfar sobre los enemigos de la vida. Y, ¿qué es lo que se necesita? Unos pocos campeones fuertes, con mente de calidad, cuya dedicación sea sólida como piedra.

Cómo vivir sobre el nivel de la mediocridad

¿Ha aprendido a aferrarse a las cosas de este mundo? ¿Qué considera más valioso en su vida?

_____

_____

¿ES CORRECTO EL MOTIVO?

*Más vale tener poco, con el temor del Señor, que tener
grandes tesoros y vivir llenos de angustia.*
PROVERBIOS 15:16

La *fortuna* dice que para tener éxito uno necesita ganar bastante dinero. ¿Por qué otra razón la lista de la revista Fortune 500 se gana los titulares todos los años? Cualquiera que se considera como exitoso debe tener más dinero que la persona promedio.

Comprenda que no hay nada de malo con el dinero que se gana honradamente. Por cierto, no hay nada de malo con invertir, o dar, o incluso gastar dinero, si el motivo es correcto, y si el corazón es puro. Pero todavía tengo que descubrir a alguien que haya encontrado verdadera felicidad sencillamente al acumular más dinero. Aunque el dinero no es pecado ni sospechoso en sí mismo, no es lo que produce contentamiento duradero, ni realización, ni satisfacción.

El poder de la esperanza

¿Conoce a alguien que sea rico e insatisfecho? ¿Pobre y contento? ¿Cambia la forma en que ve las riquezas terrenales?

UNA SERIE DE MOMENTOS

¡Libra a tu siervo de pecar intencionalmente! No permitas
que estos pecados me controlen. Entonces estaré libre
de culpa y seré inocente de grandes pecados.
SALMOS 19:13

L a vida en la tierra en realidad no es más que una serie de
momentos, uno tras otro. Y no quiero que mi testimonio por
Jesucristo quede destrozado por un solo momento de debilidad de mi
carne. No quiero que *un momento* de cólera, orgullo o arrogancia, eche
una sombra sobre toda una vida de andar con mi Señor. Francamente,
temo esa posibilidad. Y, ¿sabe? Quiero temer esa posibilidad. Cuando
dejo de temerla, corro grave peligro.

La versión de la Biblia, Dios Habla Hoy, traduce de esta manera
la oración de David (Salmos 19:13): «¡Libra a tu siervo de pecar
intencionalmente! No permitas que estos pecados me controlen.
Entonces estaré libre de culpa y seré inocente de grandes pecados».

¡Qué gran oración! «Señor, Tú sabes mi capacidad de echar todo
por la borda en un solo acto necio y carnal. ¡Impídelo! Restríngeme.
Guárdame de arruinarlo todo en un horrible momento de cólera o
lujuria. Si Tú me guardas y me cuidas, Señor, nunca tendré que mirar
hacia atrás y lamentar haber cometido tal acción».

Moisés, un hombre de dedicación total

¿Es consciente de su capacidad para el pecado? ¿Cómo puede
orar específicamente para que el Señor le proteja de si mismo?

_____

_____

DIOS ES MÁS GRANDE QUE NUESTRAS EXCUSAS

Después oí que el Señor preguntaba: «¿A quién enviaré como mensajero a este pueblo? ¿Quién irá por nosotros?».

ISAÍAS 6:8

Todos tenemos excusas para descalificarnos nosotros mismos del servicio a Dios.

- «No tengo buena salud física».
- «Tengo problemas con mi mal genio».
- «No puedo hablar bien en público».
- «No tengo mucha educación».
- «¡Mi pasado es demasiado vergonzoso!»
- «Como ve, estoy divorciada».
- «Una vez estuve en un hospital mental».

Y así, la lista sigue, y sigue. . . . Pero Dios es más grande que cualquiera de esas razones. Dios se especializa en tomar instrumentos lastimados, sucios, rotos, culpables y desdichados y hacerlos completos, perdonados y útiles de nuevo.

Como ve, la perspectiva de Dios es mucho más amplia que la nuestra.

Afirme sus valores

¿Hay algo en usted o en su pasado que cree que le descalifica para el servicio de Dios? Puede ser justo lo que Dios usa.

_____

_____

DEJE DE CORRER ASUSTADO

Me gozaré y me alegraré en tu amor inagotable, porque has visto
mis dificultades y te preocupas por la angustia de mi alma.
SALMOS 31:7

U sted tal vez esté atravesando una prueba tan abrumadora que
casi está al borde de lo insoportable. Usted quiere ver el fin del
túnel. Lo cual es natural, porque una vez que vemos esa diminuta luz,
sentimos que podemos avanzar hasta el final. Pero los túneles de Dios
a menudo tienen curvas, y son demasiado complejos y oscuros como
para ver la luz por muchos días. En tales escenarios Él dice: «En ese
tiempo oscuro, con curvas, al parecer interminables, confía en Mí.
¡Deja de correr asustado! ¡Deja de temer!»

Perfect Trust (Confianza perfecta)

¿Qué oscuridad está experimentando en este momento? ¿Está
confiando en las promesas de Dios?

_____

_____

_____

_____

_____

_____

_____

LA ORACIÓN ES DEVOCIÓN PRIVADA

Ora a tu Padre en privado. Entonces, tu Padre,
quien todo lo ve, te recompensará.
MATEO 6:6

La oración nunca es algo que hacemos para que se vea. Pierde todo el propósito si se vuelve una plataforma para impresionar a otros. La oración es un acto privado de devoción, y no una demostración pública de santidad. Según Jesús, pertenece al clóset de nuestras vidas, un acto que se hace en secreto.

Cristo nunca vio a la oración como suplicar, o rogar, o martillar el trono de Dios. No, el Padre conoce a Sus hijos, y sabe lo que necesitamos. Por consiguiente, no hay razón para pensar que conectarse con Él requiere palabras especiales repetidas con exceso.

La oración nunca tuvo la intención de que sea una maratón verbal solo para los elegidos. . . no es charla en código para los clérigos o una exhibición pública de santidad. Nada de eso. La oración auténtica —la clase de oración que Jesús mencionó y modeló— es realista, espontánea, es comunicación con los pies sobre la tierra con el Señor viviente que resulta en un alivio de ansiedad personal y una seguridad calmada de que nuestro Dios está en pleno control en nuestras circunstancias.

Afirme sus valores

¿Lucha con las palabras correctas cuando ora? ¿Será que lo está haciendo más complicado de lo que Dios pretendía?

_____

_____

UN CARGO QUE NO PODEMOS LLENAR

Así que dejemos de juzgarnos unos a otros.
ROMANOS 14:13

Cada uno de nosotros pertenece al mismo Señor. Cuando dejamos de dictar, es fácil que otros maduren a medida que siguen la dirección del Señor.

Dejar en libertad a otros quiere decir que nunca asumimos un cargo para el que no llenamos los requisitos. Esto, en una frase, es suficiente para impedir a cualquiera que juzgue a otro. No estamos calificados. Nos falta pleno conocimiento. Cuán a menudo hemos saltado a conclusiones erradas, y dicho afirmaciones de crítica, solo para darnos cuenta más tarde cuán fuera de base estábamos. . . y desear que pudiéramos cortarnos la lengua. ¿Qué nos impide estar calificados para juzgar?

No sabemos todos los datos.

Somos incapaces de leer los motivos.

Es imposible ser totalmente objetivos.

Nos falta ver «el cuadro en grande».

Vivimos con puntos ciegos.

Tenemos prejuicios y una perspectiva nebulosa.

Sobre todo, nosotros mismos somos imperfectos e inconscientes.

El despertar de la gracia

¿Se encuentra reteniendo la gracia de los demás y olvidando la enorme cantidad de gracia que ha recibido?

_____

_____

UNA PERSPECTIVA POSITIVA

Entonces me di cuenta de que no hay nada mejor para la gente que ser feliz con su trabajo. Ese es nuestro destino.

ECLESIASTÉS 3:22

Por lo general podemos hacer muy poco para cambiar nuestra suerte. Solo podemos cambiar la reacción a nuestra suerte. No podemos cambiar nuestro pasado, por ejemplo. No importa cuán brillante somos, nuestros pasados están fraguados en cemento. No podemos borrarlos. Pero podemos aprender hoy a ver a nuestro pasado desde la perspectiva de Dios, y usar las desventajas de ayer en nuestra vida; hoy y para siempre.

Usted y yo constantemente nos encontramos con personas sumergidas en la lástima por sí mismas. Están irremediablemente perdidas en el pantano de la vida. Y todas pueden decirle lo malo que fue esto, o lo injusto que fue ella, o como alguien rompió una promesa, o como aquel hombre se fue y «me dejó sola con los hijos», o que aquel individuo rompió una asociación y «me quitó hasta los calcetines», y así por el estilo y más y más.

Pero Salomón dice, en efecto: «Sugiero que no hay nada mejor que el que busques una ventaja y entonces permanezcas en ella. Haz de eso el mensaje de tu vida. ¿Quién sabe qué impacto tendrá eso?»

Diario de un viajero desesperado

¿Se encuentra enfocándose en las heridas del pasado y reviviéndolas una y otra vez? En cambio, ¿cómo puede redirigir sus pensamientos?

LOS CAMINOS DE DIOS
DESAFÍAN LA EXPLICACIÓN

¡Oh profundidad de las riquezas de la sabiduría y de la ciencia de Dios! ¡Cuán insondables son sus juicios, e inescrutables sus caminos!
ROMANOS 11:33

Cuán. . . *inescrutables sus caminos!*» Tal vez usted haya llegado a descubrir esto en su propia experiencia. Usted ha tratado de «rastrear el camino del Señor» y no puede lograrlo. Ha tratado de sondear sus «insondables» caminos y no puede. Simplemente la suma no sale. Arruina su microprocesador. Usted ha empezado a andar con Dios como nunca antes en su vida, pero en esa senda de obediencia se ha cruzado con situaciones que sencillamente desafían toda explicación; usted ha encontrado situaciones que parecen ser contradictorias. Así es cómo Dios obra; ¡acéptelo! Tal vez no tenga sentido para usted por años. Pero eso está bien. Yo he llegado a darme cuenta de que yo no entendería los procesos divinos de pensamiento y procedimientos planeados, aun cuando Él se tomara el tiempo para explicármelos.

Fue maravilloso para mí el día cuando finalmente me di cuenta de que no tengo que explicar la voluntad de Dios. Esa no es mi tarea. Mi tarea es simplemente obedecerla.

Moisés, un hombre de dedicación total

¿Qué pasaría si decidiera estar bien sin saber lo que no estaba destinado a saber? ¿Qué nuevas libertades experimentaría?

_____

_____

LA IMPRESIÓN INDELEBLE DE LA MADRE

¡Por eso, alegra a tu padre y a tu madre!
Que sea feliz la que te dio a luz.
PROVERBIOS 23:25

No hay papel más influyente y poderoso en la tierra que el de la madre. Significativas como pueden ser las figuras públicas, políticas, militares, educativas, o religiosas, ninguna puede compararse al impacto que ejercen las madres. Sus palabras nunca se olvidan por completo, su toque deja una impresión indeleble y el recuerdo de su presencia dura toda la vida.

Abraham Lincoln tenía razón: «Nadie es pobre si tiene una madre piadosa». En lugar de atascarnos en lo negativo y recalcar cuánto se han alejado muchas madres de ese significativo llamamiento para forjar el futuro de nuestra nación, quiero presentar un desafío positivo. Señoras, esta es su hora… ¡su oportunidad única para remontarse! Una sociedad marital armoniosa y un sólido desinteresado compromiso con la maternidad nunca antes ha sido tan importante para usted o para nuestra nación. ¡Hablando de un desafío digno de su esfuerzo! A pesar de lo que tal vez haya oído, este papel es el más digno, el más influyente y el más satisfactorio de todo el mundo.

Growing Wise in Family Life (Creciendo en sabiduría en la vida familiar)

¿Se enorgullece de su papel como esposa y madre? ¿Capta la magnitud de su influencia en su familia?

_____

_____

DIOS PROVEE REFUERZOS

Oh Señor Soberano, tú eres el poderoso que me rescató.
Tú me protegiste en el día de la batalla.
SALMOS 140:7

Si usted determina vivir de acuerdo a las normas bíblicas, dé por hecho que su enemigo está procurando devorarlo. Usted se encontrará con los dardos del diablo. Alguien lo dijo de esta manera: «El que desea andar con Dios se mete justo en el crisol». Todos los que escogen la santidad viven en un crisol. Las pruebas *vendrán*.

Pero no todo está perdido. ¡Lejos de eso! Nuestra gran esperanza y seguridad es que Aquel que está en nosotros es mayor que el que está en el mundo. No enfrentamos un enemigo tan formidable que no podamos luchar contra él, o estar firmes y seguros en nuestra decisión. Nuestro Señor es el Dios de la esperanza. . . . Su línea de provisiones nunca se agota. Cuando Sus seguidores piadosos lo necesitan, Él está allí para suplir los refuerzos necesarios. Conforme usted libra la batalla, Dios provee para todas sus necesidades.

Moisés, un hombre de dedicación total

Mientras se esfuerza por vivir una vida santa, ¿dónde ataca más el enemigo? ¿Le está pidiendo al Señor que le proteja en esa área específica?

_____

_____

_____

_____

SEPTIEMBRE

NECESITAMOS DISCIPLINA

Si desprecias la crítica constructiva, acabarás en pobreza
y deshonra; si aceptas la corrección, recibirás honra.
PROVERBIOS 13:18

La *disciplina* es uno de los términos más detestados de nuestro tiempo. . . justo al lado de la *paciencia* y el *dominio propio*. Pero ¿ha notado cuán a menudo aparece en los testimonios de los que triunfan?

Estos son algunos usos clave de la disciplina:

Ningún corredor completa el entrenamiento o una carrera sin ella.

Ningún programa de pérdida de peso se mantiene sin ella.

Ningún cuerpo humano se mantiene en forma sin ella.

Ninguna mente se agudiza sin ella.

No se vence ninguna tentación sin ella.

Si usted quiere ponerle punto final a la mediocridad, reemplazar las excusas con una nueva determinación y la procrastinación con una perseverancia tenaz, usted necesita disciplina.

Day by Day with Charles Swindoll (Día a día con Charles Swindoll)

¿Le falta disciplina en alguna área de su vida? ¿Qué prácticas puede implementar para mejorar en esa área?

_____

_____

_____

_____

LA CARRERA HA COMENZADO

Observé algo más bajo el sol. El corredor más veloz no siempre gana
la carrera y el guerrero más fuerte no siempre gana la batalla.

ECLESIASTÉS 9:11

Siempre que observo el lugar donde yo vivo, observo a un número de personas que están persiguiendo lo que se llama la vida de éxito. Ellas dirían que, para triunfar en el mundo, la manera de triunfar es aumentar la velocidad, hacerse más fuerte, ser competitivo, pensar con más astucia, planear a largo plazo y tener una estrategia a futuro; emplee gente con las destrezas necesarias y la vida será un éxito. La carrera ha comenzado. Levántese más temprano, vaya a la cama más tarde. Haga del trabajo su prioridad. No se ponga sentimental por cosas como los hijos, el matrimonio, el hogar y la familia. Todo eso tendrá que esperar. . . . ¿Y la religión? Deje eso para las personas mayores y los predicadores.

La filosofía de nuestro día intentará absorbernos y convencernos de que, para triunfar, tenemos que correr más rápido. . . . Tenemos que ser más fuertes, y más competitivos, y más astutos, incluso más manipuladores. De otra manera, no tendremos éxito. . . . ¡No se lo crea!

Diario de un viajero desesperado

¿Se ha quedado atrapado en la mentalidad de cuanto más grande es mejor, más no es suficiente, que promueve este mundo? ¿Cómo puede comenzar a dar un paso atrás y reducir la velocidad hoy?

_____

_____

SAL Y LUZ

Ustedes son la sal de la tierra. . . . Ustedes son la luz del mundo.
MATEO 5:13–14

D ios nunca nos prometió un jardín de rosas. Dios nos dijo las cosas tal como son y admitió que la escena de este mundo no es «amiga de la gracia para ayudarnos a llegar a Él». No obstante, por extraño que parezca, Él pasó a decirles a un puñado de campesinos palestinos (y a todos los siervos piadosos de toda generación) que su influencia no sería nada menos que asombrosa. Serían «la sal de la tierra» y serían «la luz del mundo». ¡Y así lo seremos nosotros! Tan trascendental sería la influencia de los siervos en la sociedad, que su presencia sería tan significativa como la sal en la comida y la luz en las tinieblas. Ninguna es ruidosa o muy impresionante por fuera, pero ambas son esenciales. Sin nuestra influencia este viejo mundo pronto comenzaría a darse cuenta de nuestra ausencia. Aunque tal vez no lo admita, la sociedad necesita tanto la sal como la luz.

Desafío a servir

¿Cómo está siendo sal y luz para el mundo que le rodea? ¿En su hogar, comunidad, lugar de trabajo?

_____

_____

_____

_____

_____

La gran fidelidad de Dios

¡El fiel amor del Señor nunca se acaba! Sus
misericordias jamás terminan.

LAMENTACIONES 3:22

La misericordia del Señor nunca cesa.

La compasión del Señor nunca falla.

La fidelidad del Señor nunca disminuye.

Eso define la inmutabilidad de Dios, es una palabra difícil, pero significa que «Él no cambia». Él nunca se enfría en Su dedicación hacía nosotros. Él nunca rompe una promesa, ni pierde Su entusiasmo. Él se queda cerca de nosotros cuando anhelamos con celo la verdad, y se queda cerca de nosotros cuando rechazamos Su consejo y deliberadamente desobedecemos. . . . La fidelidad de Dios es incondicional, interminable e inquebrantable. Nada que hagamos puede disminuirla, y nada que dejemos de hacer puede aumentarla. . . . Por misteriosa que pudiera parecer una constancia tan increíble, es verdadera.

El misterio de la voluntad de Dios

¿Alguna vez ha experimentado la traición o el abandono de un ser querido? ¿Qué significa para usted saber que Dios es incapaz de tal cosa?

_____

_____

_____

_____

LA PERSEVERANCIA HALLA FAVOR ANTE DIOS

De modo que, si sufren de la manera que agrada a
Dios, sigan haciendo lo correcto y confíenle su vida a
Dios, quien los creó, pues él nunca les fallará.
1 PEDRO 4:19

Si usted es un empleado que trabaja duro, fiel, diligente, honrado, productivo, ágil, cuidadoso, y trabaja para un jefe que es beligerante, terco, miope y desagradecido, y si usted con paciencia soporta esa situación; entonces haya favor ante Dios.

Cuando usted soporta, exhibe la gracia. Y cuando exhibe la gracia para la gloria de Dios, usted puede revolucionar su lugar de trabajo o cualquier otra situación.

El propósito del creyente en la sociedad es dar gloria y honra al nombre de Cristo, y no ser tratado bien o tener una vida cómoda, o incluso ser feliz, por maravillosas que sean todas esas cosas.

Pero ¿por qué le están pasando estas cosas? Para que usted pueda seguir los pasos de nuestro Señor Jesús, quien sufrió por nosotros.

El poder de la esperanza

¿Cuándo ha sufrido por hacer lo correcto? ¿Cómo se siente saber que tal fidelidad agrada a Dios?

_____

_____

_____

_____

UNA LETANÍA INTERMINABLE

*Las palabras sabias producen muchos beneficios,
y el arduo trabajo trae recompensas.*

PROVERBIOS 12:14

Si bien pensamos que podemos ser inmunes a la interminable letanía de los comerciales de televisión, anuncios en línea, los artefactos y aparatos de nuestros amigos, la constante tentación para gastar, gastar, gastar, los creyentes tenemos que estar alerta en cuanto a la forma cómo Satanás nos tienta con lo temporal. Mencionaré unas pocas maneras para evitar el magnetismo de la caja registradora o de la tarjeta de crédito.

Peligro doctrinal. . . sustituir lo temporal por lo eterno.

Peligro personal. . . tratar de impresionar en lugar de proclamar la Palabra de Dios.

Peligro económico. . . gastar más de lo que uno tiene.

Peligro psicológico. . . . creer que lo que uno compra «lo arregla todo».

Haga de Hebreos 12:3 su meta: «Consideren a aquel. . . para que no se cansen ni pierdan el ánimo».

Day by Day with Charles Swindoll (Día a día con Charles Swindoll)

¿Alguna vez ha tomado el camino fácil y ha sufrido las consecuencias? ¿Deseaba simplemente haber hecho el trabajo requerido?

_____

_____

NI UN MOMENTO PERDIDO

*Así que tengan cuidado de cómo viven. No
vivan como necios sino como sabios.*
EFESIOS 5:15

Dios nos dice que no seamos necios, sino sabios, aprovechando al máximo nuestro tiempo, aprovechando toda oportunidad que se nos presente y usándola sabiamente.

Antes de cumplir 20 años, Jonathan Edwards, el brillante y piadoso teólogo y filósofo que llegó a ser el instrumento de Dios en el avivamiento del Gran Despertar del siglo XVIII, resolvió: «nunca perder ni un solo momento de tiempo, sino mejorarlo de la manera más provechosa posible». Eso es exactamente lo que hizo, usando bien los dones intelectuales que Dios le había dado. Entró en la Universidad de Yale a los trece años, y a los diecisiete se graduó en el primer lugar de su clase. A los veintiséis años era ministro de una de las congregaciones más grandes del estado de Massachusetts, en los Estados Unidos.

Seguir la voluntad de Dios requiere sabiduría, pensamiento claro, y, sí, incluso el buen sentido común.

El misterio de la voluntad de Dios

¿Está pasando sus días sabiamente y haciendo que cada momento cuente para la gloria de Dios?

LA DIFERENCIA DETERMINA LA DIFERENCIA

El amor que tengan unos por otros será la prueba
ante el mundo de que son mis discípulos.
JUAN 13:35

S i nuestro mensaje es un reflejo del mensaje del mundo, el mundo bostezará y seguirá su camino, diciendo: «¿Qué más hay de nuevo? He oído eso desde que nací». Pero si el estilo de vida del creyente, la motivación y sus respuestas son diferentes, el mundo no puede evitar tomar asiento y pensar:

¿Cómo es que yo no puedo dominar este hábito, pero él sí?

¿Por qué el amor de ellos es tan profundo y duradero, y el nuestro es tan superficial y variable?

¿Cómo es que ella puede perdonar y nunca guardar rencor, pero yo nunca puedo superar una ofensa?

¡Mire qué bondad y cortesía! Esta gente exuda de esas cosas. Me pregunto por qué.

Nunca he visto tal integridad. El tipo ni siquiera pensaría en tomar un centavo que no sea suyo.

¿Capta el mensaje? Es la diferencia lo que determina la diferencia.

Una fe sencilla

¿Vive de tal manera que hace que los demás se detengan y se den cuenta? ¿Cómo está viviendo de manera diferente a los que le rodean?

_____

_____

SOLITUD Y SERENIDAD

Afina tus oídos a la sabiduría y concéntrate en el entendimiento.
PROVERBIOS 2:2

Una inquietud interior crece en nosotros cuando rehusamos estar a solas [con Dios] y examinar nuestros propios corazones, incluidos nuestros motivos. A medida que nuestras vidas empiezan a recoger los escombros que acompañan a muchas de las actividades en las que participamos, podemos entrenarnos para seguir adelante, mantenernos activos y estar atareados en la obra del Señor. A menos que nos disciplinemos para retirarnos, para estar solos en el arduo trabajo del autoexamen en tiempos de soledad, la serenidad seguirá siendo solo un sueño distante. Cuán atareados podemos llegar a estar. . . y en consecuencia, ¡cuán vacíos! Decimos palabras con nuestros labios, pero en realidad no quieren decir nada. Nos encontramos traficando en verdades que no se viven. Fingimos espiritualidad.

Qué fácil es caer presa de charla insulsa, respuestas de cajón y actividades sin sentido. Nunca se supuso que debía ser así; pero, más a menudo que no, así son las cosas. Para romper el hábito, se requiere solitud. El arduo trabajo del autoexamen recurrente es absolutamente esencial.

Intimacy with the Almighty (Intimidad con el Todopoderoso)

¿Alguna vez se ha encontrado ocupado haciendo «cosas buenas» y, sin embargo, estresado e insatisfecho? ¿Reevalúa regularmente sus actividades para asegurarse de que sean lo que Dios desea?

_____

_____

¿FELICES PARA SIEMPRE?

El sufrimiento me hizo bien, porque me enseñó
a prestar atención a tus decretos.
SALMOS 119:71

F elices para siempre» pertenece al fin de los cuentos de hadas, y no en una descripción de la vida cristiana. La vida en Cristo es verdadera. No es plástica, no es vidrio catedral, no es sacarina, no es tierra de fantasía. En todos mis años de andar con el Señor, todavía tengo que encontrar un creyente que haya «vivido feliz para siempre». Por otro lado, he conocido a muchos grandes santos significativos que han soportado aflicción, perdida, desilusión, reveses, fracasos e increíble dolor a través de los años. He visto a muchos de estos mismos hombres, mujeres y. . . adolescentes aferrarse a su gozo, irradiar esperanza y sustentar un espíritu atractivo. . . incluso con el corazón destrozado. . . incluso a través de las lágrimas. . . incluso a las puertas de la muerte.

Si usted espera una semana sin tropiezos, sin faltas, amigo, va a esperar en vano. No hay tal cosa. Hasta que no aprendamos a sacar lecciones de las ocasiones de fracaso y pérdida, seguiremos repitiendo esos errores —hundiéndonos cada vez más en un agujero más profundo— en lugar de seguir adelante a medida que crecemos.

Moisés, un hombre de dedicación total

¿Le sorprendieron las pruebas que acompañan a una vida piadosa? ¿Es genuino con los demás al hablar de una vida de obediencia?

Cuando las cosas se ponen difíciles

Camino en rectitud, por senderos de justicia.
Proverbios 8:20

La visión es la capacidad de ver la presencia de Dios, de percibir el poder de Dios, de enfocar el plan de Dios a pesar de los obstáculos.

Cuando se tiene visión, la actitud personal se ve afectada. Nuestra actitud es optimista en lugar de ser pesimista. Nuestra actitud sigue siendo positiva en lugar de ser negativa. No tontamente positiva, como en una fantasía, porque está leyendo a Dios en las circunstancias. Así que, cuando una situación viene y le quita el suelo de debajo de los pies, uno no levanta los brazos y se entrega al pánico. No se da por vencido. Más bien, dice: «Señor, este es tu momento. Aquí es donde Tú te haces cargo. Tú estás en esto».

Esto no es otra cosa más que tener una firme creencia en el poder de Dios; tener confianza en otros alrededor de uno que están en batallas similares; y, sí, además tener confianza en uno mismo, por la gracia de Dios. Rehusar ceder a la tentación, al descreimiento y la duda. . . . Es aferrarse fuerte cuando las cosas se ponen difíciles.

Cómo vivir sobre el nivel de la mediocridad

¿Cuándo tuvo la tentación de renunciar pero en cambio eligió caminar fielmente con su Padre? ¿Qué beneficios resultaron de esa fidelidad?

EL LIBRO DE LIBROS

Adquirir sabiduría es amarte a ti mismo; los que atesoran el entendimiento prosperarán.

PROVERBIOS 19:8

Hay algo grandioso en las cosas antiguas que se conservan en buenas condiciones. Muebles viejos, ricos con el barniz de la edad y la historia, son mucho más interesantes que las cosas modernas e incómodas.

La Biblia es antigua también; muy antigua en verdad. Sus historias eternas por siglos han gritado: «¡Puedes lograrlo! ¡No renuncies... no te des por vencido!» Sus verdades, seguras y sólidas como piedra, dicen: «Todavía estamos aquí, esperando que se apropien de nosotras y nos apliquen». Sea que se trate de una advertencia de un profeta, la oración de un patriarca, el salmo de un poeta o un recordatorio retador de un predicador, el Libro de libros vive, ofreciéndonos nuevas perspectivas.

Aunque antiguo, nunca ha perdido su relevancia. Aunque aporreado, nadie jamás ha mejorado su contenido. Aunque viejo, nunca deja de ofrecer algo puro, algo sabio, algo nuevo.

The Finishing Touch (El toque final)

¿Aprecia la sabiduría antigua que se encuentra en la Palabra de Dios? ¿De qué manera sus mandamientos y promesas siguen siendo relevantes hoy?

_____

_____

Combustible espiritual

Vengan y escuchen mi consejo. Les abriré mi corazón y los haré sabios.
Proverbios 1:23

Lo que el combustible es para un automóvil, lo es el Espíritu Santo para el creyente. Él nos energiza para que sigamos en curso. Nos motiva a pesar de los obstáculos. Nos mantiene avanzando cuando el camino se pone difícil. Es el Espíritu quien nos consuela en nuestra angustia, que nos calma en ocasiones de calamidad, que se convierte en nuestro compañero en la soledad y la aflicción, que incentiva nuestra «intuición» a la acción, que llena nuestras mentes con discernimiento cuando estamos inseguros debido a cierta decisión. En resumen, es nuestro combustible espiritual. Cuando intentamos operar sin Él, o usar algún combustible sustituto, todos los sistemas se paran en seco.

Más cerca de la llama

¿Ha pasado por períodos en los que su vida de oración decayó y su estudio de las Escrituras sufrió? ¿Cómo afectó esto su capacidad para soportar las dificultades?

_____

_____

_____

_____

_____

HAGA BIEN LAS COSAS PEQUEÑAS

Pues su mandato es una lámpara y su instrucción es una luz;
su disciplina correctiva es el camino que lleva a la vida.

PROVERBIOS 6:23

Si usted quiere ser una persona con una visión grande, debe cultivar el hábito de hacer bien las cosas pequeñas. ¡Allí es cuando Dios pone hierro en sus huesos! . . . La prueba de mi llamamiento no es lo bien que hago ante el público el domingo; es con cuánto cuidado cubro las bases de lunes a sábado; cuando no hay nadie para chequearme, cuando nadie está mirando.

Cuando Dios desarrolla el carácter, obra en él toda una vida. Dios nunca anda apurado.

Es en el aula de la solitud y oscuridad que aprendemos a llegar a ser hombres y mujeres de Dios. Es de los maestros de la escuela de la monotonía y realidad que aprendemos a «hacerlo majestuoso». Aquí es cuando llegamos a ser, como David, hombres y mujeres conforme al corazón de Dios.

David, un hombre de pasión y destino

¿Cómo ha estado obrando Dios en usted tras bambalinas, en lugares que nadie más ve?

_____

_____

_____

_____

CONFIANZA SIN RESERVAS

Miren, Dios ha venido a salvarme. Confiaré en él y no tendré temor.
El Señor Dios es mi fuerza y mi canción; él me ha dado la victoria.
ISAÍAS 12:2

E l cristianismo es confiar en Cristo, no en uno mismo. La mayoría de las personas están tratando de alcanzar a Dios, encontrar a Dios, complacer a Dios mediante sus propios esfuerzos. Pero la confianza perfecta es descansar todo el peso de uno en otra cosa, y no en uno mismo. Es como apoyarse en muletas para que lo sostengan cuando uno se ha torcido un tobillo. Uno se apoya en ellas como si fueran la fuerza de uno. Proverbios 3:5-6 nos enseña «fíate de Jehová con todo tu corazón, Y no te apoyes en tu propia prudencia. Reconócelo en todos tus caminos, Y él enderezará tus veredas» (RV60).

En otras palabras, la fuerza viene de la perspectiva apropiada. El finado autor y teólogo norteamericano, Elton Trueblood lo dice de esta manera: «La fe no es creencia sin prueba, sino confianza sin reservas». La fuerza llega cuando escogemos confiar por completo, orar y alabar. Nuestras circunstancias tal vez no cambien, pero en el proceso nosotros sí cambiamos.

Perfect Trust (Confianza perfecta)

¿Está trabajando duro para agradar a Dios o confiando en la obra que Cristo ya ha hecho?

_____

_____

_____

JUSTO EL MENSAJE PRECISO

Hazme oír cada mañana acerca de tu amor
inagotable, porque en ti confío.
SALMOS 143:8

Escúchenme, víctimas del maltrato. Más importante aún, por favor escuchen la verdad de Dios. Él tiene cien diferentes mensajes para darle durante cien diferentes experiencias difíciles. Él sabe justo el mensaje preciso en el momento preciso, y todo lo que se necesita para recibirlo es un corazón sensible, obediente y confiado. No uno preocupado con la venganza, o la amargura, o la hostilidad, sino un corazón que dice: «Señor, Dios, ayúdame ahora; en este momento. Líbrame de mi propia prisión. Ayúdame a ver más allá de la oscuridad, a ver Tu mano. Mientras estoy destrozado, moldéame. Ayúdame a verte en esto».

Eleve esa oración. Convierta su prueba en confianza al mirar a Dios para que tiernamente use esa aflicción, esa situación difícil o ese abandono, para Su propósito.

En medio de todo esto, recuerde que Dios no le ha abandonado. Él no se ha olvidado de usted. Nunca se ha ido. Él entiende su corazón quebrantado.

José, un hombre de integridad y perdón

¿Qué promesas le brindan mayor consuelo en tiempos de dificultad? ¿Cuándo ha sentido la presencia de Dios durante un momento difícil?

_____

_____

UN DÍA EXTRAORDINARIO

Vendré a ti de repente, cuando menos lo
esperes, como lo hace un ladrón.
APOCALIPSIS 3:3

La mayoría de nuestros días empiezan más bien de forma predecible. Día tras día, en su mayor parte, pondríamos en nuestros diarios las mismas palabras: «nada extraordinario». Los días no empiezan con escritura divina en el cielo. . . los coros de ángeles nos despiertan con armonía celestial, combinando sus voces en el coro «Aleluya». . . . Sin embargo, los días que empiezan sin mayores novedades también pueden conducir a series increíbles, indescriptibles, de experiencias que hacen parar el corazón. Los días ordinarios, de hecho, pueden convertirse en extraordinarios.

¿Qué tal del día en que Jesús llegó? No hubo ningún ciudadano en Judea que se despertara esta mañana esperando que el día trajera a la población de Belén un suceso de tal envergadura para cambiar la vida.

Y, ¿qué tal del día. . . del retorno de Cristo? . . . Las amas de casa estarán de compras. Los aviones estarán decolando y aterrizando. . . . Entonces, de repente, en un abrir y cerrar de ojos, Cristo partirá el cielo, y el gran plan de Dios para el futuro de repente tomará escenario central. Puede ser mañana. ¡Puede ser hoy!

Ester, una mujer de dignidad y fortaleza

Cristo hizo Su aparición en un día ordinario, y Su segunda aparición será la misma. ¿Y que si es hoy?

_____

_____

SEÑOR, MANTENME BALANCEADO

¡No me des pobreza ni riqueza! Dame solo lo
suficiente para satisfacer mis necesidades.

PROVERBIOS 30:8

Mientras más años vivo, más me doy cuenta de la facilidad con que podemos caer en extremos. Lo veo por todas partes a mi alrededor, y a veces, para vergüenza propia, lo veo en mí mismo. Una oración principal mía, conforme envejezco, es: «Señor, ¡mantenme balanceado!»

Necesitamos un balance entre el trabajo y el juego, entre la bondad y la firmeza, entre esperar y orar, entre ahorrar y gastar, entre querer demasiado y esperar poco, entre una aceptación cálida y un discernimiento agudo, entre la gracia y la verdad.

Para muchos, la lucha con el desequilibrio no es un conflicto anual; es una lucha diaria. . . . El adversario de nuestras almas es experto en los extremos. Nunca se le acaban las maneras de empujarnos al límite. . . de hacernos ir tan lejos en un extremo que nosotros. . . echamos la perspectiva a los vientos.

Mientras más años vivo, más debo luchar con la tendencia de ir a los extremos. . . y más valoro el balance.

Living Beyond the Daily Grind (Viviendo más allá de la rutina diaria)

¿En qué áreas es más probable que su vida se desequilibre, y qué medidas de seguridad pone en marcha para evitarlo?

_____

_____

NADIE ES INSIGNIFICANTE

El camino de los justos es como la primera luz del amanecer, que brilla cada vez más hasta que el día alcanza todo su esplendor.
PROVERBIOS 4:18

Ha notado alguna vez de qué manera cada animal está singularmente adaptado para su medio ambiente y su forma de vida? En tierra, un pato se mueve sin ninguna elegancia en sus patas con membranas. En el agua, se desliza raudo como sobre vidrio. El conejo corre con facilidad y logra gran velocidad, pero nunca lo he visto nadando.

Dios lo ha puesto a usted en Su familia y le ha dado una cierta mezcla que lo hace único. ¡Ninguna mezcla es insignificante!

Esa mezcla le agrada a Él por completo. No hay ningún otro exactamente como usted. Eso debería agradarle a usted también.

Cuando usted opera en el campo de sus capacidades, usted sobresaldrá y todo el cuerpo de Cristo se beneficiará. . . y usted experimentará una increíble satisfacción.

The Finishing Touch (El toque final)

¿Cómo le ha dotado Dios específicamente, y cómo usas esos dones para darle gloria?

_____

_____

_____

_____

RINDEN CUENTAS UNOS POR OTROS

Si escuchas la corrección, crecerás en entendimiento.
PROVERBIOS 15:32

Los que rinden cuentas por lo general tienen cuatro cualidades:
Vulnerabilidad: son capaces de ser heridos, se les puede mostrar que se han equivocado, incluso lo admiten antes de que se les confronte.

Enseñabilidad: tienen una disposición para aprender, siendo rápidos para oír y responder a la represión, están abiertos al consejo.

Disponibilidad: son accesibles, tocables, se les puede interrumpir.

Honestidad: están comprometidos a la verdad sin que importe cuánto duela, y tienen la disposición para admitir la verdad sin que importe lo difícil o humillante que sea admitirla. Detestan todo lo falso o la mentira.

¡Esa es una lista dura! . . . Hoy necesitamos que otros nos exijan cuentas. A veces una opinión objetiva revelará un punto ciego. A veces tal vez necesitemos simplemente alguien que nos escuche y nos ayude a mantenernos mirando a nuestros objetivos. Simplemente recuerde nadie es una isla. Nos necesitamos unos a otros.

Cómo vivir sobre el nivel de la mediocridad

¿Quién en su vida tiene permiso para hacerle responsable? ¿Es transparente con ellos sobre sus luchas?

_____

_____

_____

Elogiando la valía personal

Las palabras de los justos son como una fuente que da vida. . . . Las palabras sabias provienen de los labios de la gente con entendimiento.
Proverbios 10:11, 13

Cuando le agradecemos a alguien por completar una tarea, expresamos nuestro aprecio. Pero cuando reconocemos y expresamos nuestra gratitud por lo que otros son: su carácter, sus motivos, su corazón, los estamos afirmando de manera personal. Una cualidad de la madurez es la capacidad de afirmar, y no únicamente apreciar.

Cuán fácil es ver a las personas (especialmente a familiares y compañeros de trabajo) como aquellos que completan tareas, pero una mentalidad orientada a la tarea es incompleta. Por importante que sea el aprecio por un trabajo bien hecho, eso también es incompleto. Las personas no son herramientas designadas para realizar un conjunto de tareas, sino seres humanos con alma, con sentimientos. Cuán esencial es reconocer y afirmar las cualidades ocultas, escondidas, que hacen del individuo una persona de valía y dignidad.

Sonríe otra vez

¿Cómo puede tomarse el tiempo para afirmar el valor y la belleza de las personas que le rodean?

_____

_____

_____

_____

HALLANDO SATISFACCIÓN

El camino de los justos conduce a la vida;
ese rumbo no lleva a la muerte.

PROVERBIOS 12:28

Las campañas de publicidad que surgen en el mundo comercial prometen mucho más de lo que pueden entregar. Sus intrigantes mensajes caen en cuatro categorías: fortuna y fama, poder y placer.

Fortuna. Fama. Poder. Placer. Los mensajes nos bombardean desde todas las direcciones. Pero, ¿qué falta en todo esto? Haga una pausa y hágase esa pregunta. ¿Hay algo muy significativo que está ausente aquí?

Claro que sí. Una dimensión vertical. No hay ni el menor indicio de la voluntad de Dios o de lo que le agrada, en la búsqueda acertada del éxito. Note también que nada en esa lista horizontal garantiza satisfacción o da alivio profundo en el corazón. Y en el análisis final, lo que la mayoría de la gente realmente quiere en la vida es contentamiento, realización y satisfacción.

El poder de la esperanza

¿Ha caído recientemente en la trampa de buscar la realización en los placeres o posesiones terrenales? Si es así, ¿cómo puede seguir el mejor camino?

_____

_____

_____

_____

Enfóquese primero en Dios

Daré gracias al Señor porque él es justo; cantaré
alabanzas al nombre del Señor Altísimo.
Salmos 7:17

Hay un misterio, un aura en el Dios viviente que está diseñada a obligarnos para confiar en Él, incluso cuando no podemos descifrarlo (lo cual ocurre la mayor parte del tiempo).

El misterio tiene un propósito, porque Su plan general es profundo.... Su plan no está diseñado para hacernos sentir cómodos; está diseñado para hacernos más como Cristo, para conformarnos a Su voluntad.

En esta vida tenemos opciones de enfoque. Podemos enfocarnos en nosotros mismos, podemos enfocarnos en nuestras circunstancias, podemos enfocarnos en otras personas, o podemos enfocarnos en Dios. Cuando uno piensa bíblicamente, se enfoca primero en Dios. Sin que importe lo que usted quiera, independientemente de las circunstancias en que usted se encuentre, sin que importe lo que otros digan o piensen, sin que importe lo que usted sienta Dios y solo Dios está realizando Su gran plan. Y al final de cuentas, ¡será fabuloso!

El misterio de la voluntad de Dios

¿Dónde está su enfoque hoy? ¿Están sus ojos puestos en Dios y solo en Dios?

_____

_____

_____

SALGA DE LA RUTINA

El corazón alegre es una buena medicina, pero el
espíritu quebrantado consume las fuerzas.
PROVERBIOS 17:22

Aunque nuestra semana laboral está reduciéndose y nuestro tiempo del fin de semana está aumentando, nuestra nación carece de paz interna. El tiempo libre externo no garantiza descanso interno, ¿verdad? Tiempo en nuestras manos, lo tenemos. Pero no tenemos un «reposo» significativo en el sentido bíblico del término.

La respuesta es hacer una ruptura radical con la rutina de la vida normal. Tengo un buen amigo que sugiere tomar diferentes clases de vacaciones: minivacaciones (¡dos minutos o más!). Cambie la rutina, amigo mío. Sople el polvo del aburrimiento de su calendario. Aflójese y sacúdase, y pruebe el sabor de la vida fresca. Estas son varias sugerencias para añadir «salsa» a su tiempo libre:

- Empiece a trotar o un programa de ejercicios.
- Compre una bicicleta y empiece a pedalear.
- Matricúlese en una clase local de arte.
- Empiece un nuevo pasatiempo.
- Cave en el jardín, o siembre un huerto pequeño.

Afirme sus valores

¿Cuándo fue la última vez que hizo algo fuera de lo común solo por el placer de hacerlo? ¿Qué mini-vacaciones se puede tomar hoy?

_____

_____

DIOS REINA SOBRE TODO

El Señor dirige nuestros pasos, entonces, ¿por qué tratar de entender todo lo que pasa?
PROVERBIOS 20:24

Deténgase y piense por un momento en la palabra *soberanía*. Soberanía quiere decir que el Dios todo sabio, todo sapiente, reina en ámbitos más allá de nuestra comprensión para realizar un plan que está fuera de nuestra capacidad de alterar, estorbar o detener.

Permítame avanzar más. Su plan incluye todas las promociones y degradaciones. Su plan puede significar tanto adversidad como prosperidad, tragedia y calamidad, éxtasis y gozo. . . . Su plan está obrando cuando no podemos imaginarnos el motivo, porque es tan desagradable, tanto como cuando la razón es clara y agradable. Su soberanía es inescrutable, tiene dominio sobre todas las limitaciones, todos los corazones partidos, todos los momentos impotentes. . . . Aun cuando no podemos explicar las razones, Él entiende. Y cuando no podemos ver el fin, Él está allí, asintiendo: «Sí, ese es mi plan».

El misterio de la voluntad de Dios

¿Qué tan agotador es tratar de entender y explicar todos los caminos de Dios? ¿Cómo puede descansar en Su perfecta voluntad?

_____

_____

_____

_____

CONFÍE EN DIOS PARA EL PRÓXIMO PASO

Podemos hacer nuestros planes, pero el
Señor determina nuestros pasos.

PROVERBIOS 16:9

Permítame compartir con usted una antigua máxima. Me ha guiado por más de treinta años y sigue siendo tan apropiada ahora como el día en que la escuché por primera vez.

Yo trato; yo fallo.

Yo confío; ¡Él triunfa!

¿No es eso cierto? Qué consejo sencillo. Solo ocho palabras, y sin embargo cuán profundas. La cuestión de fondo: si usted se mueve en la energía de la carne, está condenado a fracasar. El viejo himno lo dice muy bien: «El brazo de los hombres por débil no es fiel».…. Pero cuando uno confía en que el Señor Dios dé el próximo paso, cuando se espera en humildad en Él, entonces *Él* abrirá las puertas o las cerrará, y usted logrará descansar y relajarse hasta que Él diga: «avanza».

Moisés, un hombre de dedicación total

¿Ha estado tratando de vivir con sus propias fuerzas? ¿Cómo es más beneficioso para usted vivir en la fuerza de Dios?

_____

_____

_____

_____

PUREZA MORAL

La gente arruina su vida por su propia necedad,
y después se enoja con el Señor.
PROVERBIOS 19:3

Es imposible vérselas con la pureza moral sin tratar con algunos hechos prácticos relativos al cuerpo: nuestro apetito de carne y sangre que anhelan satisfacción. Siete volúmenes se han escrito en cuanto a la mente, nuestra constitución emocional, nuestro «ser interior», el alma, el espíritu y la dimensión espiritual. Pero en comparación, muy poco están diciendo los evangélicos hoy en cuanto al cuerpo físico.

Debemos presentar nuestros cuerpos como sacrificios vivos a Dios (Romanos 12:1).

Se nos instruye que no sometamos ninguna parte de nuestro cuerpo como instrumentos de maldad al pecado (Romanos 6:12-13).

Nuestros cuerpos son en realidad «miembros de Cristo»; le pertenecen a Él (1 Corintios 6:15).

Como ve, estos cuerpos nuestros fácilmente pueden sacarnos del camino. No es que el cuerpo en sí mismo sea malo; es simplemente que posee cualquier cantidad de apetitos que están listos a responder a los estímulos que lo rodean. . . los cuales son terriblemente atractivos y temporalmente satisfactorios.

Afirme sus valores

¿Con qué tentaciones físicas lucha hoy? ¿Le ha pedido al Señor Su fuerza para mantenerse firme?

PERSPECTIVAS Y PREFERENCIAS

Por lo tanto, procuremos que haya armonía en la
iglesia y tratemos de edificarnos unos a otros.
ROMANOS 14:19

Los desacuerdos son inevitables. . . . Siempre habrá puntos de vista opuestos y una variedad de perspectivas diferentes sobre la mayoría de los temas. Los gustos varían tanto como las preferencias. Es por lo que hacen helado de vainilla y chocolate y de fresa, por eso fabrican Fords y Chevrolets, Chryslers y Cadillacs, Hondas y Toyotas. Por eso nuestras naciones tienen espacio para demócratas y republicanos, conservadores y liberales, y moderados. La tensión es integral en el sistema. De eso se trata la libertad, incluyendo la libertad de religión. Soy bastante firme en mis convicciones teológicas, pero eso no quiere decir que usted (o alguien más) deba estar de acuerdo conmigo en todo. Todo esto explica por qué le doy tanta importancia a dejar «espacio disponible» en nuestras relaciones personales. Es posible que la persuasión teológica de uno no se doblegue, pero la participación de uno con los demás debe hacerlo.

El despertar de la gracia

¿Deja espacio en las relaciones para que las personas piensen de manera diferente a usted? ¿Cómo puede usted contribuir a la armonía en la iglesia?

_____

_____

_____

Diversión genuina

Pues, ¿quién puede comer o disfrutar de algo separado de él?
Eclesiastés 2:25

Cuando yo era niño mi familia vivía al lado de una familia que poseía muchos de los bienes del mundo y que nosotros no teníamos, pero ellos no tenían las alegrías que Cristo puede dar; las cuales nosotros teníamos en abundancia. Recuerdo una Navidad cuando estábamos cantando como familia.

De repente, mi mamá dijo: «Estamos haciendo mucho ruido; mejor cerremos las ventanas para no molestar a los vecinos». Así que cerramos las ventanas.

A los pocos minutos el teléfono timbró. Era una niña que vivía al lado. Ella preguntó: «¿Por qué cerraron las ventanas?»

«Pues bien no queríamos molestarlos», respondió mi mamá. La niña respondió al instante: «¿Molestarnos? ¡Esa es la mayor cantidad de alegría que hemos oído en toda la temporada de Navidad! . . . ¡La música es hermosa!»

Si realmente quiere divertirse, y quiero decir el tipo de diversión que realmente es disfrutar (sin la cruda), entonces lo que usted necesita. . . es una relación con el Dios viviente.

Diario de un viajero desesperado

¿De qué manera su relación con Cristo ha traído un gozo a su vida que supera a través de cualquier dificultad y prueba?

_____

_____

TODOS SOMOS VASIJAS DE BARRO

Pero nosotros mismos somos como frágiles vasijas
de barro que contienen este gran tesoro.

2 CORINTIOS 4:7

Sabe usted lo que es una vasija de barro? Es simplemente una olla de barro. . . . Esto hace referencia a nuestros cuerpos y nuestra habilidad en la fuerza de nuestra carne. Eso es todo lo que usted y yo tenemos para ofrecer a Dios. . . una olla. Un recipiente perecedero.

Usted tal vez sea como porcelana quebradiza, delicada. Se rompe y desportilla con facilidad, y puede mostrar las marcas de pegamento debido a esas ocasiones de rotura. Si no, a lo mejor es un artículo de alfarería resistente, fuerte y con huellas de uso; no muy atractivo, pero, vaya, sí que es útil. O tal vez esté hecho de barro que todavía no ha sido horneado; a lo mejor todavía está siendo moldeado y preparado para el uso.

A decir verdad, no es la condición de la vasija lo que importa. Lo que importa es el tesoro que hay dentro: la luz y gloria de la salvación de Cristo. ¿Qué son unos pocos golpes, o incluso una grieta o dos? Y si otros pueden ver la gloria interior a través de esas grietas, mucho mejor.

Moisés, un hombre de dedicación total

¿Está viviendo como si realmente creyera que lleva un gran tesoro dentro de usted?

_____

_____

OCTUBRE

FE SINCERA EN CASA

Me acuerdo de tu fe sincera, pues tú tienes la misma fe de la que
primero estuvieron llenas tu abuela Loida y tu madre, Eunice.

2 TIMOTEO 1:5

P ablo sabía cuál era la herencia de Timoteo. Sabía que las cosas que caracterizaron a su abuela y a su madre también caracterizaban a Timoteo. Así es como funciona la fe sincera.

¡Escuchen esto, madres! Por favor, lean mis palabras con atención. Una iglesia, una escuela evangélica, un círculo de amigos creyentes pueden depositar información en las cabezas, pero no pueden traducir la verdad en una vida auténtica. Esos medios no pueden hacer la verdad «real». La verdad no se teje en la vida real hasta que fluye a través de usted. Los hijos reúnen la información. La aprenden de los libros. La ven impresa en una página. Pero luego los miran a ustedes para verla modelada en una fe sincera.

Créanme, podemos darles a nuestros hijos las palabras que decir, podemos transmitirles conceptos bíblicos hasta quedarnos sin aliento, pero nada de eso encajará en realidad mientras nuestros pequeños no vean en casa la realidad de esas verdades.

Growing Wise in Family Life (Creciendo en sabiduría en la vida familiar)

¿De qué manera fue modelado para una vida piadosa a medida que crecía? ¿Lo está modelando para sus hijos ahora?

_____

_____

_____

A LA SOMBRA DEL SALVADOR

Confía el Señor y haz el bien.
SALMOS 37:3

Si usted quiere ser un hombre o una mujer de Dios que desea vivir una vida piadosa que deje su marca en este mundo, usted debe estar a la sombra del Salvador. Confíe en que Él obrará a través de las pruebas que usted encuentre, mediante las circunstancias extremas que usted no puede manejar por cuenta propia. Él sigue siendo el Dios de situaciones imposibles. Dios hace lo que ningún individuo en la tierra puede hacer.

Usted debe abordar lo imposible con calma y contentamiento, con gentileza y dominio propio, con fe y humildad.

Examine su vida buscando estos rasgos de carácter y llévelos uno por uno delante de Dios. Usted puede decir: «Señor, hoy quiero hacer lo que Tú dices respecto al contentamiento; quiero tener un espíritu apacible y amable. No quiero simplemente llamarme creyente. . . . Ayúdame hoy para enfrentar todo y tratar a toda persona con un espíritu apacible y amable. Ayúdame a estar contento, aun cuando las cosas no salgan a mi manera».

Así es como personificamos una vida de fe.

Elías, un hombre de heroísmo y humildad

Al mirar dónde le tiene el Señor hoy, ¿cómo puede confiar más en Él y cómo puede hacer el bien?

_____

_____

DIOS HACE COSAS MISERICORDIOSAS

Me di cuenta de que nadie puede descubrir todo
lo que Dios está haciendo bajo el sol.
ECLESIASTÉS 8:17

Hay numerosos acertijos en la vida que permanecen envueltos en misterio y escudados dentro de un enigma. El mar, por ejemplo, es un fenómeno inexplicable. . . . Hay enfermedades que todavía son un misterio. . . y sin embargo parece que no tenemos mayor problema para ir por la vida con docenas de acertijos todavía sin contestar, cientos de misterios todavía sin resolver.

Pero cuando Dios nos deja con un misterio que no se resuelve en una semana o dos, la mayoría de nosotros atravesamos luchas desesperadas para creer que Él es bueno y justo. Quiero decir, después de todo, si vamos a confiar en un Dios bueno, Él debería hacer solo cosas buenas, ¿verdad? ¡No es justo hacer cosas misteriosas!

Y sin embargo la Palabra de Dios, como la voluntad de Dios, está llena de misterios. ¿Por qué deberíamos sorprendernos, entonces, cuando Dios interviene y hace cosas misteriosas? ¿Por qué deberíamos preguntarnos si Él es bueno, o preguntarnos si queremos seguir creyendo? ¿Desde cuándo todo debe tener una explicación fácil y lógica?

Diario de un viajero desesperado

¿Lucha con los caminos misteriosos de Dios? ¿Y que si, en cambio, confiara en Su bondad?

_____

_____

NO ESPERE APROBACIÓN

¡Mira! Estoy a punto de cubrir la tierra con un diluvio. . . . Pero
confirmaré mi pacto contigo. Así que entren en el barco.
GÉNESIS 6:17–18

Dios le informó a Noé de Su plan: iba a destruir el mundo con un diluvio. Así que, por ciento veinte años, por fe, Noé siguió la dirección del Señor. Reunió los materiales, construyó el arca, probablemente ante la burla de todos los que le rodeaban. Después de todo, era un mundo que jamás había visto lluvia; la tierra era regada desde adentro. Y mientras Noé construía esta arca, predicaba justicia a los que le rodeaban. . . . Rodeado y soportando la burla de corruptos. . . contemporáneos, este predicador de justicia, por fe, se mantuvo firme contra la marejada de su cultura.

A veces nuestra fe significa una represión tal para nuestros semejantes que sufrimos persecución por ella. No le cuesta nada esta simple advertencia: no espere una aprobación y afirmación abrumadoras solo porque usted ha escogido andar por fe.

El misterio de la voluntad de Dios

¿Ha sufrido burlas o represiones por su fe? ¿Cómo ayuda saber que Cristo soportó lo mismo?

_____

_____

_____

_____

En el mundo, no del mundo

No amen a este mundo ni las cosas que les ofrece.

1 Juan 2:15

S i usted quiere mantenerse limpio, incluso al andar solo en esa mina de carbón oscura, de techo bajo, de la cultura corrupta y secular, necesita recordar unas pocas cosas prácticas; cuatro vienen a mi mente.

1. *Preste atención cuidadosa a lo que mira. . .* Parece que nuestros ojos son la conexión más corta a nuestras mentes.

2. *Piense mucho más en las consecuencias del pecado que en sus placeres. . .* Nadie jamás menciona el lado horrendo de los pecados agradables.

3. *Empiece cada día renovando su sentido de reverencia a Dios.* Empiece cada nuevo día hablando con el Señor, aún si esa charla matutina tiene que ser breve.

4. *Periódicamente durante el día enfóquese por completo en Cristo. . . .* Imagínese lo que Él está pensando de usted, orando por usted, o viviendo en usted.

Esté *en* el mundo, pero no sea *del* mundo.

El poder de la esperanza

¿Qué prácticas diarias tiene para mantener su corazón dedicado al Señor y no distraído por el mundo?

_____

_____

_____

DIOS ES DIGNO DE CONFIANZA

*«Mis pensamientos no se parecen en nada a sus
pensamientos—dice el Señor—. Y mis caminos están
muy por encima de lo que pudieran imaginarse».*
ISAÍAS 55:8

Dios es el Alfarero; nosotros somos el barro. Él es el Pastor; nosotros somos las ovejas. Él es el Maestro; nosotros los siervos. Sin que importe cuánta educación tengamos, sin que importe cuánto poder e influencia podamos pensar que tenemos, sin que importe cuán significativos podamos imaginarnos que somos en Su plan. . . nada de eso nos da derecho a captar la primera partícula de por qué Él hace lo que hace cuando lo hace y cómo escoge hacerlo.

Lo asombroso es que incluso en medio del desencanto, la sorpresa y el misterio, usted descubrirá cuán confiable y digno de confianza es Dios; y cuán seguro está usted en Sus manos.

Por aturdidor que el proceso pudiera ser para nosotros, Dios sigue con Su plan. No es necesario que sepamos todas las razones, y por cierto que Él no necesita explicarse. Los alfareros trabajan con el barro, y no se ponen frenéticos por el mismo. . . ni le piden permiso para hacer del barro lo que quiera que deseen hacer.

El misterio de la voluntad de Dios

Cuando piensa en los errores que ha cometido, ¿no le alegra de que los caminos de Dios sean mucho más elevados que los suyos?

_____

_____

¡ESCOJA EL GOZO!

Ustedes vivirán con gozo y paz.
ISAÍAS 55:12

Cómo podemos vivir con afán, estrés y temor? ¿Cómo resistimos a estos ladrones del gozo?

Permítame ser completamente práctico y decirle lo que yo hago. Primero, yo me recuerdo temprano en la mañana y durante varias ocasiones durante el día: «Dios, Tú estás obrando, y tienes el control; y, Señor Dios, Tú sabes que esto está sucediendo. Tú estuviste allí en el principio, y llevarás todo lo que suceda a una conclusión que resulte en Tu mayor gloria al final». Y ¿entonces? Entonces (¡y solo entonces!) me tranquilizo. Desde ese punto en adelante, en realidad no importa gran cosa lo que suceda. Todo está en las manos de Dios.

La presión sobre usted puede ser intensa. Una media docena de ladrones del gozo pueden estar esperando fuera de su puerta, listos para caerle encima en la primera oportunidad. Sin embargo, si usted no les da permiso nada puede impedirle que se aferre a la gracia, que reclame la paz y que tenga confianza en Dios. Escoja el gozo. ¡Nunca lo suelte!

Sonríe otra vez

¿Hace usted un hábito regular el predicar la verdad del evangelio a usted mismo? Si no, ¿por qué no empieza hoy?

_____

_____

_____

MISERICORDIA PARA EL DESDICHADO

Dios bendice a los compasivos, porque serán tratados con compasión.
MATEO 5:10

La misericordia es el interés genuino por los necesitados. Tiene que ver con ayudar a aquellos que son menos afortunados que nosotros, incluyendo a los que sufren las consecuencias de la desilusión, enfermedad o angustia. Uno de mis mentores solía decir: «La misericordia es el ministerio de Dios al desdichado». Y no se detiene en la compasión o tristeza por alguien en serios aprietos; quiere decir identificarse con los que están sufriendo e imaginarse el dolor que ellos tienen que soportar, y luego hacer algo al respecto.

La misericordia no es simplemente tener sentimientos de simpatía o tristeza por alguien que está en problemas, sino en realidad es meterse en el pellejo de la otra persona, sintiendo lo que ellos sienten, entendiendo su desdicha y luego ayudándoles a atravesarla.

Una fe sencilla

¿Cómo puede extender misericordia a los que sufren a su alrededor? ¿Cómo puede inclinarse y sentir su dolor?

_____

_____

_____

_____

_____

DEJE QUE DIOS ABRA LAS PUERTAS

Los que temen al Señor están seguros; él será un refugio para sus hijos.

PROVERBIOS 14:26

Se encuentra usted tratando de meter una estaca cuadrada en un agujero redondo? ¿Está usted empujando y sudando y descargando enorme peso emocional para lograr que algo marche? Será mejor que pida tiempo libre y lo verifique con el Entrenador. Cuando Dios está en algo, todo fluye.

Digamos que usted desea de corazón dedicarse a cierto tipo de ministerio en su lugar de trabajo. Le gustaría tener la oportunidad de sentarse con algunos de sus compañeros de trabajo y tal vez pasar 15 minutos juntos alrededor de las Escrituras durante el almuerzo. ¡Gran idea! Pero no la imponga. Ponga sus ideas delante del Señor y deje que Él abra las puertas. Si Él está en eso, es asombroso cómo se concederá la aprobación, cómo aparecerá un creciente interés y cómo la ocasión caerá justo en su lugar. Todo resultará casi a pesar de usted.

Dios no tiene limitaciones en Su capacidad para que algo resulte, pero Él va a hacerlo a Su tiempo, no antes.

Moisés, un hombre de dedicación total

¿Tiene un ministerio que quiere realizar? ¿Ha pasado tiempo orando y buscando la voluntad de Dios en el asunto?

_____

_____

_____

FLEXIBLE Y DISPUESTO

Por lo tanto, imiten a Dios en todo lo que hagan porque ustedes son sus hijos queridos.
EFESIOS 5:1–2

Dios dice que debemos ser Sus «imitadores», lo que quiere decir en realidad es que debemos ser «mimos» de Él. Puesto que Dios es un Dios de frescura y cambio, también debemos serlo nosotros.

¿Está usted abierto al cambio en su vida? ¿Está dispuesto a correr el riesgo? ¿Es usted flexible lo suficiente como para innovar? ¿Está usted dispuesto a tolerar la pura posibilidad de hacer un cambio gigantesco en la dirección de su vida? «Señor, ¿es América del Sur? ¡Fabuloso! O, ¿Indonesia? Lo haré. Me mudaré o cambiaré de profesión. ¡Está bien! ¿Estás guiándome a una nueva aventura? Lo haré. ¡Cuenta conmigo!»

¡Ese es el espíritu! Puede ser tal vez mudarse al otro lado de la calle. Puede ser tal vez mudarse al otro lado de la nación. Puede ser tal vez mudarse al otro lado del planeta. ¿Cuán flexible es usted? Tal vez no incluya ninguna mudanza, sino únicamente estar dispuesto.

Cómo vivir sobre el nivel de la mediocridad

¿Qué cambios, grandes o pequeños, le está guiando el Señor a hacer en su vida?

_____

_____

_____

_____

DIOS NOS AMA TODAVÍA

«Yo te he amado, pueblo mío, con un amor eterno.
Con amor inagotable te acerqué a mí».

JEREMÍAS 31:3

D e lejos deslumbramos; de cerca, estamos empañados. Si se reúne a un suficiente número de personas podríamos parecer una impresionante cordillera. Pero cuando bajamos a las grietas sombrías. . . nos damos cuenta de que no somos los Alpes.

Por eso nuestro Señor significa tanto para nosotros. Dios conoce íntimamente todos nuestros caminos. La oscuridad y la luz son iguales para Él. Ninguno de nosotros está oculto de Su vista. Todas las cosas están abiertas y desnudas ante Él: nuestros secretos más oscuros, nuestra vergüenza más profunda, nuestro pasado tormentoso, nuestro peor pensamiento, nuestro motivo oculto, nuestra imaginación más vil. . . incluso nuestros vanos intentos de cubrir lo feo como con la belleza de la nieve.

Él lo ve todo. Él conoce nuestra constitución. Él se acuerda de que somos polvo.

Lo mejor es que con todo eso todavía nos ama.

The Finishing Touch (El toque final)

¿Qué es eso que cree que le hace desagradable? El Señor lo sabe todo y le ama de todos modos.

_____

_____

_____

PENSAMIENTO BÍBLICO

La perversidad nunca produce estabilidad, pero
los justos tienen raíces profundas.
PROVERBIOS 12:3

Quiero ser muy directo con usted. El pensamiento secular ha cobrado un precio trágico en cuanto al distintivo del siervo de Dios. Esto ha empezado a influir en la iglesia cristiana. Muchos creyentes le han entregado su mente al sistema del mundo. La particular mente cristiana es un hallazgo raro. La filosofía humanista, el secularismo, intelectualismo y materialismo han invadido nuestro pensamiento a un grado tan marcado que nuestro testimonio ha quedado diluido; y en algunos casos, es inexistente.

Influenciados e impresionados por la prensa, nuestro sistema educativo secularizado, las expectativas sociales superficiales y por las fuerzas casi omnipotentes de la conformidad a la presión de los compañeros (sin mencionar el impacto de la televisión y las películas), los siervos cristianos pueden caer fácilmente en la trampa. Literalmente podemos dejar de pensar bíblicamente.

¡Preste atención!

Desafío a servir

¿Cómo puede asegurarse de que está dejando que la Palabra, y no el mundo, influya y moldee su forma de pensar sobre cuestiones sociales y de la iglesia?

_____

_____

LOS PASTOS DE DIOS SON VERDES

Somos su pueblo, ovejas de su prado.
SALMOS 100:3

S e dice que las ovejas, siendo animales tontos, frecuentemente se alarman y en realidad corren unas sobre otras, huyendo de algo que las asusta. El pastor corrige el problema atrapando a una oveja y con gentileza, pero con firmeza, la obliga a echarse a pastar tranquilamente sobre la hierba que tiene bajo sus patas.

En nuestra actividad frenética, ajetreada, hostigante, en la cual los remedios para el dolor de cabeza se han convertido en el producto nacional de mayor venta, ocasionalmente nuestro Pastor y Salvador tiene que obligarnos a descansar. Cuando Dios interviene en nuestro mundo frenético y vertiginoso, a menudo nos obliga a descansar. Si eso ocurre en su vida, dé gracias; ¡los pastos son verdes!

Living Beyond the Daily Grind (Viviendo más allá de la rutina diaria)

¿Cuándo le ha beneficiado que el Señor le haya obligado a descansar?

_____

_____

_____

_____

_____

DEJE DE CORRER ASUSTADO

Pero tú, oh Señor, eres un escudo que me rodea; eres
mi gloria, el que sostiene mi cabeza en alto.
SALMOS 3:3

Sabía que usted opera de peor manera cuando está asustado? Un poco de temor es bueno cuando hay peligro presente, pero un montón de miedo es desmoralizador. Quita la esperanza, el sueño, la visión, la posibilidad de vencer.

Los temores acechan en las sombras de cada área de la vida. De repente ha descubierto que una adición inesperada a su familia está en camino. . . . Es posible que no esté seguro de hacia dónde lo llevará su trabajo. . . . Se siente intranquilo por lo que hay a la vuelta de la esquina. O tal vez tiene una cita pendiente con el médico y tiene miedo de lo que el examen pueda revelar. Jesús dice: «Deja de temer. ¡Confía en Mí!»

Jesucristo está a la puerta. Él nos extiende Su mano con cicatrices. Sus pies están perforados, y lleva en Su cuerpo las marcas de la muerte. Él dice: «Yo sé la presión que te oprime. Entiendo la tensión. Sé lo que es el maltrato injusto. Pero déjame ofrecerte algo de estímulo. No temas. ¡Mira la vida por mis ojos! ¡Deja de permitir que la vida te intimide! Deja de correr asustado. ¡Confía en Mí!»

Perfect Trust (Confianza perfecta)

¿Está dejando que el miedo le detenga? ¿Qué haría y adónde iría si no tuviera miedo?

LA IMPORTANCIA DE UNO

Busqué a alguien que pudiera reconstruir la muralla de justicia. . . alguien que se pusiera en la brecha de la muralla.

EZEQUIEL 22:30

En un mundo superpoblado, es fácil subestimar la importancia de uno. Hay tantas personas con tantos talentos y destrezas que ya están haciendo tantas cosas importantes, ¿quién me necesita a mí? ¿Qué puedo aportar como individuo a las abrumadoras necesidades de nuestro mundo? Con certeza es fácil dejar que la vastedad de nuestro entorno nos afecte, ¿verdad?

Pero la verdad es que usted es usted; usted es el único usted en todo el mundo. . . . Usted es la única persona con su herencia exacta, la precisa serie de sucesos en el peregrinaje y sufrimientos de la vida que le han traído hasta este momento.

Cuando leo la Palabra de Dios no encuentro muchos relatos de grandes cruzadas y. . . reuniones masivas en donde la atención de Dios estaba sobre un país entero o toda una comunidad. Más a menudo encuentro a hombres y mujeres que como individuos hicieron la diferencia, que marcaron el paso y abrieron un sendero amplio, o se pusieron en la brecha y cambiaron su tiempo.

Ester, una mujer de dignidad y fortaleza

Dios le creó para ser, no solo uno de muchos, sino un individuo dotado y único. ¿Qué tarea le ha llamado Dios a cumplir en Su nombre?

_____

_____

ARROYOS QUIETOS Y TRANQUILOS

El Señor es mi pastor. . . . Me conduce junto a arroyos tranquilos.
SALMOS 23:1–2

M e conduce junto a arroyos tranquilos». Mire esa frase. Literalmente se refiere a aguas que han sido aquietadas. Mentalmente imagine esta escena tan pacífica. Las ovejas están cansadas y agotadas. Necesitan beber el agua refrescante de un torrentoso arroyo cercano. Pero las ovejas instintivamente huyen del agua torrentosa. . . . Aunque cansadas y acaloradas por el candente día, las ovejas sedientas simplemente se quedan paradas y contemplando el arroyo que corre rápido, pero nunca beben.

Entonces el pastor interviene. Con su vara y cayado afloja unas cuantas piedras grandes y hace una especie de dique en el lugar, haciendo que las aguas torrentosas reduzcan su corriente. Ahora, las calmadas aguas de inmediato atraen a las ovejas. En medio de un arroyo tormentoso el pastor ha provisto refrigerio para el rebaño con el agua que él calmó.

¿Ha hecho esto su Pastor? ¿Ha intervenido Él recientemente y ha hecho de esos torrentes atareados de su vida una fuente de refrigerio al calmarlos, al poner orden en el caos?

Living Beyond the Daily Grind (Viviendo más allá de la rutina diaria)

¿Cómo ha calmado Dios las aguas torrenciales de su vida para darle paz y descanso en un mundo ajetreado?

_____

_____

VIDA ABUNDANTE

Mi propósito es darles una vida plena y abundante.
JUAN 10:10

Debido a que la vida es corta, está repleta de posibilidades desafiantes. Debido a que es incierta, está llena de ajustes desafiantes. Estoy convencido de que eso es lo que Jesús quiso decir cuando nos prometió una vida abundante. Abundante en desafíos, desbordando de posibilidades, llena de oportunidades para adaptarnos, variar, alterar y cambiar. Pensándolo bien, ese es el secreto de mantenerse joven. También es la senda que lleva al optimismo y a la motivación.

Con cada nueva aurora, la vida entrega un paquete a su puerta principal, toca el timbre y sale corriendo. Cada paquete está ingeniosamente envuelto en papel y letras grandes. Un paquete dice: «Cuidado. ¡Mejor te preocupas por esto!» Otro dice: «Peligro. ¡Esto te dará temor!» Y el otro dice: «Imposible. ¡Nunca podrás con esto!»

Cuando usted escuche el timbre mañana por la mañana, pruebe algo diferente. Haga que Jesucristo vaya a abrir la puerta.

The Finishing Touch (El toque final)

¿Está experimentando una vida abundante o soportando una carga abundante? ¿Necesita entregar su carga al Señor?

_____

_____

_____

_____

LOS OJOS FIJOS EN DIOS

Él es fiel y justo para perdonarnos nuestros pecados.
1 JUAN 1:9

Tal vez las palabras «muy bajo» pintan un cuadro de lobreguez que le describe a usted en este mismo momento. Usted ha ignorado las advertencias de Dios y ha hecho a un lado sus fuertes convicciones al asociarse con las amistades equivocadas. Pero ahora usted ha llegado al límite de su paciencia. Está desalentado. Ha fracasado miserablemente. Está pensando: *¡Qué manera tan terrible de vivir!*

Todos hemos pasado tiempo en ese campamento miserable llamado «cosecha lo que siembras». En ruta, hay suficiente placer como para hacerlo que parezca divertido, pero cuando todo sea dicho y hecho, es totalmente horroroso.

Lo que necesitamos son sugerencias para volver al camino. Primero, usted necesita reconocer abiertamente lo que causó su condición. Admita abiertamente que usted ha fracasado al no ponerse firme como verdadero hijo de Dios.

Segundo, usted no estará solo cuando le superen en número, ni se mantendrá erguido cuando lo pongan a prueba, ni se mantendrá firme cuando esté desanimado si se concentra en las posibilidades. Sus ojos deben estar fijos en el Señor. Todo depende de su enfoque.

Cómo vivir sobre el nivevl de la mediocridad

¿Está cargado de vergüenza por las decisiones pecaminosas? ¿Por qué no confesarlas y aceptar el perdón que es suyo en Cristo?

EL SUFRIMIENTO SIMPLIFICA LA VIDA

En cuanto a mí, ¡qué bueno es estar cerca de Dios! Hice al Señor Soberano mi refugio, y a todos les contaré las maravillas que haces.
SALMOS 73:28

La adversidad pone a prueba nuestra fe.

Sin que importe su fuente o intensidad, hay algo en el sufrimiento que simplifica la vida y nos lleva de regreso a lo básico. Invariablemente, en especial durante los momentos de prueba intensa, . . . yo regreso a lo que creo en realidad. Vuelvo a las cosas elementales tales como la oración y la dependencia, como quedarme quieto y esperar en Dios. Me recuerdo a mí mismo: *Dios es soberano. . . esto no es accidente. Él tiene un plan y un propósito.* Esos pensamientos nos dan esperanza más allá de nuestras pruebas.

Las adversidades ponen nuestra fe a prueba, así como también agranda nuestra confianza en Dios. Nos obligan a regresar a la base de la fe sobre la cual descansa nuestro cimiento, y esto se convierte en un proceso refinador y necesario.

El poder de la esperanza

¿A cuáles fundamentos de su fe necesita volver durante temporadas difíciles? ¿Qué le trae consuelo durante los tiempos difíciles?

_____

_____

_____

_____

307

SENCILLAMENTE Y EN SILENCIO

El Señor es bueno con los que dependen de
él, con aquellos que lo buscan.
LAMENTACIONES 3:25

Pase todo un día en quietud. Los domingos son grandiosos para hacer eso. Separe por lo menos una parte de la tarde para quedarse completamente en silencio. La meditación es un arte perdido en este mundo moderno, acelerado. Sugiero que la reviva. No se trata de repetir interminablemente alguna mantra para lograr algún otro marco mental. No se trata de eso. Simplemente en silencio espere ante un Dios fiel. Lea un pasaje de la Biblia, tal vez un salmo, y deje que el pasaje le hable. No diga nada. Siéntese en silencio. Permita que Él le hable. Permita que Él le asegure que usted está plena y completamente perdonado y que su vergüenza ha desaparecido. Sienta los brazos de Dios que lo abrazan. . . . Sienta de nuevo la frescura y alivio de la presencia de Dios.

El misterio de la voluntad de Dios

¿Cuándo fue la última vez, ¡si es que lo ha hecho alguna vez!, que se sentó completamente en silencio por un período prolongado de tiempo ante el Señor?

_____

_____

_____

_____

EL PLAN EN EL CORAZÓN DEL HIJO

Aunque el buen consejo esté en lo profundo del corazón,
la persona con entendimiento lo extraerá.

PROVERBIOS 20:5

Para hacer este versículo incluso más práctico, pensemos en este «consejo» o «plan» en estos términos: «Un plan en el corazón del hijo es como agua profunda, pero el padre entendido lo saca a la luz».

¿Tiene usted un hijo que se inclina a la mecánica? Él necesita que usted lo note. Comente al respecto. Jáctese de su capacidad. ¿Tiene usted un hijo que se inclina al atletismo y tiene buena coordinación? Él necesita saber que usted está convencido de que él tiene buena coordinación. Usted dice: «Eso es obvio». Pero tal vez él no lo ha oído directamente de usted. Él quiere oír que usted lo dice. ¿Tiene usted una hija con talento intelectual? ¿Usted piensa que ella sería buena para la investigación, examinando a profundidad varias materias? Dígaselo. Mencione las posibilidades futuras. Ayúdele a encontrar la universidad apropiada. En lugar de martillar las cosas banales que no importan, pase más tiempo descubriendo cómo se pueden canalizar los intereses de sus hijos. Cultivar una fuerte autoestima requiere de una dedicación por descubrir.

Growing Wise in Family Life (Creciendo en sabiduría en la vida familiar)

¿Se reprime en dar afirmación porque cree que su hijo ya conoce sus dones? ¿Por qué no decir esas palabras de afirmación hoy?

_____

_____

MARQUE SU LUGAR DE REUNIÓN

Anhelo al Señor más que los centinelas el amanecer.
SALMOS 130:6

Para reunirse con regularidad con Dios, usted necesita un lugar. La casa en la cual yo me crie era muy pequeña. El lugar en donde mi mamá se reunía con Dios era el baño. Ella ponía sus libros cerca del pequeño radiador que calentaba el cuarto. Cuando se reunía con Dios ella ponía un letrerito en la puerta que decía: «No molestar».

Las madres atareadas no pueden tener su tiempo con el Señor durante el desayuno o la cena. Eso produce caos.... Así que, si usted es madre, tiene que ser práctica en esto. Escoja la hora que le convenga, pero recuerde, usted necesita pasar tiempo con Dios.

Si usted es una persona de negocios, su mejor lugar tal vez sea su oficina. Conozco a un hombre de negocios que va a su oficina todos los días temprano por la mañana tan solo para poder pasar tiempo con el Señor....

¿Cuál es su lugar? Usted necesita un lugar donde pueda sentarse y disfrutar de compañerismo sin interrupciones con su Señor. Le advierto, si usted no arregla un lugar apropiado, con probabilidad no se reunirá con Dios con regularidad.

Moisés, un hombre de dedicación total

¿Dónde se encuentra usted con el Señor? Si no tiene un lugar designado, ¿por qué no crear uno hoy?

_____

_____

LIBRE DE ANSIEDAD

Oye ahora mi oración; escucha mi clamor.

SALMOS 88:2

P odemos mantener nuestras mentes libres de ansiedad cuando en oración le dejamos al Señor la carga de nuestras preocupaciones. Al librarnos de las cosas que nos doblegan, abrimos espacio para que la alegría tome su lugar.

Piense en esto así: ocurren circunstancias que fácilmente podrían destrozarnos; pueden originarse en el trabajo, o en casa, o incluso durante un fin de semana cuando uno está descansando. Inesperadamente, vienen. De inmediato uno tiene que tomar una decisión. . . decidir una actitud. Podemos entregarle a Dios las circunstancias y pedirle que tome el control, o podemos arremangarnos nuestras mangas mentales y pelear. El gozo espera nuestra decisión.

Afirme sus valores

¿Es su tendencia llevar una carga tanto tiempo como pueda? ¿Cómo puede comenzar a entregársela al Señor de inmediato?

_____

_____

_____

_____

_____

_____

¡ANÍMESE!

Pues Dios no es injusto. No olvidará con cuánto esfuerzo han trabajado para él y cómo han demostrado su amor por él.
HEBREOS 6:10

E s tan fácil sentirse utilizado y no apreciado.
¿Le escribo a usted qué sirve detrás de bastidores en un ministerio o en una empresa? Usted trabaja con fidelidad y diligencia, y sin embargo la gloria se la dan a otro. Sus esfuerzos han hecho triunfadora a otra persona. ¡Qué fácil es sentirse resentido! Directores auxiliares, pastores asistentes y asociados, auxiliares administrativos, «personal interno». Todos los que son miembros del club «Yo trabajo duro, pero no estoy al frente porque nadie me da crédito», ¡anímense! Nuestro Dios que recompensa en secreto nunca pasará por alto su dedicación.

Mantenga ojos cerrados al orgullo. El verdadero siervo de Dios es como el Señor Jesús, que «no vino para ser servido, sino para servir, y para dar su vida en rescate por muchos» (Marcos 10:45 LBLA). . . . Cuando usted prepara el guisado, y alguien mas recibe los elogios, recuerde su papel: servir y dar.

Desafío a servir

¿Cómo puede evitar que su espíritu se amargue mientras vive una vida de servicio?

_____

_____

_____

_____

LA RESPUESTA DE ADORACIÓN

Dios podría matarme, pero es mi única esperanza.

JOB 13:15

Mientras más imposible sea la situación, mayor es la realización de la obra de Dios.

Esta verdad no se ilustra mejor que en la vida de Job, un hombre que atravesó tiempos grandes de sufrimiento hasta que Dios finalmente le dio descanso y restauración. Cuando leo el relato de la aflicción de Job, ni siquiera puedo imaginármela. Él perdió todo lo que tenía: su casa, sus diez hijos y hasta su salud. Probablemente es seguro decir que ninguno de nosotros jamás ha entrado en tales profundidades de desdicha y calamidad. Asombrosamente, su primera respuesta a Dios fue la respuesta de adoración. «Job se levantó y rasgó su vestido en señal de dolor; después se rasuró la cabeza y se postró en el suelo para adorar» (Job 1:20).

Uno podría esperar que él se postre en tierra y clame misericordia, o que despotrique y se desgañite porque estos eventos uno tras otro sencillamente no eran justos. Pero no fue así. Job adoró; y no debido a que entendía lo que le estaba sucediendo, sino a pesar de todo lo que le estaba sucediendo. Y no solo él adoró, sino que aceptó todo lo que Dios había enviado a su vida. Eso es sabiduría.

Perfect Trust (Confianza perfecta)

¿Retiene la adoración hasta que entiende lo que está sucediendo? O, como Job, ¿adora sabiendo que Dios tiene el control?

DISCERNIMIENTO Y VALENTÍA

Búscalos como si fueran plata, como si fueran tesoros escondidos.
Entonces comprenderás lo que significa temer al Señor.
PROVERBIOS 2:4–5

Para tener el discernimiento que se necesita para rehusar lo pecaminoso, la fe debe superar los sentimientos.

Mis sentimientos dicen: «¡Pruébalo!» La fe dice: «Mantente lejos de eso».

Mis sentimientos dicen: «Ríndete. Tira la toalla». La fe dice: «¡Aguanta!»

Vivimos en los días de los sentimientos. «De lo que sea que sientas ganas, hazlo». Una canción galardonada hace un par de décadas captaba esa filosofía con las palabras: «No puede ser malo, cuando se siente tan bien...» Ah, ¡sí, puede! La fe dice: «Aguanta. Has llegado a una bifurcación en el camino. Si tomas ese camino, te dejarás seducir por un estilo de vida que es errado. Detente. Retrocede. Mira de nuevo».

Tal vez usted se encuentra precisamente allí. Ya ha tomado algunas decisiones pésimas. Si es así, es tiempo de retroceder. . . . Vuelva sobre sus pasos de inmediato a aquel lugar en donde dio la primera vuelta errada. Eso exige discernimiento y valentía.

Moisés, un hombre de dedicación total

¿Cómo vive su fe en un mundo que le dice que siga sus sentimientos? ¿Qué pasos prácticos puede tomar para permanecer en el camino correcto?

ALIENTO GENUINO

A todo el mundo le gusta una respuesta apropiada; ¡es hermoso decir lo correcto en el momento oportuno!

PROVERBIOS 15:23

Todos necesitamos una voz de aliento; alguien que crea en nosotros; para darnos seguridad y reforzarnos; para ayudarnos a recoger los retazos y seguir; para proveernos de una determinación aumentada a pesar de las probabilidades.

Cuando animamos a otros los empujamos a seguir, los estimulamos y afirmamos. Es útil recordar la distinción entre aprecio y afirmación. Apreciamos lo que una persona *hace*, pero afirmamos lo que la persona *es*. El aprecio viene y va porque por lo general tiene que ver con algo que uno logra. La afirmación es más profunda. Se dirige a la persona misma.

No importa lo influyente, o segura, o madura que puede parecer una persona, el aliento genuino nunca deja de ayudar. La mayoría de nosotros necesitamos dosis gigantescas de eso.

Afirme sus valores

¿Ha considerado alguna vez la diferencia entre apreciación y afirmación? ¿Está ofreciendo ambas a los que le rodean?

_____

_____

_____

_____

ES SABIO RENDIR CUENTAS

[Hay un] tiempo para abrazarse y un tiempo para apartarse.
ECLESIASTÉS 3:5

Hay ocasiones cuando necesitamos el abrazo de un amigo que pone su cabeza junto a la nuestra y nos susurra al oído palabras de comprensión, animándonos a no darnos por vencidos, recordándonos que la vida continúa. . . . Lograremos salir adelante. Tales abrazos ponen acero en nuestros huesos. Nos ayudan a perseverar durante la noche.

Y luego hay ocasiones cuando la misma persona tal vez nos tome por los hombros, nos sostenga a distancia de sus brazos y nos confronte con la verdad dura: «Ahora escucha, no puedo estar de acuerdo contigo. Tengo que ser franco contigo. . . . Pienso que lo que estás haciendo está mal». Ese no es el momento de abrazar; pero para que una vida se mantenga equilibrada, es necesario tanto la afirmación como la rendición de cuentas.

Mientras más años vivo, más quiero escuchar a los sabios; no tanta gente inteligente, sino personas sabias. La persona sabia no solo tiene inteligencia, sino que entiende la vida y puede ayudar a concatenarlo todo.

Diario de un viajero desesperado

¿Es usted una persona sabia que sabe cuándo abrazar y consolar y cuándo mantenerse alejado y decir la verdad?

_____

_____

Un corazón que escucha

Oh pueblo mío, escucha cuando te hablo.

Salmos 50:7

Anótelo, las cosas no «simplemente suceden». El nuestro no es un universo que marcha al azar, que hace que parezca que todo marcha bien. Hay un plan arreglado por Dios para este mundo nuestro, y eso incluye un plan específico para usted. Y en cada día ordinario y en todo momento extraordinario, hay un Dios que constantemente lo está buscando.

Usted está andando por [la vida] y de repente encuentra un suceso entre la incontable cantidad de sucesos que tienen lugar todos los días y todas las noches. De repente, la vida cambia. Algo es diferente. ¡Nunca lo dude! El Dios que nos ama y nos redimió usa esos momentos para realizar Sus propósitos.

Él no habla audiblemente desde el cielo, gritándole Su Palabra. Él usa Su Libro, Él usa Su pueblo y usa los sucesos en su vida. Y mediante la combinación de esos sucesos nada usuales, Él dice: «Escúchame.... Pon atención y te hablaré. Responde a Mi llamado, Yo te usaré».

Todo lo que se necesita es un espíritu en calma y un corazón que escucha.

Moisés, un hombre de dedicación total

¿Siente que Dios ha estado en silencio en su reciente tiempo de angustia? ¿Podría ser que simplemente usted no está escuchando?

_____

_____

CONSIDERADO EN EL MAYOR RESPETO

El Señor tu Dios pronto te establecerá en la tierra. . . . Ten cuidado de no olvidarte del Señor, quien te rescató de la esclavitud.
DEUTERONOMIO 6:10, 12

D ios se preocupa por nuestro bien. Después de dar, dar, dar tantas cosas, nos advierte que no nos olvidemos de Él. Qué fácil, cuando estamos bendecidos, adoptar un espíritu presuntuoso y arrogante. La indulgencia empieza como erosión interna que lleva a la indiferencia, que en última instancia resulta en la independencia. «¿Quién necesita a Dios ya?» Es una actitud que a menudo se encuentra en los autosuficientes. ¿Cuál es el secreto para impedir que eso suceda? «A Jehová tu Dios temerás, y a él solo servirás» (Deuteronomio 6:13 LBLA).

Cuando mantenemos un temor sincero de Dios, algo maravilloso ocurre por dentro. El orgullo propio y la presunción continúan decreciendo conforme el temor de Dios aumenta. No quiero decir terror. . . sentirse inquieto y con miedo en Su presencia. La clase correcta del temor es la referencia por Su nombre Santo, un respeto íntegro por Su soberana voluntad, considerándolo a Él con el mayor respeto.

Growing Wise in Family Life (Creciendo en sabiduría en la vida familiar)

¿Cómo puede acostumbrarse a recordar todo lo que el Señor ha hecho por usted en el pasado?

_____

_____

_____

DIOS ESTÁ ALLÍ Y NO ESTÁ CALLADO

Si bien Dios tiene en sus manos las acciones de los sabios y
de los justos, nadie sabe si Dios les mostrará su favor.
ECLESIASTÉS 9:1

Sin que importe rango, estatus, color, credo, edad, herencia, inteligencia o temperamento, la «mano de Dios» está sobre nosotros. El finado filósofo y teólogo Francis Schaeffer tenía toda la razón: «Dios está allí y no está callado». ¡Qué seguridad da esto! Nos dice, entre otras cosas, que nada está fuera de control. Tampoco somos autómatas inútiles, sin esperanza, tropezando desmañadamente por el tiempo y el espacio, enfrentando un destino sombrío al final. Pero tampoco quiere decir que se nos da informes periódicos sobre la estrategia de Dios.

Estar en la mano de Dios no es sinónimo ni garantía de tener prosperidad económica, salud física y protección del dolor. . . ni de que hay alguien que nos sonríe y nos aprecia. Lo que ayuda es el conocimiento de que detrás de todo lo que suceda hay un Dios qué se interesa, y que no ha perdido el control.

Diario de un viajero desesperado

¿Obedece y sirve al Señor por amor o con expectativa de recompensa inmediata?

_____

_____

_____

_____

NOVIEMBRE

EL AMOR MISERICORDIOSO DE DIOS

*Que todo lo que soy alabe al Señor. . . . [Él] me
corona de amor y tiernas misericordias.*
SALMOS 103:1, 4

El soberano Dios Altísimo gobierna nuestras vidas. Así que es obvio que, si alguna vez vamos a sentir alivio, Dios tiene que dárnoslo. Dios es el autor del alivio. Él es el que nos concede la paz, la satisfacción, la calma. Es más, pienso que alivio es un sinónimo maravilloso de misericordia. La misericordia es la compasión activa de Dios, que Él demuestra al desdichado. Cuando estamos en tiempo de profunda angustia y Dios activa Su compasión para darnos alivio, experimentamos misericordia.

El eslabón de conexión entre un Dios santo y la persona pecadora es el amor de Dios, que activa Su gracia, la cual, a su vez, pone en movimiento Su misericordia. Son como una especie de fichas divinas de dominó que caen una sobre la otra. Él nos ama no debido a algo que haya en nosotros, sino debido a algo que hay en Sí mismo. . . . La gracia estimula la misericordia. . . y allí está: ¡el alivio!

El misterio de la voluntad de Dios

¿Cuándo ha experimentado la misericordia de Dios en su vida? ¿O el alivio repentino durante una temporada dolorosa?

_____

_____

_____

_____

«ALGÚN DÍA» TAL VEZ NUNCA VENGA

Hay una temporada para todo, un tiempo
para cada actividad bajo el cielo.
ECLESIASTÉS 3:1

Se acuerda de mí? Yo soy el que promueve la espera. Permita que el Señor abra las puertas, que abra el camino, que alise el sendero, que le permita pasar. Usted sabe, todas las cosas que espera que un predicador diga.

Pero sí pienso que podemos ser tan buenos para esperar que solo eso hacemos y nunca actuamos. Bostezamos y pasivamente decimos entre dientes: «tal vez, algún día» mientras dejamos que las oportunidades se escapen de nuestras manos. Como invitar a amigos a comer helado o salir a un paseo campestre. Como usar la loza elegante o celebrar un cumpleaños... o escaparse para unos días de relajación y romance... o irse andar en un velero por un día... o pasar una semana lejos de la familia. «No este año... pero tal vez, algún día...».

¡No espere! Si continúa con esa pasividad, algún día nunca vendrá; y usted lo lamentará por el resto de sus días.

Day by Day with Charles Swindoll (Día a día con Charles Swindoll)

¿Qué ha estado esperando hacer? ¡Quizás hoy debería ser el día!

_____

_____

_____

_____

EL PROCESO DE PREPARACIÓN

Pues su amor inagotable hacia los que le temen es tan inmenso como la altura de los cielos sobre la tierra.

SALMOS 103:11

Cómo se las arregla el siervo de Dios cuando la tierra se abre bajo sus pies? He hallado gran ayuda en dos verdades:

Nada me toca que no haya pasado por las manos de mi Padre celestial. Nada. Sea lo que sea que ocurra, Dios soberanamente lo ha examinado y aprobado. Tal vez no sepamos por qué, tal vez nunca sepamos por qué, pero sí sabemos que nuestro dolor no es un accidente para el que dirige nuestras vidas.

Todo lo que yo soporto está diseñado para prepararme para servir a otros más eficazmente. Todo. Puesto que mi Padre celestial está dedicado a moldearme a la imagen de Su Hijo, Él sabe el valor último de esa experiencia dolorosa. Es una parte necesaria del proceso de preparación. Está siendo usada para vaciar de nuestras manos nuestros propios recursos, nuestra propia suficiencia, y llevarnos de regreso a Él: el Proveedor fiel.

Desafío a servir

¿Cree que Dios está al tanto de todas sus heridas? ¿Cómo ayuda saber que su dolor tiene un propósito?

_____

_____

_____

_____

UNA ESPOSA EXCELENTE

¿Quién podrá encontrar una esposa virtuosa
y capaz? . . . Su marido la alaba.
PROVERBIOS 31:10, 28

La esposa no es responsable por la vida de su esposo. Ella es responsable por su propia vida. Usted no puede hacer de su esposo algo que él no es. Solo Dios puede hacer eso.

Pienso que fue la esposa del evangelista, Ruth Graham, quien una vez dijo: «Mi tarea es amar a Billy. Es tarea de Dios hacerlo bueno». Yo diría que esa es una filosofía maravillosa para cualquier esposa.

Esposas, su tarea es amar a sus esposos. Es tarea de Dios cambiar la vida de ellos.

Y las esposas que son verdaderamente obedientes a Cristo encontrarán que Él las honra con un espíritu seguro.

El poder de la esperanza

¿Se ha encontrado tratando de ser el Espíritu Santo en la vida de otra persona? ¿Qué pasa si simplemente los ama en su lugar?

_____

_____

_____

_____

_____

_____

DIOS ESTÁ A CARGO

Yo formo la luz y creo las tinieblas; yo envío los buenos tiempos
y los malos. Yo, el Señor, soy el que hace estas cosas.

ISAÍAS 45:7

No sé por qué un tornado destruye una vecindad y no otra. Solo sé que incluso en las calamidades el plan de Dios no se frustra ni se altera. Si no, Él no sería Dios. Él no está sentado al borde del cielo, preguntándose qué sucederá después. Ese no es el Dios de las Escrituras. Así que, aunque no podemos imaginarnos el «¿por qué?» de esta pregunta de siglos, sí sabemos que la Biblia afirma que a Dios no lo sorprende la calamidad. De alguna manera u otra, todo es parte de Su voluntad misteriosa.

Ahora bien, ese es un concepto difícil de justificar. Así que mi consejo es bastante sencillo: deje de intentarlo. . . . Recuerde que nada es sorpresa para Dios, ni siquiera nuestra más ligera prueba. Su plan puede parecer injusto, humanamente ilógico y falto de compasión, pero eso es porque nosotros vivimos en el aquí y ahora. Ahora nos falta la vista vertical. . . . ¡Dios está a cargo, y no nosotros!

El misterio de la voluntad de Dios

¿En qué situación necesita dejar de intentar averiguar el «por qué»? ¿Qué si tan solo aceptara lo que es y confiara en Dios?

_____

_____

_____

_____

UNA ACTITUD DESPRENDIDA

No sean egoístas; no traten de impresionar a nadie. Sean humildes,
es decir, considerando a los demás como mejores que ustedes.
FILIPENSES 2:3

Cómo es posible cultivar una actitud desprendida cuando nos encontramos rodeados de lo opuesto? . . . Estas tres ideas prácticas le pueden ayudar:

1. Nunca permita que el egoísmo o el engreimiento sea su motivo. Como lo oye, *nunca.*
2. Siempre considere a otros más importantes que usted mismo. Aunque este no es un rasgo natural, puede convertirse en un hábito; ¡y uno muy importante!
3. No limite su atención a sus propios intereses personales; incluya a otros.

Alguien puede tratar de disuadirle de lo que parece ser una posición desequilibrada, extremista. Tal vez le digan que cualquiera que adopta ese tipo de actitud está acercándose peligrosamente a la autoflagelación y a la pérdida de una saludable autoestima. ¡Absurdo! La meta es interesarnos tanto en otros y en ayudarles a alcanzar su mayor bien, que llegamos a olvidarnos de nosotros mismos en el proceso.

Sonríe otra vez

¿La mayoría de sus preocupaciones en el transcurso de un día son acerca de usted o acerca de los demás?

_____

_____

YA BASTA

La verdadera humildad y el temor del Señor conducen
a riquezas, a honor y a una larga vida.

PROVERBIOS 22:4

No me interesa cuánto usted gana o qué decisiones toma respecto a su estilo de vida. ¿Quién soy yo para juzgar a otros? Mi preocupación en realidad no tiene nada que ver con lo que usted posee, sino más bien con el por qué usted lo posee. . . . ¿Puede usted honradamente decir que su corazón no está fijo en tesoros tangibles? ¿Son generosas sus ofrendas? ¿De buen agrado ayuda a otros, incluso al disfrutar de las provisiones de la gracia de Dios? ¿Es usted genuinamente desprendido, de mano abierta, de corazón grande?

No conozco un ídolo más pronunciado en esta generación que «el Señor Codicia». Estoy convencido de que es más poderoso y por cierto más popular que la lujuria. . . . Si usted ha decidido simplificar su vida, necesita hacerse algunas preguntas fuertes: ¿Por qué quiere ese segundo trabajo? ¿Por qué está trabajando horas tan largas? ¿Por qué deliberadamente ha dejado a su familia a un lado mientras juega a ruleta rusa con la avaricia? ¿Cuándo será capaz de decir: «ya basta»?

Una fe sencilla

¿Cuánta importancia le ha dado a las posesiones materiales y al estatus social en su vida?

_____

_____

_____

DIOS SE INCLINA PARA ESCUCHAR

Oh Dios, a ti dirijo mi oración porque sé que me
responderás; inclínate y escucha cuando oro.
SALMOS 17:6

Muchos nos sentimos como si tuviéramos que esconder nuestros fracasos, creyendo que nadie podría posiblemente haber fracasado como nosotros. Algunos incluso tienen miedo de contárselo a Dios, temiendo que tal vez Él va a desilusionarse como nos imaginamos que otros se desilusionarán.

Pero Él no es así para nada, ¿verdad? Cuando caemos y clamamos a Él en nuestra vergüenza y en nuestra angustia, el salmista dice que Él inclina Su oído a nosotros. Él se inclina para escuchar. Decimos: «Ay, Padre, ¡he fallado! He fallado terriblemente. ¡Mira lo que he hecho!» Entonces, Él pone Su brazo sobre nuestros hombros, tal como un padre terrenal cariñoso lo haría. Entonces Dios dice: «Te acepto tal como eres. Reconozco que lo que has hecho estuvo mal, y me lo has confesado. Ahora, hijo mío, hija mía, vamos adelante».

Moisés, un hombre de dedicación total

¿De verdad cree que Dios se inclina para escucharle cuando ora? Si es así, ¿por qué perdería la oportunidad de hablar con Él?

_____

_____

_____

_____

PENSAMIENTOS DE EXCELENCIA

*Capturamos los pensamientos rebeldes y enseñamos
a las personas a obedecer a Cristo.*
2 CORINTIOS 10:5

E l secreto de llevar una vida de excelencia es meramente cuestión de pensar pensamientos de excelencia. En realidad, es cuestión de programar nuestras mentes con la clase de información que nos hará libres. Libres para hacer todo lo que Dios propuso que seamos.

Puesto que la mente tiene los secretos para remontarse a las alturas, el enemigo de nuestras almas ha hecho de la mente humana el blanco de sus ataques. Sus ataques más insidiosos y estratégicos los lanza contra la mente. Al afectar la manera en que pensamos, él puede mantener nuestras vidas en un nivel mediocre.

Dios se interesa en liberarnos de tales cerrojos.

Y, ¿cuál es el objetivo final de Dios? Llevar «cautivo todo pensamiento» (2 Corintios 10:5). Cuando Él invade esas elevadas áreas, Su plan es transformar los pensamientos viejos que nos derrotan y hacer los pensamientos nuevos que nos estimulan.

Cómo vivir sobre el nivel de la mediocridad

¿Está monitoreando sus pensamientos y haciendo que se ajusten a las verdades de las Escrituras? Recuerde, ¡evangelio adentro, evangelio afuera!

_____

_____

_____

PADRE DE MISERICORDIAS

Toda la alabanza sea para Dios, el Padre de nuestro Señor Jesucristo.
Dios es nuestro Padre misericordioso y la fuente de todo consuelo.
2 CORINTIOS 1:3

En nuestro mundo de charla superficial y relaciones personales casuales, es fácil olvidar que una sonrisa no necesariamente quiere decir «estoy feliz» y que la respuesta de cortesía «estoy bien» tal vez no sea del todo verdad.

No estoy sugiriendo que toda persona es una bomba emocional de tiempo, o que todos los que parecen estar disfrutando de la vida lleven máscaras. Pero he vivido lo suficiente para saber que más de un corazón esconde la agonía mientras la cara refleja éxtasis.

Hay alguien, sin embargo, que sabe plenamente lo que se agazapa en nuestros corazones. Y sabiéndolo, nunca se ríe burlonamente ni se esfuma. Él nunca se encoge de hombros ni se aleja. Más bien, Él entiende por completo, y se queda cerca.

Él es «nuestro Padre misericordioso y la fuente de todo consuelo».

The Finishing Touch (El toque final)

¿Cuándo se ha encontrado con personas que le evitan en tiempos de sufrimiento? Su Padre celestial se acerca.

_____

_____

_____

_____

NUESTRO PASTOR DIRIGE EL CAMINO

> *Yo soy el buen pastor. El buen pastor da su*
> *vida en sacrificio por las ovejas.*
> JUAN 10:11

Nosotros, como ovejas de Dios, a veces somos guiados por Él al valle de las tinieblas, en donde hay temor, peligro, incertidumbre y lo inesperado. Dios sabe que la única manera en que podemos alcanzar los lugares más altos de la experiencia y madurez cristiana no es en el patio de recreo de la prosperidad sino en el aula del sufrimiento. A lo largo de esos oscuros, estrechos, opresores, incómodos, valles de la dificultad ¡aprendemos cantidades! Mantenemos nuestro valor simplemente porque nuestro Pastor está dirigiendo el camino. Tal vez eso es lo que el escritor tenía en mente cuando nos exhortó: «puestos los ojos en Jesús. . . Considerad a aquel. . . para que vuestro ánimo no se canse hasta desmayar» (Hebreos 12:2-3 RV60).

Living Beyond the Daily Grind (Viviendo más allá de la rutina diaria)

¿Está tratando de encontrar la salida de un valle en lugar de dejar que el Pastor le guíe?

_____

_____

_____

_____

_____

Manos abiertas, corazones abiertos

Pero si deseamos algo que todavía no tenemos,
debemos esperar con paciencia y confianza.
Romanos 8:25

La palabra *perseverar* es muy importante. Es una palabra arcaica y no la oímos mucho en nuestros días de abandonarlo todo y darse por vencido. No oímos mucho acerca de aguantar y perseverar. . . ¡en cuanto al poder de quedarse! Pero hay mucho más en eso que meramente aguantar. Es una cosa quedarse firme con cara ceñuda, con los puños crispados y mirando a Dios con cólera, diciendo: «¡Cómo te *atreves*! ¿Qué derecho tienes?» o, «¡Mira lo que he hecho por ti! ¡Y mira lo que recibo como pago!» Ese es un tipo de perseverancia. Pero hay otra clase de perseverancia; la clase que se para con mano abierta y brazos abiertos, que mira a la cara de Dios y responde: «Me someto a ti. Estoy esforzándome duro por oír lo que estás diciendo. Total y completamente admito mi dependencia. Ya no tengo respuestas. Estoy esperando».

Perfect Trust (Confianza perfecta)

¿Ha llegado a un lugar de sumisión en medio del sufrimiento, o todavía insiste en luchar por el control?

_____

_____

_____

_____

PROMUEVA LA PAZ

El buscapleitos inicia disputas con tanta facilidad como las brasas calientes encienden el carbón o el fuego prende la madera.

PROVERBIOS 26:21

Un pacificador es el siervo que. . . primero, está en paz consigo mismo: internamente, en calma. . . no agitado, con mal genio, en conflicto. . . y por consiguiente no es abrasivo. Segundo, trabaja duro para arreglar las peleas, no para empezarlas. . . sabe aceptar, es tolerante y no encuentra placer en ser negativo.

¿Alguna vez ha estado con creyentes que no son pacificadores? Por supuesto. ¿Fue agradable? ¿Percibió usted un corazón de siervo? ¿Fue usted edificado y estimulado? . . . ¿Fue el cuerpo de Cristo fortalecido y respaldado? Usted sabe las respuestas.

Pocas cosas son más semejantes a Dios que la paz. Cuando la promovemos, la procuramos, la modelamos, estamos ligados directamente a Él.

Desafío a servir

¿Cómo puede convertirse en un mejor promotor de la paz en su hogar, comunidad, lugar de trabajo e iglesia?

_____

_____

_____

_____

_____

DIOS NO HACE COSAS ESTÁNDARES

*El sol tiene una clase de gloria, mientras que la luna tiene
otra y las estrellas tienen otra. Y hasta las estrellas se
diferencian unas de otras por la gloria de cada una.*
1 CORINTIOS 15:41

Dios no es conocido por hacer cosas estándares. Él está dedicado a hacer cosas muy distintivas. Cuando una persona hace algo, lo hecho refleja al hombre o mujer que lo hizo. Destila humanidad. Se puede seguir la lógica de eso y ver el significado. Incluso puede leer lo que pagaron por eso y cómo lo lograron, o la organización que lo hizo tan ingenioso. Dios no construye rascacielos; los hombres construyen rascacielos. Y todos tienen ese toque de genio, del genio humano. Pero no se puede encontrar a un hombre que sea capaz de hacer una estrella. Cuando Dios interviene, Su obra es como la diferencia entre un rascacielos y una estrella.

Perfect Trust (Confianza perfecta)

¿Cuándo ha visto a Dios obrar y ha sabido, sin duda alguna, que fue Él?

_____

_____

_____

_____

_____

_____

PONGA SU ENFOQUE TOTALMENTE EN DIOS

En cambio, los que confían en el Señor encontrarán nuevas
fuerzas; volarán alto, como con alas de águila.

ISAÍAS 40:31

Nos precipitamos cuando no esperamos en el Señor. Nos adelantamos y hacemos cosas precipitadas. Disparamos desde la funda. Movemos la lengua, diciendo cosas que luego lamentamos. Pero cuando hemos esperado lo suficiente en el Señor, Él tiene control completo de nuestro espíritu. En tales momentos somos como un guante, y la mano de Dios nos mueve a dondequiera que Él desea.

Cuando usted espera en el Señor, no tiene que sentarse en una esquina contemplándose el ombligo, ni andar de un lado a otro ensimismado tarareando una «dulce oración». No hay que ponerse un manto y vivir en una choza en el Tíbet durante el invierno. A veces, por supuesto, es preciso sentarse en calma a solas con el Señor para tener un tiempo de quietud. La solitud y el silencio son maravillosos cuando nutren nuestras almas. Pero en su mayor parte se tiene que seguir con la tarea. Usted avanza y sigue con las actividades regulares. Usted simplemente se enfoca más plenamente en el Señor en medio de todo. Usted se mantiene preocupado con Él. Piensa los pensamientos de Dios. . . . Alimenta su alma con el maná de Dios.

Ester, una mujer de dignidad y fortaleza

¿Qué hábitos tiene que le permiten concentrarse en el Señor constantemente a lo largo del día?

LA PERSEVERANCIA ES EL SECRETO

Dios bendice a los que son perseguidos por hacer lo
correcto, porque el reino del cielo les pertenece.
MATEO 5:10

De dónde sacaron los creyentes la idea de que seríamos apreciados, afirmados y admirados? El Salvador mismo enseñó que las bendiciones están reservadas para los perseguidos, los insultados, aquellos contra quienes la gente hace toda clase de mal. . . mintiendo (Mateo 5:10-11). Con certeza es fácil olvidar esas palabras y ablandarse, ser demasiado suave, demasiado sensible. La fragilidad no es una virtud que las Escrituras exalten. Los santos con piel delgada se dejan distraer y, por supuesto, desalentar. Hay una carrera larga, exigente que hay que correr, la mayoría de la cual tiene lugar en las trincheras y sin aplauso. Sugiero que rebajemos nuestras expectativas al intensificar nuestra determinación y dirigirnos a la meta.

La perseverancia es el secreto, no la popularidad.

The Finishing Touch (El toque final)

¿Ha olvidado que los cristianos están llamados, no a una vida de comodidad, sino a una vida de resistencia? ¿Cómo describió Jesús la vida de aquellos que lo seguirían?

_____

_____

_____

UNA CORRIENTE CONTINUA DE AMOR

Quiero que ellos cobren ánimo y estén bien
unidos con fuertes lazos de amor.
COLOSENSES 2:2

Cómo es Cristo? Él se caracteriza por dar amor y otorgar perdón. Una persona con perspectiva una vez dijo: «Somos más como bestias cuando matamos. Somos más como hombres cuando juzgamos. Somos más como Dios cuando perdonamos». . . . Cada uno de nosotros puede echarle la culpa a alguien por algo que ha sucedido en nuestras vidas. Pero no desperdicie su tiempo. Lo que más necesitamos es una corriente continua de amor fluyendo entre nosotros; de amor que rápidamente perdona y con agrado se hace de la vista gorda y rehúsa ofenderse.

Es tan fácil amar a algunas personas que uno simplemente en forma natural cae en sus brazos. Pero a otras es difícil amar, y uno tiene que trabajar extra para lograrlo. . . . Algunos son lo opuesto de los imanes: repelen. Y sin embargo ellos necesitan nuestro amor, tal vez más que otros. ¡Qué importante es que nosotros nos «esforcemos fervientemente» en amarnos unos a otros!

El poder de la esperanza

¿Está unido con otros creyentes? ¿De qué manera esos fuertes lazos les han permitido perdurar?

_____

_____

_____

LA SANTIDAD ES PARTE DEL PROCESO

Debes consagrarte y ser santo, porque yo soy santo.
LEVÍTICO 11:44

Algunos dan la impresión de que nunca podrán trabajar lo suficientemente duro como para ser suficientemente santos. Nunca abandonamos suficientes cosas como para ser santos. En el extremo opuesto están los que ven la santidad como enteramente pasiva. Dios la da. La pone encima a uno. Uno la disfruta, se aprovecha de ella, pero únicamente somos una parte pasiva del proceso.

Permítame corregir ambos extremos. Primero que nada, debemos ser santos. La santidad siempre indica . . . separación y diferencia. Dios, siendo santo, es diferente y separado de todos los demás dioses. Y nosotros, como hijos de Dios, debemos ser separados y diferentes también. . . . Debemos vivir vidas de integridad ética y excelencia moral. Si eso fuera imposible para nosotros, Dios nunca nos lo hubiera exigido. Pero lo exige.

Segundo, la santidad no es pasiva. No depende solo de Dios. Somos participantes activos en el proceso. La santidad es parte del proceso de la voluntad de Dios para nosotros, Sus hijos.

El misterio de la voluntad de Dios

¿Cómo está buscando vivir una vida santa que imite a Dios?

_____

_____

_____

_____

ÁMESE A SÍ MISMO, AME A SU ESPOSA

De la misma manera, el marido debe amar a su
esposa como ama a su propio cuerpo.

EFESIOS 5:28

Hombres, permitan que este versículo penetre. El amor que debemos demostrar a favor de nuestras esposas está en directa proporción al amor que nos tenemos nosotros mismos; no engreimiento ruidoso, sino un profundo y tranquilo sentido de valía propia. Muéstreme una esposa que siente que su esposo la ama y aprecia, y le garantizo que está casada con un hombre que se ama lo suficiente a sí mismo. Pero si ella es una esposa que suspira y dice: «¡Podría alguien enseñarle a mi esposo como amarme!» Puedo asegurarle que ella tiene un hombre cuya autoestima anda rezagada.

Mientras usted no tenga un sentido apropiado de amor propio, una autoestima saludable e integra, usted no puede libre y plenamente amar a otra persona. Usted no se entrega a otros o los considera valiosos si primero que todo usted no se considera valioso usted mismo. . . . El amor se basa en el ingenio de nuestra propia estima para tener la suficiente provisión y poder entregarlo a otra persona. Exige seguridad personal hacer eso.

Growing Wise in Family Life (Creciendo en sabiduría en la vida familiar)

¿Comprende cuánto es amado por Dios? ¿De qué manera el comprender esta verdad afecta su capacidad de amar a los demás?

_____

_____

MÁS DULCE QUE LA MIEL

¡Qué dulces son a mi paladar tus palabras! Son más dulces que la miel.
SALMOS 119:103

Antes del colapso de la unión soviética atea, mi amigo John Van Diest, representó a la Asociación de Editores Cristianos Evangélicos en la Feria del Libro de Moscú. Las autoridades a regañadientes le habían concedido permiso para repartir un limitado número de Nuevos Testamentos en ruso, y había largas filas de personas que esperaban recibir un ejemplar. Cuando la provisión se acabó, un hombre desesperadamente desilusionado preguntó si le podría dar una de las cajas vacías que una vez había guardado esos Nuevos Testamentos.

«¡Pero no hay nada allí!» protestó John. «¡Ya se acabaron las Biblias!» Con lágrimas aflorándole a los ojos, el hombre replicó: «Entonces por lo menos quiero la caja». La Biblia era tan preciosa para este hombre que atesoraba la caja de cartón que había contenido las Escrituras. Ojalá que nuestros ojos se abran al asombroso privilegio de tener la Palabra de Dios escrita y completa en nuestras propias manos.

Moisés, un hombre de dedicación total

¿Cómo puede apreciar mejor la Palabra de Dios en su vida?

_____

_____

_____

_____

EL PIADOSO TOMA A DIOS EN SERIO

Como el ciervo anhela las corrientes de las
aguas, así te anhelo a ti, oh Dios.
SALMOS 42:1

Sea lo que sea que podamos decir que es la santidad, *no* es algo superficial. Es algo por debajo de la superficie de una vida, muy profundo en el ámbito de la actitud. . . una actitud hacia Dios mismo.

Mientras más pienso en esto, más estoy convencido de que el piadoso es aquel cuyo corazón es sensible a las cosas de Dios, alguien que toma a Dios en serio. Esto se evidencia en un magnetismo muy obvio: el individuo tiene hambre y sed de Dios. En las palabras del salmista, el santo tiene un alma que «anhela» por el Dios viviente (Salmos 42:1).

El que persevera en esta búsqueda puede ser joven o viejo, rico o pobre, citadino o campesino, líder o seguidor, de cualquier raza, color o temperamento, activo o tranquilo, casado o soltero; nada de esto en realidad importa. Pero lo que sí importa es el anhelo interior del individuo por conocer a Dios, escucharle y andar humildemente con Él. Como mencioné, el piadoso toma a Dios en serio.

Afirme sus valores

¿Cómo puede sostener mejor su búsqueda del Dios viviente?

_____

_____

_____

_____

UN CICLO INTERMINABLE

*Todo es tan tedioso, imposible de describir. No importa
cuánto veamos, nunca quedamos satisfechos. No importa
cuánto oigamos, nada nos tiene contentos.*
ECLESIASTÉS 1:8

Usted trabaja para poder ganar dinero, para poder gastarlo, y así poder trabajar y ganar más dinero, para poder gastarlo, y así poder tener más, lo que quiere decir que gastará más, y trabajará más duro para tener más. Así sigue el ciclo interminable.

Eso explica por qué las personas hacen línea por millones para ver una fantasía en una película y quedarse sentados en silencio asombrados por el mundo imaginario de alguien, lleno de personajes imaginarios que hacen cosas imaginarias; porque la vida bajo el sol es tan tediosa, incansablemente aburrida.

Para decirlo sin rodeos, la vida en el planeta tierra *sin* Dios es un desastre. Así es como Dios la diseñó. Él la hizo así. Él puso en nosotros ese vacío en forma de Dios que solo Él puede llenar. A menos que Él este allí, nada satisface. No hay mayor infierno en la tierra como lo es vivir horizontalmente sin Dios.

Diario de un viajero desesperado

¿Se encuentra pasando cada día preguntándose cuál es el sentido de todo? ¿Cómo mejora Dios su perspectiva?

_____

_____

_____

USTED ESTÁ EN BUENAS MANOS

¡Sí, alaben al Señor, ejércitos de ángeles que
le sirven y hacen su voluntad!
SALMOS 103:21

Qué significa decir de que Dios es fiel? Significa que Él es firme en Su lealtad a Su pueblo. Él no nos abandonará. También quiere decir que Él es firme en Su adherencia a Sus promesas. Dios cumple Su palabra. La fidelidad sugiere la idea de lealtad, confiabilidad, constancia, ser resuelto, firme, consistente. Dios no es veleidoso, y ¡no hay cambios temperamentales de mal genio en Él!

Dios también es fiel para recordar a Sus siervos.

Él recuerda nuestro trabajo; cada acto individual.

Él toma nota del amor que tenemos y lo que impulsó la obra.

Nadie en la tierra puede hacer esas cosas especiales. Nosotros nos olvidamos, pero Dios recuerda. Nosotros vemos la acción. Dios ve el motivo. Esto lo califica como el mejor anotador y juez. Solo Él es perfecto y consistentemente justo. ¡Usted está en buenas manos con el Todopoderoso!

Desafío para servir

¿Necesita un recordatorio de que Dios lo ve todo? ¿Que nada de lo que hace en Su nombre o por amor a los demás es pasado por alto?

_____

_____

_____

DIOS RENUEVA NUESTRAS ALMAS

Pero tú deseas honradez desde el vientre y
aun allí me enseñas sabiduría.

SALMOS 51:6

D ios tiene que abrirse paso por varias barreras exteriores y duras en nuestras vidas antes de poder renovar nuestra alma. Su meta persistente es irrumpir en la persona interior.

¿Cuáles son esas capas resistentes de nuestros corazones, y cómo Él se abre paso por esa *parte oculta*? Primero, Él encuentra orgullo. Entonces usa la lija de la oscuridad para removerlo gradualmente.

Luego nos encuentra presos del temor —terror de nuestro pasado, ansiedad de nuestro presente y miedo a lo que puede estar por delante— y usa el paso del tiempo para quitar ese temor. Aprendemos que las cosas no están fuera de control para nada; están en Sus manos.

Luego encuentra la barrera del resentimiento; la tiranía de la amargura. Él rompe esa barrera con la soledad. En el silencio de Su presencia, adquirimos una perspectiva fresca, gradualmente soltando nuestros atesorados *derechos* y soltando las expectativas que nos mantenían prisioneros.

Moisés, un hombre de dedicación total

¿Todavía se ve a sí mismo a través de la lente de sus fracasos y miedos, o está disfrutando de la libertad de un alma renovada?

_____

_____

_____

HOMBRES COMO DIOS MANDA

*El que busca la justicia y el amor inagotable
encontrará vida, justicia y honor.*
PROVERBIOS 21:21

Me preocupa la masculinidad que está desapareciendo y que una vez abundaba. Quiero decir hombres como Dios manda, que son distintivamente eso: hombres que saben discernir, son decididos, hombres de corazón fuerte, que saben a dónde van y tienen confianza suficiente en sí mismos (y en su Dios) para llegar allá. No tienen miedo de ponerse a la cabeza, pararse altos y firmes en sus principios, aunque las cosas se pongan difíciles.

Tales cualidades no solo inspiran el respeto de las mujeres, sino que engendran admiración saludable entre hombres y muchachos más jóvenes que anhelan tener héroes. Necesitamos... más hombres de pensamiento claro, que trabajen duro, que digan las cosas tal como son, y que, aunque tiernos, sensatos y cariñosos, no sientan la necesidad de pedir permiso para hacerse cargo. Estoy convencido de que a la mayoría de mujeres solteras les encantaría tener hombres así con quienes salir... y la mayoría de las esposas anhelan tener hombres como esos para compartir su vida. Los hijos en especial quieren tener papás así.

Growing Wise in Family Life (Creciendo en sabiduría en la vida familiar)

¿Confía en el papel que Dios le ha dado como hombre? ¿Permite que los hombres en su vida vivan el diseño de Dios para ellos?

_____

_____

CORAZONES QUE SON DEL SEÑOR

Hijo mío, si tu corazón es sabio, ¡mi propio corazón saltará de
alegría! Todo mi ser celebrará cuando hables con rectitud.
PROVERBIOS 23:15–16

Cuando viene el llamado de Dios, ¿nos encontrará listos y dispuestos para levantarnos por Él? ¿Encontrará Él que nuestros corazones son completamente suyos? ¿Acaso podrá Él decir: «Ah, sí, ahí está un corazón completamente Mío. Sí, hay suficiente dedicación a Mí allí como para que yo use esa vida»?

Si su cristianismo no ha puesto esa clase de acero en su espina dorsal, esa calidad de médula en sus huesos, algo anda terriblemente mal, bien sea con el mensaje que usted está oyendo o con su corazón. Dios está buscando hombres y mujeres cuyos corazones sean completamente de Él, hombres y mujeres que no se pierdan en el escenario.

¿Qué lugar le ha asignado Dios? Sea lo que fuere, Dios dice: «Tú estás delante de Mí, y quiero usarte. Quiero usarte como Mi portavoz único en tu día y época, en este momento y tiempo».

Elías, un hombre de heroísmo y humildad

¿Está dispuesto a defender audazmente a Cristo y ser usado de una manera que deje en claro dónde yacen sus lealtades?

INTEGRIDAD Y HONRADEZ

Él le concede el tesoro del sentido común. Él es un escudo
para los que caminan con integridad. Él cuida las sendas
de los justos y protege a los que le son fieles.

PROVERBIOS 2:7–8

S i andamos en integridad, no tropezaremos. ¡Qué gran pensamiento! Si decidimos que vamos a vivir honradamente —lo que
quiere decir, por ejemplo, manejar con honradez una empresa— no
tropezaremos en la falta de honradez. Modelaremos la honradez.
Dios promete que honrará eso. Él nos protegerá. Eso quiere decir que
en última instancia ganaremos sobre los malos. Ganaremos porque
vivimos en el campo de la honradez y ellos no. Dios guarda sabiduría
sólida para nosotros. Con ella, Él nos dará un escudo de protección
conforme andamos en integridad.

Dios está listo para hacer Su parte cuando nosotros estamos listos
para hacer la nuestra.

Diario de un viajero desesperado

¿Cuándo ha actuado con integridad y ha encontrado al Señor
protegiéndole tal como lo prometió?

_____

_____

_____

_____

_____

ANDANDO POR FE

Dejamos de confiar en nosotros mismos y aprendimos
a confiar solo en Dios. . . . Hemos depositado nuestra
confianza en Dios, y él seguirá rescatándonos.
2 CORINTIOS 1:9–10

E l antiguo lema de los soldados durante la guerra revolucionaria de los Estados Unidos de América se aplica a muchos aspectos de la vida: «Confía en Dios, ¡pero mantén seca la pólvora!» En otras palabras, ponga su vida en las manos del Salvador, pero manténgase listo. Haga todo lo que pueda para prepararse para la batalla, entendiendo que el resultado final está en manos del Señor Dios.

Andar por fe no quiere decir dejar de pensar. Confiar en Dios no implica convertirse en haragán, u holgazán, o apático. . . . Usted y yo tenemos que confiar en Dios respecto a nuestras finanzas, pero eso no es licencia para gastar a tontas y a locas. Usted y yo debemos confiar en Dios para seguridad en el auto, pero no es sabio rebasar en una curva ciega.

Actuar neciamente o sin pensar, esperando que Dios le rescate si las cosas salen mal, no es fe para nada. Es presunción. La sabiduría dice: haz todo lo que puedas con tu fuerza, y luego confía en Él para que haga lo que tú no puedes hacer.

Moisés, un hombre de dedicación total

¿En qué áreas de su vida necesita dejar de depender de sí mismo y empezar a depender solo en Dios?

_____

_____

SEPÁRESE

Pero ahora sean santos en todo lo que hagan, tal
como Dios, quien los eligió, es santo.
1 PEDRO 1:15

Qué quiere decir ser *santo*? . . . Reduciéndolo a lo básico, el término *santo* quiere decir «apartado» de alguna manera especial y exclusiva. . . . En santo matrimonio, por ejemplo, un hombre y una mujer se apartan, dejando a todos los demás mientras se unen exclusivamente el uno al otro.

En la Santa Comunión. . . el pan y el vino son apartados del uso común y puestos aparte solo para Dios. El mismo significado está detrás de la palabra *santificar* en 1 Pedro 3:15: «Sino santificad a Cristo como Señor en vuestros corazones» (LBLA). . . . Debemos «apartarlo» como Señor en nuestros corazones.

¡Qué manera más exitosa de lidiar con el cosmos! Debemos empezar la mañana diciendo: «Señor: aparto para Ti mi mente hoy. . . . Aparto todo miembro de mi cuerpo y cada aspecto de mi vida para Ti como Señor de mi vida». Cuando empezamos nuestro día así, lo más probable es que el guiño de las tentaciones no será tan seductor.

El poder de la esperanza

¿Qué tal si aparta hoy todo para la gloria de Dios: su salud, riquezas, sufrimientos y éxitos?

_____

_____

_____

LIBRE PARA VOLAR

Que toda la alabanza sea para Dios, el Padre de nuestro Señor
Jesucristo. Es por su gran misericordia que hemos nacido de
nuevo, porque Dios levantó a Jesucristo de los muertos.
1 PEDRO 1:3

L a gracia nos hace libres para volar. Así que, ¡vuele! ¿Me atrevo a darle algunas ilustraciones? Ah, ¿por qué no? Usted ha tenido sus ojos en ese velero, o bote, o automóvil por algún tiempo. ¿Por qué no? Usted ha pensado mucho en un crucero, o en un viaje al extranjero, pero nunca se ha permitido hacer más que pensar. ¿Por qué no?

Su peinado ha sido el mismo por tres décadas. Ha pensado probar algo realmente *de moda*. ¿Por qué no?

Usted anhela conseguir un título, pero todos le dicen que abandone ese sueño. ¿Debería intentarlo? ¿Por qué no?

A usted le encantaría organizar una gran fiesta con unos pocos buenos amigos que usted sabe que les gusta divertirse. ¿Por qué razón no hacerlo?

La gracia nos hace libres para volar. Así que, ¡vuele!

Day by Day with Charles Swindoll (Día a día con Charles Swindoll)

¡En Su presencia hay plenitud de gozo! ¿Cómo sería para usted vivir en la libertad de ese gozo cada día?

_____

_____

_____

_____

DICIEMBRE

MOLDEADO POR DIOS

Así que, todos nosotros . . . podemos ver y reflejar la gloria del Señor.
2 CORINTIOS 3:18

Aun escultor le preguntaron cómo podría tallar una cabeza de un león en un enorme bloque de mármol. «Simplemente quito con el cincel todo lo que no pertenece a la cabeza de león», fue la respuesta. Dios trabaja en nuestro ser y nos quita todo lo que no se parece a Cristo: la impaciencia, el mal genio, el orgullo, los impulsos emocionales que nos alejan de nuestro Padre celestial. Dios está moldeándonos a Su imagen. Es un plan predeterminado; y Él está decidido a lograrlo. Nada que podamos hacer lo disuadirá de ese plan. Él persiste en eso. Es implacable; y nunca se le agotan las ideas creativas.

Es por lo que Él envía a una persona al campo misionero en China y a otro a un edificio bancario en el centro de su ciudad. Eso es parte de Su plan soberano para moldear a los individuos a la imagen de Cristo.

El misterio de la voluntad de Dios

¿Cómo está reflejando la gloria de Cristo en los lugares donde Dios le ha puesto hoy?

_____

_____

_____

_____

ALEGRÍA CONTAGIOSA

*Nos llenamos de risa y cantamos de alegría. Y las otras naciones
dijeron: «Cuántas maravillas ha hecho el Señor por ellos».*

SALMOS 126:2

Tal vez usted está en el grupo de los «si tan solo». Usted dice
que se reiría *si tan solo* tuviera más dinero. . . *si tan solo* tuviera
más talento o fuera más hermosa. . . *si tan solo* pudiera encontrar un
trabajo más satisfactorio. Yo cuestiono esas excusas. Tal como tener
más dinero jamás hizo a nadie más generoso y tener más talento
jamás hizo a nadie más lleno de gracia, más de *algo* jamás hizo a nadie
alegre.

Sin excepción, los que se ríen constantemente lo hacen a pesar de,
y rara vez *debido* a algo. Buscan la alegría en lugar de esperar que venga
a llamar a su puerta al mediodía. Tales creyentes contagiosamente
alegres, no tienen problemas para convencer a los que le rodean que
el cristianismo es real y que Cristo puede transformar una vida. La
alegría es la bandera que ondea sobre el castillo de sus corazones,
anunciando que el Rey está allí.

Sonríe otra vez

¿Sabrían otros, por el gozo en su vida, que el Señor ha hecho
cosas asombrosas por usted?

_____

_____

_____

_____

DEPENDIENDO POR COMPLETO EN DIOS

«Dios bendice a los que son pobres en espíritu y se dan cuenta de la necesidad que tienen de él, porque el reino del cielo les pertenece».
MATEO 5:3

B ienaventurados *los pobres de espíritu* (Mateo 5:3 LBLA). No pobres en substancia, sino en espíritu. La primera bienaventuranza no tiene nada que ver con estar destituido materialmente o en bancarrota financiera. Jesús está asignando valor a un espíritu humilde, aquellos que reconocen una bancarrota espiritual en sí mismos y de sí mismos. En donde hay una ausencia de orgullo bien pulido y engreimiento personal, hay una dependencia integral en el Dios viviente. En lugar de: «No es problema, yo puedo con esto. . .», hay una rápida confesión, reconociendo las propias limitaciones de uno.

¿Y la bendición prometida para una actitud humilde, dependiente? «De ellos es el reino de los cielos» (LBLA). Al vivir vidas de una fe sencilla bajo el cuidado soberano y lleno de gracia del Padre celestial, verdaderamente entramos en lo que verdaderamente significa vivir en el reino.

Una fe sencilla

¿Ha dejado a un lado su orgullo y ha abrazado la vida de los pobres en espíritu? ¿Por qué es mejor así?

_____

_____

_____

_____

CONOCIENDO A CRISTO

*Quiero conocer a Cristo y experimentar el gran poder que lo levantó
de los muertos. ¡Quiero sufrir con él y participar de su muerte!*

FILIPENSES 3:10

Como el gran apóstol Pablo, hagamos de este nuestro propósito decidido. Deliberadamente abracemos esta meta: «llegar a estar familiarizados más íntimamente con Cristo». No íntimamente familiarizados con la teología, por importante que pueda ser la teología. No íntimamente familiarizados con la iglesia, por valiosa que puede ser la iglesia. No hablarles de Cristo a otros, por estimulante y significativa que pueda ser la evangelización. No, ¡nada de eso!

Con Cristo. ¡Con Él y solo con Él! Desde este momento en adelante, la meta en la vida es llegar a estar familiarizados íntimamente con Cristo. Pienso que esto es precisamente lo que Jesús tenía en mente cuando ordenó: «Mas buscad primeramente el reino de Dios y su justicia» (Mateo 6:33 RV60).

No hay nada, absolutamente nada, de mayor importancia que conocer a Cristo intensa e íntimamente.

Intimacy with the Almighty (Intimidad con el Todopoderoso)

¿Cómo está siendo intencional acerca de conocer a Cristo más íntimamente cada día?

_____

_____

_____

_____

ROZANDO LAS COPAS DE LOS ÁRBOLES

Pues él sabe lo débiles que somos; se acuerda
de que somos tan solo polvo.
SALMOS 103:14

Dios tiene presente que Él nos creó como seres finitos a partir de unos pocos kilos de tierra de jardín. El entiende eso. . . . Mi pregunta es: ¿por qué no lo entendemos nosotros? ¿Por qué esperamos perfección en nosotros mismos y los que nos rodean?

Usted y yo somos terriblemente impacientes con nuestras propias limitaciones y debilidades y con los demás. Nos desesperamos porque pensamos que a estas alturas ya deberíamos estar en una órbita espiritual, cuando a duras penas estamos rozando las copas de los árboles. . . . Pensamos que deberíamos instantánea, constante y eficazmente conquistar vastos territorios para el reino de Dios, como algún Alejandro Magno espiritual. Y cuando eso no sucede, cuando la victoria parece elusiva, nos desalentamos.

Siempre que empiezo a sentirme así, necesito volver a visitar la vida de Moisés. . . . Allí tenemos a un hombre que no llegó a ser eficaz para Dios sino cuando tenía ochenta años. Mucho después de que la mayoría de nosotros estuviéramos descansando en una silla mecedora o cultivando rosas, Moisés empezó su carrera espiritual. Y, ¿adivine qué? Dios lo usó poderosamente.

Moisés, un hombre de dedicación total

¿Es demasiado duro consigo mismo? ¿Espera más de usted mismo que del Dios que le creó?

EL APLAUSO DE DIOS

*No hay nada que me cause más alegría que
oír que mis hijos siguen la verdad.*

3 JUAN v. 4

E**ntusiasmo** es una palabra grandiosa. Su raíz griega es *entheos*, «Dios en». Es la capacidad de ver a Dios en una situación que lo hace emocionante. ¿Sabe usted que Dios está observando su vida? ¿Se da cuenta de eso? Algo sucede cuando nos convencemos de que Dios, nuestro Padre celestial, está consciente y participa en nuestras actividades y está, en verdad, aplaudiendo nuestras vidas.

Piense en todo lo que ha logrado hasta este punto. Trate de imaginarse los horizontes y desafíos de su futuro. Al recorrer mentalmente desde el punto en el que se desvanece el ayer hasta el punto en el que se desvanece el mañana, usted hallará que Dios ha estado y siempre está presente. No hay ningún lugar en todo el alcance de su existencia en donde Dios no esté presente.

Cómo vivir sobre el nivel de la mediocridad

¿Cómo se siente sabiendo que Dios está completamente involucrado e interesado en todo lo que usted hace?

_____

_____

_____

_____

_____

PREFIERA DAR

«Hay más bendición en dar que en recibir».
HECHOS 20:35

Usted, usted, usted. ¡Estamos hartos con el ego! Haga algo ya sea *por* usted mismo, o *con* usted mismo, o *para* usted mismo. ¡Qué diferente del modelo y mensaje de Jesús! No es una «filosofía» que nos haga enfocar en nosotros mismos, Él ofrece más bien una invitación fresca y muy necesitada a nuestra generación de «yo primero». Hay una mejor manera, dice Jesús: «Sé un siervo, ¡da a otros!» Ahora, esa es una filosofía que cualquiera puede entender; y, sin duda alguna, se puede conseguir.

¡Deje de permitir que dos fuertes tendencias, egocentrismo y arrogancia, lo controlen! No permita que ninguna de ellas sugiera conseguir audiencia. Reemplácelas con «humildad de espíritu». ¿Cómo? Considerando a otros como más importantes que usted mismo. Busque maneras de respaldar, animar, edificar y estimular al otro. Y eso requiere una actitud que prefiere dar en lugar de recibir.

Desafío a servir

¿Se encuentra demasiado enfocado en sí mismo? ¿De qué maneras puede dar a otra persona hoy?

_____

_____

_____

_____

EMANUEL: DIOS CON NOSOTROS

No tengan miedo. . . Les traigo buenas noticias que darán
gran alegría a toda la gente. ¡El Salvador—sí, el Mesías, el
Señor—ha nacido hoy en Belén, la ciudad de David!

LUCAS 2:10–11

La Navidad llega cada año y atrae a las personas a resguardarse del frío.

Como diminutas golondrinas asustadas, temblando en el frío del invierno, muchos viven sus vidas en las ramas vacías de los desencantos, desilusiones y soledad, perdidos en pensamientos de vergüenza, lástima de sí mismos, culpa o fracaso.

Entonces, cuando el año se acerca a su fin, la Navidad ofrece un maravilloso mensaje. Emanuel. Dios con nosotros. El que residía en el cielo, co-igual y co-eterno con el Padre y el Espíritu, voluntariamente descendió a nuestro mundo. Respiró nuestro aire, sintió nuestro dolor, supo de nuestras tristezas y murió por nuestros pecados. Él no vino para asustarnos, sino para mostrarnos el camino al calor y la seguridad.

The Finishing Touch (El toque final)

¿Cómo le permite la presencia de Dios en su vida resistir las condiciones a menudo duras y frías del mundo?

_____

_____

_____

_____

UN ÁPICE DE PÁNICO

Confía en el Señor con todo tu corazón; no
dependas de tu propio entendimiento.
PROVERBIOS 3:5

U n caballero de nuestra iglesia sufrió un accidente mientras esquiaba y como resultado quedó confinado a usar muletas por muchas largas semanas. A veces uno lo hallaba jadeante en el escalón más alto de las escaleras. Al mirarle las manos, se notaba que estaban enrojecidas y laceradas. En realidad, él descubrió que apoyarse en las muletas era *agotador.*

¡Lo mismo es apoyarnos en nuestra propia prudencia! Si usted quiere pasar un día agotador, trate de resolver sus circunstancias apoyándose en su punto de vista humano. Persiga todas las posibilidades que pueda pensar. Cuando llegue a un callejón sin salida, retroceda y entonces busque otro igual. Conduzca rápido, y luego frene en seco. Eche un ápice de pánico, una pulgada de temor y añada una cucharadita de manipulación, tres tazas de artimañas ¡y un puñado de píldoras! Cuando haya acabado, considere donde ha estado. Esa es una excelente receta para una «depresión instantánea». Es más, acabará mentalmente exhausto. La paz huirá de usted.

Living Beyond the Daily Grind (Viviendo más allá de la rutina diaria)

¿Se ha agotado apoyándose en todas las cosas equivocadas para obtener soporte? ¿Por qué no apoyarse completamente en el Señor hoy?

_____

_____

UNA GALERÍA DE RECUERDOS

¡Mi Dios! Ahora estoy profundamente
desalentado, pero me acordaré de ti.
SALMOS 42:6

Nuestro pasado es como una galería de arte. Caminar por los corredores de nuestra memoria es como caminar por una galería de arte. En las paredes están los retratos del ayer: nuestra casa, nuestra niñez, nuestros padres, nuestra crianza, las penas, las dificultades, las alegrías y triunfos, así como también los maltratos y desigualdades de nuestra vida. Puesto que Jesucristo nuestro Señor es el mismo ayer y hoy y por los siglos, entonces podemos tomar al Cristo de hoy y caminar con Él a nuestro ayer, y pedirle a Él que quite los cuadros que traen recuerdos malos y de derrota. En otras palabras, el creyente puede permitir que Jesús invada el ayer y resuelva esos años de aflicción —esos años que devoró la langosta (Joel 2:25-26)— y quite esas escenas de los pasillos de nuestras vidas. Usted los tiene. Necesitamos permitir que Dios deje los muros que dan placer y victoria y quite de los muros las cosas que traen desesperanza y derrota.

David, un hombre de pasión y destino

¿De qué manera vivir en la bondad de Dios le ayuda a superar la tentación de desanimarse?

_____

_____

_____

PÍDALE A DIOS QUE SE HAGA CARGO

También nos alegramos al enfrentar pruebas y dificultades
porque sabemos que nos ayudan a desarrollar resistencia.
ROMANOS 5:3

Uno de los términos griegos que traduce *tribulación* en el Nuevo Testamento se refiere a «presión . . . como aplastado bajo una piedra gigante». Esta es una descripción del dolor, de aguantar estrés. Es una ilustración de la opresión de nuestros tiempos. Hay un cierto tipo de presión que viene del desempleo. Hay otro tipo de presión que viene con la amenaza de perder la casa. Hay una presión que viene de la calamidad, o un hijo descarriado, o un cónyuge que se ha ido.

¿Se interesa Dios por el número de cabellos en nuestro cuero cabelludo? ¿Se preocupa Él si una golondrina cae? Sí, Su Palabra nos asegura que así es. Entonces tenga la seguridad de esto: Dios es especialista en las cosas que le carcomen a usted por dentro; las cosas que usted teme mañana o la próxima semana; las cosas que le hacen preguntarse: *¿Cómo puedo concatenar esto?* La seguridad que Dios le da es esta: «Mira, yo me especializo en eso, puedo tomar esa situación que tú has hecho una montaña, y puedo perforar un túnel a través de ella en cuestión de segundos. Tráemelo todo a Mí. Pídeme que Yo me haga cargo».

Perfect Trust (Confianza perfecta)

¿Cree que Dios se preocupa y es capaz de manejar todas sus preocupaciones, grandes o pequeñas?

_____

_____

RECUERDE EL BIEN, OLVÍDESE DEL MAL

La recompensa de los justos permanecerá.
Los justos encuentran la vida.
PROVERBIOS 11:18–19

S ea que se trate de algún asunto personal o público, con rapidez revelamos si poseemos un corazón de siervo por la forma en que respondemos a los que nos han ofendido. No basta simplemente decir: «Pues bien, está bien; te perdono, ¡pero no esperes que lo olvide!» Eso quiere decir que hemos levantado un monumento de aborrecimiento en nuestra mente, y eso en realidad no es perdón para nada. Los siervos deben ser personas grandes. Lo suficientemente grandes para seguir, recordando el bien y olvidando el mal. Como el viejo refrán dice: «Escribe las ofensas en el polvo y los halagos en mármol».

Los verdaderos siervos, al demostrar amor genuino, no llevan cuentas. La Real Academia Española define olvidar como «dejar de retener en la mente algo o a alguien. . . dejar de hacer algo por descuido. . . dejar algo o a alguien por descuido en un lugar . . . dejar de ser consciente en el momento adecuado». Ese es el pensamiento.

Desafío a servir

¿Hay alguna ofensa que deba pasar por alto? ¿De qué manera esta disposición a perdonar le hace más como Cristo?

_____

_____

_____

_____

LA PRESENCIA Y PODER DE DIOS

*En Dios confío, ¿por qué habría de tener miedo? ¿Qué
pueden hacerme unos simples mortales?*
SALMOS 56:4

En las monedas y billetes de los Estados Unidos de América
aparece la frase «En Dios confiamos». ¿Confiar que Él haga qué?
¿Qué nos guarde de invasión? ¿Qué nos dé prosperidad? ¿Qué sostenga
nuestra posición de potencia y liderazgo mundial? Sin embargo, como
nación hoy, confiamos mucho más en nosotros mismos... que lo que
confiamos en Dios.

Esta es una pregunta directa: «¿Puede usted confiar en Dios? Hay
dos maneras de mirar esta pregunta. ¿Puede usted *confiar* en Dios?
Es decir, ¿es Dios confiable en tiempos de necesidad? ¿Hará Él lo que
dice? O, en segundo lugar, podemos preguntar: «¿Puede *usted* confiar
en Dios?» ¿Tiene tal relación con Él y tal confianza en Él que cree que
Él está con usted siempre, aunque no vea ninguna evidencia de Su
presencia y Su poder?

Perfect Trust (Confianza perfecta)

¿Cómo ha probado Dios ser digno de confianza en su vida?
¿Está confiando en Él con la batalla actual que enfrenta?

_____

_____

_____

_____

SIMPLEMENTE DIGA QUE «¡NO!»

Toma en serio mis palabras. Sigue mis mandatos y vivirás.
PROVERBIOS 4:4

José era un hombre bien parecido que, sin querer hacerlo, captó el ojo de una mujer (Génesis 39:6-7).

La esposa de Potifar fue audaz y desvergonzadamente agresiva [hacia José]: «Acuéstate conmigo. Tengamos relaciones sexuales» (Génesis 39:7). La mayoría de los demás, entonces y ahora, hubieran sido tomados por sorpresa y por lo menos por un momento se hubieran sentido halagados. . . . Pero no José; ni por un instante. Sin vacilación, y estando absolutamente seguro de sí mismo y en su Dios, respondió con igual intrepidez.

¡Él rehusó! . . . No se olvide de esa maravillosa palabra. Allí estaba una mujer egipcia ofreciéndole su cuerpo y un joven criado judío siendo tentado por su audaz avance. Y ¿qué? Él rehusó. ¡Dijo que no!

¿Cómo pudo hacer eso? Dos razones: su lealtad a su amo, Potifar. . . y su lealtad a Dios (v. 9).

José, un hombre de integridad y perdón

¿Está jugando con la tentación en algún área de la vida? ¿Cómo puede alejarse de la situación?

_____

_____

_____

_____

TODOS ESTÁN INCLUIDOS

Y que la paz que viene de Cristo gobierne en sus corazones.
Pues, como miembros de un mismo cuerpo, ustedes son
llamados a vivir en paz. Y sean siempre agradecidos.
COLOSENSES 3:15

Cuando el mundo busca las cualidades que lograrán que el trabajo se haga, lo externo recibe el visto bueno. Nos gustan las personas con carisma, personas que tengan ingenio, que puedan poner una buena fachada. He notado en los pasados veinte y más años, que buscamos menos y menos integridad, honor y verdadero carácter en un presidente. Buscamos individuos que tengan buena presencia en televisión, personas que puedan debatir contra un opositor con gran soltura y poco sudor facial, que puedan hacer acomodos lo suficientemente para complacer casi a todos. Preferimos lo externo. El carácter lo dejaremos fuera si tenemos que hacerlo, pero no esas cosas externas. ¡Pero Dios pasa por alto lo externo y mira la humildad del corazón!

Vivimos en un mundo en donde cuidamos lo nuestro. Buscamos ser el número uno. Pero el plan de Dios abarca a todos; a toda nación, toda raza, toda cultura, naciones enormes, altamente desarrolladas, pero sin excluir las pequeñas que están luchando. Su mensaje de *shalom* (paz) por fe en Cristo es universal, ilimitado, sin prejuicio. ¡Vasto!

Ester, una mujer de dignidad y fortaleza

¿Cuándo se ha sentido atraído por una persona debido a sus cualidades externas solo para sentirse decepcionado por su carácter interno?

HAGA LA DIFERENCIA

¿De qué le sirve a uno decir que tiene fe si no
lo demuestra con sus acciones?

SANTIAGO 2:14

P uede una persona hacer la diferencia? Permítame preguntarle, ¿la determinó Cristo? Dios amó tanto al mundo que hizo algo. No seleccionó un comité. No elaboró una teoría de lo grande que sería si alguien viniera a nuestro rescate. No se limitó a afligirse por nuestro descarrío y retorcerse las manos con tristeza. ¡Hizo algo! Y, a su vez, el Hijo de Dios le dijo a Dios Padre: «Yo iré». Él *hizo algo* al respecto; y por eso podemos ser salvados. No creemos en una teoría; creemos en la persona de Cristo, que murió y resucitó para que podamos vivir y determinar una diferencia.

La pregunta no es sencillamente, ¿qué piensa usted de Cristo? La pregunta es, ¿qué ha hecho con respecto a lo que piensa?

Ester, una mujer de dignidad y fortaleza

¿Cómo las cosas en las que cree marcan una diferencia en la forma en que vive día a día?

_____

_____

_____

_____

_____

SIN ATAJOS

Qué alegría para los que no siguen el consejo de
malos. . .Sino que se deleitan en la ley del Señor.
SALMOS 1:1-2

Hace años leí acerca de la construcción de un palacio municipal y una estación de bomberos en una pequeña comunidad. Los ciudadanos se sentían orgullosos de su nueva estructura de ladrillo rojo: un sueño largamente esperado que se hizo realidad. A pocas semanas de haberlo ocupado, sin embargo, cosas extrañas empezaron a suceder. Varias puertas no se podían cerrar por completo, y unas cuantas ventanas no podían abrirse con facilidad. Con el paso del tiempo, ominosas grietas empezaron a aparecer en las paredes. A los pocos meses, no podían cerrar la puerta del frente. . . y el techo empezó a gotear. Con el tiempo tuvieron que condenar el edificio que en un momento fue fuente de gran orgullo. Una intensa investigación reveló que las explosiones de minas profundas a varios kilómetros de distancia causaron ondas de choque subterráneas que subsiguientemente debilitaron la tierra debajo de los cimientos del edificio, lo que resultó en su virtual autodestrucción.

Así es con el compromiso en la vida. Lenta, casi imperceptiblemente, una idea conduce a otra, lo que desencadena una serie de alteraciones igualmente dañinas en una vida que alguna vez fue estable, fuerte y confiable.

Living Beyond the Daily Grind (Viviendo más allá de la rutina diaria)

¿A qué ondas de choque específicas del mundo ha tenido que enfrentarse últimamente? ¿Cómo le ha fortalecido el fundamento de Cristo?

ESPERE LO INESPERADO

Alaben al Señor Dios, el Dios de Israel, el único
que hace semejantes maravillas.
SALMOS 72:18

Cuando llegó el tiempo para que Dios enviara a Su Hijo a la tierra, no lo envió al palacio de algún rey poderoso. Fue concebido en el vientre de una madre soltera, ¡una virgen!, que vivía en la oscura población de Nazaret.

Al escoger a los que representarían a Cristo y establecerían Su iglesia, Dios escogió a algunos de los individuos más inusuales imaginables: pescadores sin mayor educación, un cobrador de impuestos, un místico, un dudoso y un ex-fariseo que había perseguido a los cristianos. Dios continuó escogiendo a algunas personas nada usuales a través de los siglos. Es más, parece deleitarse en tales decisiones sorprendentes hasta el día de hoy.

Así que, deje que Dios sea Dios. Espere lo inesperado.

The Finishing Touch (El toque final)

¿Qué personas sorprendentes ha puesto Dios en su camino a lo largo de los años? ¿De qué maneras inesperadas ha obrado Dios en su vida?

_____

_____

_____

_____

LA META ES LA ESPERANZA

*La fe demuestra la realidad de lo que esperamos; es
la evidencia de las cosas que no podemos ver.*
HEBREOS 11:1

P uede usted recordar un día reciente «gris y sombrío»? Por
   supuesto que puede. También yo.

Las leyes de la equidad y justicia fueron desplazadas por un par de leyes de Murphy. Su sueño se disuelve en una pesadilla. Las grandes esperanzas se van de paseo. Las buenas intenciones se pierden en una comedia de errores, solo que esta vez nadie se ríe. . . . Usted siente como que está diciéndole a John Bunyan que se haga a un lado mientras usted se escurre al Pantano del Desaliento cerca del Castillo de la duda.

El desaliento puede ser terrible, pero no es terminal.

Dios tiene un objetivo final en mente: que podamos tener esperanza. Y, ¿qué conduce a tal meta? Dos cosas: perseverancia y estímulo de las Escrituras. De nuevo, la meta es esperanza. Dios no ha diseñado una vida de desaliento para nosotros. Él quiere que Su pueblo tenga esperanza. . . mediante la perseverancia y mediante el estímulo de las Escrituras.

Cómo vivir sobre el nivel de la mediocridad

Cuando estudia las Escrituras, ¿cuáles son algunas de las cosas que aún no ve pero cree que vendrán?

_____

_____

UN DÍA A LA VEZ

El orgullo lleva a la deshonra, pero con la humildad viene la sabiduría.

PROVERBIOS 11:2

Los que rehúsan dejarse agobiar y anclarse en el pasado son los que persiguen los objetivos del futuro. Los que hacen esto rara vez son mezquinos. Están demasiado ocupados en lograr que se haga el trabajo como para ocuparse de las heridas y preocupaciones del ayer.

Conozco la naturaleza humana lo suficiente como para darme cuenta de que algunos excusan su amargura en heridas del pasado pensando: *es demasiado tarde para cambiar. Me han hecho daño, y el mal que me han hecho es demasiado grande como para que jamás lo olvide.*

Pero cuando Dios nos extiende esperanza, cuando Dios hace promesas, cuando Dios dice: «sí puede hacerse», *no hay excepciones.* Con cada nueva aurora se le entrega a su puerta un paquete nuevo y fresco llamado «hoy». Dios nos ha diseñado de tal manera que podemos manejar solo un paquete a la vez. . . y Él suple toda la gracia que necesitamos para vivamos ese día.

Desafío a servir

¿Se encuentra poniendo excusas debido a su amargura? ¿Por qué no elije dejar ir el ayer?

_____

_____

_____

MARAVILLAS Y MISTERIOS DE LO PROFUNDO

Pues su Espíritu investiga todo a fondo y nos muestra los secretos profundos de Dios.
1 CORINTIOS 2:10

Las cosas profundas intrigan. Selvas profundas, agua profunda, cuevas y cañones profundos, pensamientos y conversaciones profundas.

No hay nada como lo profundo para dejarnos insatisfechos con las cosas superficiales, de poca profundidad. Una vez que hemos pasado tiempo debajo de la superficie y hemos probado las maravillas y misterios de lo profundo, nos damos cuenta del valor de tomar tiempo y darnos el trabajo de sumergirnos a esas profundidades.

Esto es verdad en especial en el ámbito espiritual. Dios nos invita a ir más profundo en lugar que contentarnos con asuntos superficiales.

Intimacy with the Almighty (Intimidad con el Todopoderoso)

¿Tiene un deseo insaciable de profundizar más su relación con Dios? Si no, ¿por qué no se lo pide hoy?

_____

_____

_____

_____

_____

ALIVIO EN LUGAR DE VENGANZA

Las personas sensatas no pierden los estribos; se
ganan el respeto pasando por alto las ofensas.

PROVERBIOS 19:11

Se ha dado cuenta usted del efecto que roba la alegría que resulta en su vida al tener un espíritu no perdonador? Si su amargura es lo suficientemente profunda, virtualmente usted ha dejado de vivir.

No vale la pena. Usted necesita resolver ahora mismo este asunto persistente, hostigoso. La paz, contentamiento y alegría que pueden ser suyas están drenándose, como agua por el desagüe de una pila de agua sin tapón. Es tiempo de que usted detenga la disputa: hay que disolver la desarmonía.

Empiece contándole a Dios cuánto le duele y que necesita que Él le ayude para perdonar la ofensa.... Líbrese del veneno de la ira acumulada y eche fuera todo el ácido del resentimiento largamente guardado. Su objetivo es claro: perdonar por completo al ofensor. Una vez que haya hecho eso, descubrirá que ya no repasa mentalmente las horribles escenas. El deseo de venganza y de desquitarse se desvanecerá, y el espacio ahora vacío se llenará de una inundación de alivio y un nuevo espíritu de alegría que no se sentirá como si fuera la misma persona.

Sonríe otra vez

¿Qué le impide perdonar a alguien? ¿Cómo esa falta de perdón le está impidiendo una vida feliz?

_____

_____

EL SALÓN DE CLASES DE LA VIDA

Examínense para saber si su fe es genuina. Pruébense a sí mismos.
2 CORINTIOS 13:5

La vida es un salón de clases. En él encontramos pruebas relámpago y exámenes periódicos. No se puede tener un salón de clases sin exámenes, por lo menos nunca he visto uno. . . . En todo el proceso educativo nuestro conocimiento se evalúa con base a exámenes. El currículo de semejanza a Cristo es muy parecido. Nuestra madurez cristiana se mide por nuestra capacidad de resistir las pruebas que nos salen al paso sin permitirles que estremezcan nuestro cimiento o nos lancen a un torbellino emocional o espiritual.

Lo maravilloso en cuanto al salón de clases de Dios, sin embargo, es que nosotros calificamos nuestros propios exámenes. Como ve, Dios no nos prueba para que Él pueda enterarse de lo bien que lo estamos haciendo. Dios nos prueba para que *nosotros* podamos descubrir lo bien que estamos haciéndolo.

El poder de la esperanza

¿Cómo está manejando su prueba actual? ¿Ha sido evidente su fe?

_____

_____

_____

_____

_____

EL ETERNO YO SOY

Esto lo hacemos al fijar la mirada en Jesús, el campeón que inicia y perfecciona nuestra fe.

HEBREOS 12:2

Mientras sus ojos no estén fijos en el Señor, usted no podrá resistir los días que van de mal en peor.

¡Fije sus ojos en el Señor! Hágalo diez mil veces. Hágalo constantemente. Cuando su calendario le pone presión, cuando sus perspectivas se diluyen, cuando su esperanza se apaga, cuando la gente lo desilusiona, cuando los sucesos se vuelven en su contra, cuando los sueños mueren, cuando las paredes se estrechan, cuando la prognosis se ve lúgubre, cuando su corazón se parte, *mire al Señor y siga mirándolo a Él.*

¿Quién es Él? Él es Yahweh, el eterno YO SOY, el soberano Señor del universo. Él no puede hacer lo injusto; es contra Su naturaleza. Él nunca ha perdido el control. Siempre es fiel, inmutable, todopoderoso, todo sapiente, bueno, compasivo, lleno de gracia, sabio, lleno de amor, soberano, confiable.

Moisés, un hombre de dedicación total

¿Cómo puede mantener sus ojos fijos en Jesús durante todo el día?

_____

_____

_____

_____

PIENSE DIFERENTE

El camino de los justos conduce a la vida;
ese rumbo no lleva a la muerte.
PROVERBIOS 12:28

D eje de permitir que lo opriman! ¡Deje de imitar el sistema de pensamiento que le rodea, su línea de razonamiento, su método de operación, su estilo y técnica! ¿Cómo? Mediante una transformación radical por dentro. Por un patrón de pensamiento renovado que demuestra piedad auténtica. Una vida diferente empieza cuando se empieza a pensar en forma diferente. Una vida que se caracteriza por el servicio a otros empieza en una mente que está convencida de tal vida. Eso explica por qué esa gran sección de la Biblia que describe la disposición de Cristo de asumir la forma de siervo empieza con las palabras: «Haya, pues, en vosotros este sentir que hubo también en Cristo Jesús» (Filipenses 2:5 RV60).

La vida de servicio de Jesús fue el resultado de Su mente: «no oprimida» por el sistema del mundo en todo su egoísmo; y sigue siendo, para siempre, nuestro ejemplo a seguir.

Desafío a servir

¿Cómo desarrolla usted la mente de Cristo? ¿Cómo tal mentalidad se manifiesta en su vida?

_____

_____

_____

_____

EL DISEÑO MÁXIMO DE DIOS

Pero cuando lleguen los tiempos difíciles, reconoce
que ambas cosas provienen de Dios.

ECLESIASTÉS 7:14

El Señor Dios interviene y se interesa tanto durante la adversidad como durante la prosperidad. La palabra hebrea que se traduce «considera» lleva la idea de «examinar con el propósito de evaluar». En la adversidad —cuando el mundo se viene abajo, se atraviesan días de reveses financieros, o de severos conflictos domésticos— la sabiduría nos permite examinar, y evaluar con increíble objetividad.

Dios quiere que andemos por fe, no por vista. . . . Su diseño máximo no es otra cosa más que perfecto. Él tiene un plan, pero si no operamos con base en Su sabiduría, nos entregaremos al pánico y huiremos, o tercamente nos opondremos a Sus caminos

Diario de un viajero desesperado

¿De qué manera el saber que Dios está tan involucrado en los malos momentos como en los buenos momentos, le ayuda a sobrellevar los días difíciles?

_____

_____

_____

_____

_____

_____

IMITE A DIOS

No envidies a los pecadores; en cambio, teme siempre al Señor.
PROVERBIOS 23:17

Puesto que la mayoría de los seres humanos sufre de una falta de balance en sus vidas, nuestro mejor consejo acerca de este tema viene de la Palabra de Dios, la Biblia. En ese libro aparece una orden de lo más inusitada: «Por tanto, imiten a Dios, como hijos muy amados» (Efesios 5:1 NVI). Tal vez usted nunca se dio cuenta que tal afirmación estaba en la Biblia. Qué mandamiento más extraño: «¡Sean imitadores de Dios!» (PDT).

En otras palabras, eso no es ni un pensamiento pasajero ni tampoco una experiencia que sucede muy de vez en cuando. Nuestra práctica de ser personas que «imitan a Dios» debe llegar a ser nuestro hábito diario. Debemos hacer lo que Él hace, responder a la vida como Él responde, emular rasgos similares, modelar Su estilo.

Afirme sus valores

¿Cómo está imitando a Dios en sus actitudes y acciones día a día?

_____

_____

_____

_____

_____

_____

COMPARTA CON LIBERTAD

*Si vivimos en la luz, así como Dios está en la luz,
entonces tenemos comunión unos con otros, y la sangre
de Jesús, su Hijo, nos limpia de todo pecado.*

1 JUAN 1:7

La antigua *koinonía* (comunión) debe haber sido algo digno de contemplar. Al tratar de formarme un cuadro mental acerca de ella, concibo esta descripción: *koinonía* consiste en expresiones de cristianismo auténtico que se expresan con libertad entre los miembros de la familia de Dios. Se la menciona como veinte veces en el Nuevo Testamento, y sin excepción invariablemente se expresa en una de dos direcciones.

La primera, se le usa en el sentido de compartir algo *con* alguien, tal como comida, dinero, provisiones, estímulo, tiempo e interés. Y, segunda, se le usa en el sentido de participar *en* algo con alguien, como un proyecto, un éxito, un fracaso, una necesidad, una herida.

El significado de todo esto es que la *koinonía bíblica nunca es algo que se hace a solas.* En otras palabras, el deseo de Dios para Sus hijos es que intervengamos personal y profundamente los unos en las vidas de los otros. . . . Nuestro superficial «¿Cómo estás?» y «¡Que te vaya bien!» no basta.

Afirme sus valores

¿Está viviendo actualmente en profunda comunión con otros creyentes, o sufre a causa de relaciones superficiales?

_____

_____

UN CORAZÓN SERVIDOR

Así que, a Apolos y a mí, considérennos como simples siervos de Cristo, a quienes se nos encargó la tarea de explicar los misterios de Dios.
1 CORINTIOS 4:1

Un espíritu de humildad es muy raro en nuestros días de actitudes obstinadas, arrogantes como de pavo reales. El puño crispado ha reemplazado a la cabeza inclinada. La boca grande y la mirada feroz ahora dominan la escena que en un tiempo ocupaba la piedad quieta de los «pobres en espíritu». ¡Cuán santurrones hemos llegado a ser! ¡Cuán confiados en nosotros mismos! Y, con esa actitud, ¡cuán desesperadamente desdichados somos! Cristo ofrece felicidad genuina, duradera, a aquellos cuyo corazón de buen agrado declara:

Nada en mi mano traigo, simplemente a tu cruz me aferro.
—AUGUSTUS M. TOPLADY

La condición indispensable para recibir una parte del reino de los cielos es reconocer nuestra pobreza espiritual. A la persona que tiene corazón de siervo —muy parecido a un hijo que confía por completo en la provisión de sus padres— se le promete un lugar en el reino de Cristo.

Desafío a servir

¿Cómo es para usted vivir humildemente en el momento y, al mismo tiempo, con la confianza de que Dios recompensará su servicio en el cielo?

_____

_____

HAGA LO CORRECTO

Así que acerquémonos con toda confianza al trono de la gracia de nuestro Dios. Allí recibiremos su misericordia y encontraremos la gracia que nos ayudará cuando más la necesitemos.

HEBREOS 4:16

Todos los días tenemos que decidir entre hacer lo correcto o lo incorrecto. Cuando enviamos a nuestros pequeños a la escuela, les decimos: «Ahora bien, cariño, tienes que saber que mamá y papá no estarán a tu lado para tomar decisiones. Vas a encontrar algunos compañeros en la escuela que te van a animar a hacer lo bueno, y encontrarás a otros que te llevarán a desobedecer y hacer lo malo. Toma la decisión correcta. Selecciona con cuidado tus amigos. Sé listo».

Antes de que Cristo viniera a nuestro corazón, no teníamos alternativa. El pecado era nuestra única ruta. Toda la vida se caracterizaba por la maldad. Pero una vez que vinimos a la cruz de Cristo y le dimos al Señor Jesús el derecho de gobernar nuestras vidas, se nos concede una opción que nunca antes tuvimos. La gracia nos libertó de los requisitos de servir al pecado, concediéndonos la oportunidad de seguir voluntariamente las directivas de Cristo. Así que en tanto y en cuanto hagamos esto, *¡no pecaremos!* Pero tan pronto como usted y yo hacemos acomodos con Su señorío sobre nosotros, el viejo amo está listo para seducirnos a pecar.

El despertar de la gracia

¿Qué buenas decisiones puede tomar hoy debido a la buena obra de Cristo en la cruz?

DIOS PROMETE SABIDURÍA

Si necesitan sabiduría, pídansela a nuestro generoso
Dios, y él se la dará; no los reprenderá por pedirla.
SANTIAGO 1:5

Cómo conseguimos sabiduría? De acuerdo a Santiago 1:5 debemos pedirla en oración. . . . Dios promete darnos sabiduría en abundancia. Es esencial, sin embargo, que se la pidamos.

Pero orar es nada más que una parte del proceso de adquirir sabiduría. . . Adquirir sabiduría es el resultado del esfuerzo mutuo. Es cuestión de trabajar juntos con Dios para producir un estilo de vida sabio. Dios no entrega sabiduría a nuestra puerta como se entrega el periódico. La sabiduría no viene en un paquete bien envuelto, como una caja de leche fría, que espera a que se le abra. Es el resultado de un esfuerzo cooperativo.

La sabiduría no viene fácilmente. Puede empezar con oración, pero hay mucho más. Para adquirir sabiduría debemos arremangarnos la camisa. . . . Es como tratar de encontrar un tesoro escondido; exige esfuerzo tesonero. Dios hará Su parte solo si nosotros hacemos la nuestra. Es un proceso mutuo.

Diario de un viajero desesperado

¿Qué sabiduría de Dios necesita específicamente para hoy?

_____

_____

_____

_____

RECONOCIMIENTOS

S e hace un agradecido reconocimiento a los siguientes editores por el
 permiso para reimprimir este material protegido por derechos de autor.
Todos los derechos de autor en poder de Charles R. Swindoll.

Desafío a servir (Nashville: Grupo Nelson, 1992)

Afirme sus valores (Nashville: Caribe Betania 1992)

¡Baje la guardia! (Nashville: Grupo Nelson, 1992)

Diario de un viajero desesperado (Nashville: Caribe Betania, 1992)

El despertar de la gracia (Nashville: Grupo Nelson, 1992)

Sonríe otra vez (Miami: Unilit, 1993)

Más cerca de la llama (Nashville: Caribe Betania, 1994)

El poder de la esperanza (Nashville: Grupo Nelson, 1997)

David, un hombre de pasión y destino (El Paso: Casa Bautista de Publicaciones, 1998)

José, un hombre de integridad y perdón (El Paso: Casa Bautista de Publicaciones, 2000)

Ester, una mujer de fortaleza y dignidad (El Paso: Casa Bautista de Publicaciones, 2000)

Moisés, un hombre de dedicación total (El Paso: Casa Bautista de Publicaciones, 2000)

El misterio de la voluntad de Dios (Nashville: Grupo Nelson, 2000)

Elías, un hombre de heroísmo y humildad (El Paso: Casa Bautista de Publicaciones, 2002)

Cómo vivir sobre el nivel de la mediocridad (Nashville: Vida, 2007)

Una fe sencilla (Miami: Unilit, 2020)

Living Beyond the Daily Grind (*Viviendo más allá de la rutina diaria*) (Nashville: Word, 1988)

Living Beyond the Daily Grind II (*Viviendo más allá de la rutina diaria*) (Nashville: Word, 1988)

Growing Wise in Family Life (*Creciendo en sabiduría en la vida familiar*) (Portland: Multnomah Press, 1988)

The Finishing Touch (*El toque final*) (Nashville: Word, 1994)

Intimacy with the Almighty (*Intimidad con el Todopoderoso*) (Nashville: J. Countryman, 1996)

Perfect Trust (*Confianza perfecta*) (Nashville: J. Countryman, 2000)

Day by Day with Charles Swindoll (*Día a día con Charles Swindoll*) (Nashville: Word, 2000)

Printed in the USA
CPSIA information can be obtained
at www.ICGtesting.com
LVHW030418130724
785402LV00010B/82